# 「労働」から学ぶジェンダー論

Society5.0でのライフスタイルを考える

乙部由子 著

ミネルヴァ書房

# まえがき


　国は，2019年4月から働き方改革の一環として，労働基準法等の改正によってワーク・ライフ・バランスが実現しやすいように，改めて労働環境を整備している。また，男女雇用機会均等法の施行（1986年）から30年以上経過するものの，女性労働者の労働環境は，大きく変化したとは言い難い。何をもって変化と捉えるかによるが，働く女性のうち育児を理由に仕事を辞める人が，半数近くおり，彼女たちは再就職する際，正規ではなく，非正規のパートとして復職する。希望しても，正規での再就職は難しいのが現状だ。筆者が10年以上前に出版した『中高年女性のライフサイクルとパートタイム』（ミネルヴァ書房，2006年）で述べた状況とほぼ変わらず，非正規が女性労働者の中心である。

　昨今は，情報通信技術（ICT）や人工知能（AI）技術の発展により，人工知能に仕事が奪われるのではないかと騒がれており，失業の危機を感じる人たちがいるのも事実である。だが，本当に仕事が無くなるのだろうか。特に非正規で働く女性はどうなるのだろうか。あるいは，女性労働者だけでなく男性労働者も同様に起こりうることなのか。

　一方では，女性が活躍している代表例として，有名な女性管理職がマスメディア等で取り上げられ，他方では，非正規で働く女性が継続して増加しており，女性労働者は，よくいえば多様な働き方と多様な選択肢が用意されており，何を選択するのかによって，生活環境が大きく変わる。女性の中には複数の役割を担うことを求められ，非正規労働者になる人も多い。つまり，出産後，パートで働き，仕事，家事，子育て等の複数の役割を担う，といった例がそれである。その時，彼女らは，未来の重要な人材（子ども）の進路

選択にまで，大きな影響を及ぼすほどの役割を担っているのだ。

　そして，防止するための法律が少しずつ整えられているものの，職場に行けば，セクハラ・パワハラ・マタハラ等の労働環境を悪化させる言動を目の当たりにし，１割強程度しかいない女性管理職は，職場のリーダーとしての役割を求められ，社会的にはダイバーシティ・多様性を重視するという機運のため，男性中心社会の中では，多様性の一つである女性労働者というカテゴリーに括られた上で働かざるを得ない。

　また職場で働く従業員の中には，グローバル化の進展を受け，多様な国籍を持ち多様な言語を使用する人も多くなり，さらに，これまでの「男」と「女」という２分法による性別では包含できない「LGBT」という「新たな」カテゴリーに属する人々も増えてきている。このような人々全員に，職場の重要な戦力として活躍することが求められているのが現代社会である。

　このような現状に鑑み，多様性・グローバルな視点を持つことが重視される中，科学技術創造立国を目指すべく，国は，理工系学部への入学者数の向上を目指し，日本の技術に磨きをかける理工系人材の育成に力を入れている。そして，その技術を使い，効率的にシステムを動かすことができる人工知能の開発を急ピッチで進めてはいるが，人工知能の発展は人がする仕事と機械がする仕事を，これまで以上に分断すると考えられている。加えて，生活の中のあらゆるものがインターネットにつながるIoT社会を見据え，便利でより豊かな生活を享受することを目指すべく，国は様々な取組を進めている。


　本書は，このような社会の状況を踏まえ，「ジェンダー」「男女共同参画社会」「家族」「キャリア」「産業社会」「労働」等を教授する大学の教養課程の科目で使用できる教科書として企画したものである。また，本書は「働くこと」を中心にして，労働者の置かれた現状から，人工知能に代替される可能性が高い職種の検討も含めた文理融合的な内容となっている。おそらく教養課程の中で前述した科目が選択肢の一つとなっているのは，文化系科目が中

心の大学ではないかと想定し，理系の内容・用語ついては，できるだけわかりやすく平易な言葉で記述した。

ここで，本書の構成を確認したい。全体を2部構成とし，第I部（第1～5章）は労働現場でのジェンダー問題について，第II部（第6～9章）では，IoT社会とジェンダー格差について，考えていく。次に，各章の概要を見ていこう。

第1章では，ジェンダーからみた働き方の現状として，雇用形態別に男女労働者の現状を，産業別，職種別，学歴別に分けて確認する。

第2章では，女性労働者が知るべき法律等として，働き方改革，労働基準法，男女雇用機会均等法，女性活躍推進法等を概観する。

第3章では，職場におけるハラスメントとして，セクシュアル・ハラスメント，パワー・ハラスメント，妊娠・出産，育児等を理由とするハラスメントを概観する。

第4章では，職場でのキャリアとして多様なキャリア論を確認し，その後，職場では，どのようなリーダー像が求められているのかを明らかにする。

第5章では，人生の中で最大のライフイベントであろう結婚のあり方（恋愛結婚や配偶者選択）について現状を検討し，その後，育児，介護の現状と，これらに関わる法律の内容を概観する。

続いて第6章では，ダイバーシティ社会の実現とLGBTについて解説する。

第7章では，科学技術の発展とジェンダー格差の解消に向けた取組を紹介する。そして，科学技術基本法施行の効果や特に理工系への女子学生の進学を促すための取組とその効果等をみていく。

第8章では「人工知能が仕事を奪うのか」という問いを立てた上で，論を進めていく。まず人工知能の定義・歴史等を整理し，人工知能技術の発展によって，今後どのような仕事が残り，どのような仕事が無くなるのかについて労働力調査のデータを用いて考察する。

最終章の第9章では，IoT 社会とその実現可能性に向けた取組をみていく。
また IoT 社会が実現すると，私たちの生活はどのように変わる可能性が高
いのかも検討する。


　2019年8月

乙部由子

# 目　　次

まえがき

---
## 第Ⅰ部　労働現場でのジェンダー問題
---

### 第1章　現代社会と労働 ……………………………………… 2
　　　　　──雇用形態・産業・配属部門・学歴別に見た比較から
　1　雇用形態別に見た労働者の現状 ………………………… 2
　2　産業別・配属部門別に見た労働者の現状……………… 7
　3　産業別・学歴別に見た男女労働者の違い……………… 11

### 第2章　働き方改革と労働者のための法律 …………………… 18
　　　　　──労働基準法・パートタイム労働法・男女雇用機会均等法・
　　　　　　女性活躍推進法
　1　一億総活躍社会の実現に向けて ………………………… 18
　2　働き方改革……………………………………………… 25
　3　労働基準法における規定 ……………………………… 39
　4　多様な働き方 …………………………………………… 43
　5　労働者のための法律の概要 …………………………… 45

### 第3章　職場でのハラスメント ………………………………… 57
　　　　　──セクハラ，パワハラ，妊娠・出産・育児休業等に関する
　　　　　　ハラスメント
　1　セクシュアル・ハラスメント ………………………… 57
　2　パワー・ハラスメント ………………………………… 64

**3** 妊娠・出産・育児休業等に関するハラスメント …………………………71

### 第4章　キャリア形成 …………………………………………………………86
──多様なキャリア開発とワーク・ライフ・バランス

**1** 多様なキャリア…………………………………………………………86

**2** リーダーになる ………………………………………………………100

**3** IoT 社会で求められるリーダー像 …………………………………116

### 第5章　ライフイベントと育児・介護休業法 ……………………………119
──家族内の役割分担を考える

**1** 結　　婚 ………………………………………………………………119

**2** 育児・介護休業法の概要 ……………………………………………127

**3** 育児・介護休業制度利用者の増加…………………………………131

**4** 育児・介護休業法と関連する社会保険の概要 ……………………138

---

## 第Ⅱ部　Society 5.0とジェンダー格差

---

### 第6章　ダイバーシティ社会と LGBT ……………………………………146

**1** ダイバーシティ社会実現に向けて…………………………………146

**2** ダイバーシティから見た問題点……………………………………151

**3** LGBT に対する社会の取組…………………………………………152

**4** LGBT 当事者が求めること …………………………………………157

### 第7章　科学技術の発展とジェンダー格差の解消 ……………………160
──科学技術基本法がもたらす効果

**1** 科学技術基本法………………………………………………………160

**2** ジェンダー格差解消のための事業…………………………………171

**3** 大学進学時からの支援──女性の理工系進学者を増やすために………176

目　　次

## 第8章　人工知能が仕事を奪う⁉ ………………………………… 185

1　人工知能の定義と歴史………………………………………… 185

2　人工知能の概念………………………………………………… 189

3　事務系作業の人工知能………………………………………… 192

4　人工知能を基盤とした近未来の働き方……………………… 198

## 第9章　「便利な社会」がもたらす変容………………………… 213
　　　　——IoT を基盤とした Society 5.0 での生活と仕事

1　インターネット社会の到来…………………………………… 213

2　IoT がもたらす社会・生活の変化…………………………… 217

3　IoT 社会の実現と Society 5.0 ………………………………… 220

4　新たな価値の創出と人間関係の重視 ……………………… 228
　　　　——Society 5.0における仕事で重視されること

あとがき

参考文献

索　　引

vii

# 第Ⅰ部　労働現場でのジェンダー問題

| 第 1 章 | 現代社会と労働 |
|---|---|
| | ——雇用形態・産業・配属部門・学歴別に見た比較から |

## 1 雇用形態別に見た労働者の現状

### （1）家事手伝い・腰掛け・寿退社
#### ——女性労働はどのように捉えられてきたか

　私たちにとって「働く」ということは，生きていくため，すなわち生活していくために必要なことである。日本国憲法においても，「勤労の義務」を規定しているものの，普段，「働く」ことはあまりにも生活と密着しているので，意識しないかもしれない。だが働くことは，生活の一部，あるいは，中心を占めるものである。本章では，学校等の教育機関を卒業後，企業で働くというライフコースを前提にして，話を進めていこう。

　現在，大学卒業者の内77.1％が就職しており，学校を卒業したと同時に企業等で働くことが当然視される社会になっている（図表1-1）。女性に限れば，かつては学校を卒業後，企業等に就職せずに「家事手伝い」といわれる就職しない女性がある程度いたが，それは数十年前の話である。また女性が就職することは，結婚前の「腰掛け」（一時的に働くことを揶揄した表現）といわれたり，結婚が決まれば退職する事が当然視され，「寿退社」といわれたりしていた。これらの文言は，女性が企業で働く事を揶揄した表現ともいえ，このような表現が男性に対していわれる事例は，あまり聞いたことがない。つまり，女性が企業で働くことは，これまでの社会においてメインストリームではなかったのだ。

2

第 1 章　現代社会と労働

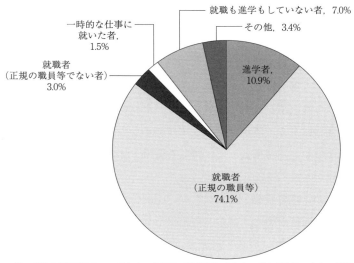

図表 1-1　状況別卒業者数の比率（大学［学部］）

注：端数を四捨五入しているため、各項目の計が100にならない場合がある。また、就職者には、進学しかつ就職した者を含むため、各項目の合計が100を超える場合がある。
出所：文部科学省（2018a）。

## （2）多様な働き方──正規非正規別・男女別に見た特徴

　働くと一言でいっても、どのような働き方なのかによって、実情はかなり異なる。総務省（2019）によれば、労働者全体のうち自営業者は10.9％であり、企業等で雇われて働く所謂「サラリーマン」が労働者の大半を占めているといえる。では「サラリーマン」は、どのような働き方をしているのか。最も簡単な分類は、正規・非正規によって分ける方法である。「労働力調査」（総務省）においては、会社、団体等の役員以外の雇用者を勤務先での呼称によって、次のような雇用形態に区分している。

① 「正規の職員・従業員」。
② 「非正規の職員・従業員」（「パート」「アルバイト」「労働者派遣事業所の派遣社員」「契約社員・嘱託」「その他」）。

3

第Ⅰ部　労働現場でのジェンダー問題

　つまり，「正規の職員・従業員」（以下，正規）以外は，たとえ勤務先でパートであろうとアルバイトであろうと関係なく一律に非正規に分類されるのだ。正規の場合，雇用期間の定めがなく，給与は基本給ベースでその他各種手当が支払われ，毎年賃金は上昇していくことが多い。最近は，年俸制に切り替える企業も増えてきている。また，ボーナス・退職金は支給され，福利厚生も受けられ，すぐに解雇されにくい。そういった待遇と引き換えに職務に対する責任は重く，職務が滞るなどの何らかのトラブルに対して，対処しなければならない。結果として，時間外労働・休日出勤等が多く，労働時間が長くなりがちである。

　反対に「非正規の職員・従業員」（以下，非正規）は，雇用期間の定めがあり，給与は時間給が多く，毎年，時給が上昇することもあるが，あったとしても僅かである。ボーナス・退職金は支給されず，支給があったとしても微々たるものである。退職時には，退職金の支給はほぼ無いし，福利厚生も正規並みに受けられるわけではない。雇用期間の定めがあるため，契約期間が終了すれば仕事を失うし，突然，契約を打ち切られるリスクを常に抱えている。そういった不安定雇用と引き換えに職務に対する責任は正規に比べて軽く，業務量も少ない。何らかのトラブル対処は正規に任せ，（職務内容により異なるが）時間外労働・休日出勤等はほとんどない。

　近年の問題として，「労働契約法」が2008（平成20）年に施行されて以降，雇用期間（1カ月，3カ月，6カ月，1年等）が定められている非正規は，次の契約が更新されるかどうかわからないし，企業側の都合で，契約期間の途中で解雇される可能性もありうる。契約更新が続いたとしても，更新する回数の上限があらかじめ決められている場合がある（最近はトラブル回避のため事前に更新回数の上限を明示することが多い）。そのため，非正規は，日々，不安感を抱えながら仕事をしている。

　では，そういった正規，非正規で働く労働者は，どのくらいいるのだろうか。図表1-2から，1985（昭和60）年から2018年（平成30年）までの変化を

第 1 章　現代社会と労働

図表 1-2　雇用形態別役員を除く雇用者数の推移

(万人)

| 区分 | | 計 | 正規の職員・従業員 | 非正規の職員・従業員 | パート・アルバイト | 労働者派遣事業所の派遣社員 | 契約社員・嘱託 | その他 |
|---|---|---|---|---|---|---|---|---|
| 男女計 | 1985年 | 3,999 | 3,343 | 655 | 499 | — | 156 | |
| | 1990 | 4,369 | 3,488 | 881 | 710 | — | 171 | |
| | 1995 | 4,780 | 3,779 | 1,001 | 825 | — | 176 | |
| | 2000 | 4,903 | 3,630 | 1,273 | 1,078 | 33 | 161 | |
| | 2005 | 5,008 | 3,375 | 1,634 | 1,120 | 106 | 279 | 129 |
| | 2010 | 5,138 | 3,374 | 1,763 | 1,196 | 96 | 333 | 138 |
| | 2015 | 5,314 | 3,327 | 1,987 | 1,370 | 127 | 406 | 84 |
| | 2016 | 5,400 | 3,376 | 2,023 | 1,403 | 133 | 406 | 81 |
| | 2017 | 5,469 | 3,432 | 2,036 | 1,414 | 134 | 411 | 78 |
| | 2018 | 5,605 | 3,485 | 2,120 | 1,490 | 136 | 414 | 80 |
| 女性 | 1985年 | 1,463 | 994 | 470 | 417 | — | 53 | |
| | 1990 | 1,695 | 1,050 | 646 | 584 | — | 62 | |
| | 1995 | 1,904 | 1,159 | 745 | 675 | — | 70 | |
| | 2000 | 2,011 | 1,077 | 934 | 846 | 25 | 64 | |
| | 2005 | 2,144 | 1,018 | 1,126 | 872 | 64 | 130 | 60 |
| | 2010 | 2,273 | 1,051 | 1,223 | 937 | 63 | 152 | 73 |
| | 2015 | 2,397 | 1,047 | 1,351 | 1,057 | 76 | 176 | 42 |
| | 2016 | 2,454 | 1,081 | 1,373 | 1,078 | 78 | 178 | 39 |
| | 2017 | 2,504 | 1,114 | 1,389 | 1,090 | 81 | 180 | 38 |
| | 2018 | 2,589 | 1,138 | 1,451 | 1,143 | 85 | 183 | 40 |
| 男性 | 1985年 | 2,536 | 2,349 | 187 | 83 | — | 104 | |
| | 1990 | 2,674 | 2,438 | 235 | 126 | — | 109 | |
| | 1995 | 2,876 | 2,620 | 256 | 150 | — | 106 | |
| | 2000 | 2,892 | 2,553 | 338 | 232 | 9 | 98 | |
| | 2005 | 2,864 | 2,357 | 507 | 247 | 42 | 149 | 69 |
| | 2010 | 2,865 | 2,324 | 540 | 260 | 35 | 181 | 66 |
| | 2015 | 2,917 | 2,280 | 636 | 312 | 50 | 231 | 42 |
| | 2016 | 2,946 | 2,295 | 651 | 325 | 55 | 229 | 42 |
| | 2017 | 2,966 | 2,318 | 647 | 324 | 53 | 231 | 40 |
| | 2018 | 3,016 | 2,347 | 669 | 347 | 51 | 231 | 40 |

注：(1)　1982年から 5 年ごとに算出の基礎となるベンチマーク人口の基準を切り替えており，それぞれ切り替えに伴う変動がある。
　　(2)　2010～2016年までの数値は，比率を除き，平成27年国勢調査基準のベンチマーク人口に基づいて遡及又は補正した時系列接続用数値に置き換えて掲載した。また，2005年の数値は，平成22年国勢調査基準のベンチマーク人口に基づく時系列接続用数値を掲載している。
　　(3)　2001年以前の分類は，「嘱託・その他」（2001年は「その他（嘱託など）」）。2001年から，分類が「契約社員・嘱託」と「その他」に分割された。
　　(4)　労働力調査の改正により，平成14年 1 月から従来の労働力調査特別調査は，年平均の労働力調査（詳細集計）として公表されることとなったため，時系列比較には注意を要する。
資料：総務省「労働力調査特別調査」（1985～1995，各年 2 月），「労働力調査（詳細集計）」（2005～2012年，年平均），「労働力調査（基本集計）」（2013～2018年，年平均，2018年は速報値）
出所：21世紀職業財団（2018）を筆者改変。

みてみよう。

　まず男女合わせた数値をみると，雇用者数は増えているものの（3,999万人→5,605万人），正規は微増（3,343万人→3,485万人）なのに対し，非正規は 3 倍以上（655万人→2,120万人）と大幅に増加している。これを性別にみると，女性は雇用者数が増加しているものの（1,463万人→2,589万人），正規は微増（994万人→1,138万人）であり，非正規は（470万人→1,451万人）と 3 倍程度，増加している。

第Ⅰ部　労働現場でのジェンダー問題

図表1-3　雇用形態，年齢階級別役員を除く雇用者の推移（実数）

| | | | 役員を除く雇用者 | | 正規の職員・従業員 | | | | | | | 非正規の職員・従業員 | | | | | | |
|---|---|---|---|---|---|---|---|---|---|---|---|---|---|---|---|---|---|---|
| | | | 正規の職員・従業員 | 非正規の職員・従業員 | 15~64歳 | 15~24歳 | 25~34歳 | 35~44歳 | 45~54歳 | 55~64歳 | 65歳以上 | 15~64歳 | 15~24歳 | 25~34歳 | 35~44歳 | 45~54歳 | 55~64歳 | 65歳以上 |
| 実数（万人） | 男女計 | 2013年 | 5,222 | 3,311 | 1,911 | 3,229 | 241 | 804 | 959 | 768 | 458 | 81 | 1,706 | 230 | 303 | 390 | 364 | 418 | 204 |
| | | 2014 | 5,266 | 3,298 | 1,968 | 3,211 | 244 | 787 | 950 | 778 | 453 | 86 | 1,732 | 229 | 305 | 399 | 376 | 423 | 235 |
| | | 2015 | 5,314 | 3,327 | 1,987 | 3,233 | 246 | 781 | 943 | 804 | 460 | 93 | 1,718 | 229 | 292 | 396 | 388 | 414 | 268 |
| | | 2016 | 5,400 | 3,376 | 2,023 | 3,277 | 259 | 785 | 934 | 836 | 463 | 99 | 1,723 | 240 | 281 | 386 | 400 | 415 | 301 |
| | | 2017 | 5,469 | 3,432 | 2,036 | 3,323 | 267 | 787 | 930 | 866 | 473 | 109 | 1,720 | 240 | 274 | 372 | 413 | 421 | 316 |
| | | 2018 | 5,605 | 3,485 | 2,120 | 3,374 | 275 | 795 | 916 | 901 | 486 | 111 | 1,762 | 273 | 264 | 371 | 425 | 429 | 358 |
| | 女 | 2013年 | 2,329 | 1,030 | 1,299 | 998 | 113 | 285 | 264 | 212 | 125 | 31 | 1,211 | 124 | 201 | 320 | 308 | 257 | 87 |
| | | 2014 | 2,359 | 1,023 | 1,337 | 989 | 112 | 279 | 264 | 214 | 122 | 33 | 1,234 | 125 | 203 | 325 | 318 | 260 | 102 |
| | | 2015 | 2,397 | 1,047 | 1,351 | 1,011 | 113 | 282 | 268 | 223 | 127 | 35 | 1,231 | 123 | 194 | 322 | 330 | 261 | 119 |
| | | 2016 | 2,454 | 1,081 | 1,373 | 1,044 | 120 | 287 | 271 | 236 | 130 | 37 | 1,235 | 127 | 188 | 315 | 343 | 263 | 137 |
| | | 2017 | 2,504 | 1,114 | 1,389 | 1,074 | 124 | 291 | 277 | 250 | 131 | 41 | 1,243 | 126 | 185 | 306 | 354 | 273 | 146 |
| | | 2018 | 2,589 | 1,138 | 1,451 | 1,099 | 128 | 298 | 278 | 262 | 134 | 39 | 1,283 | 145 | 181 | 307 | 365 | 284 | 169 |
| | 男 | 2013年 | 2,893 | 2,281 | 611 | 2,231 | 128 | 519 | 695 | 555 | 334 | 50 | 495 | 107 | 101 | 71 | 55 | 161 | 117 |
| | | 2014 | 2,907 | 2,275 | 631 | 2,222 | 132 | 509 | 686 | 563 | 331 | 54 | 499 | 105 | 102 | 73 | 58 | 163 | 133 |
| | | 2015 | 2,917 | 2,280 | 636 | 2,222 | 134 | 499 | 676 | 580 | 334 | 59 | 488 | 107 | 98 | 74 | 57 | 154 | 149 |
| | | 2016 | 2,946 | 2,295 | 651 | 2,233 | 139 | 498 | 663 | 600 | 333 | 62 | 487 | 113 | 93 | 71 | 58 | 152 | 163 |
| | | 2017 | 2,966 | 2,318 | 647 | 2,250 | 143 | 496 | 653 | 616 | 342 | 68 | 477 | 114 | 89 | 66 | 59 | 149 | 170 |
| | | 2018 | 3,016 | 2,347 | 669 | 2,275 | 148 | 498 | 638 | 639 | 352 | 72 | 480 | 127 | 83 | 65 | 60 | 145 | 189 |

注：基本集計では，2013年から雇用形態別の集計を開始した。
出所：総務省（2019）「労働力調査（基本集計）平成30年（2018年）平均（速報）」を筆者修正。

　一方，男性も雇用者数が増加しているものの（2,536万人→3,016万人），正規はわずかに減少（2,349万人→2,347万人）する一方，非正規は（187万人→669万人）と3倍強増加している。

　着目すべき点として，女性は2005（平成17）年を境に正規よりも非正規が多くなり，その傾向は年々高まっている点が挙げられる。男性は，非正規の増加が加速化しており，この傾向は，続いていくと予想される。

　次に年齢階級別・雇用形態別に特徴を確認しよう。図表1-3は2013（平成25）年から2018（平成30）年までの変化をみたものだが，男女合わせた数値では，正規では「35~44歳」（959万人→916万人），非正規では「25~34歳」（303万人→264万人），「35~44歳」（390万人→371万人）と，各々減少していた。これを性別にみると，女性は正規がすべての年齢階級で増加傾向にあり，非正規は「25~34歳」（201万人→181万人），「35~44歳」（320万人→307万人）のみ減少に転じていた。

第1章　現代社会と労働

一方，男性は，正規が「25〜34歳」（519万人→498万人）と「35〜44歳」（695万人→638万人）のみ，減少していた。非正規も同様に「25〜34歳」（101万人→83万人）と「35〜44歳」（71万人→65万人），「55〜64歳」（161万人→145万人）のみ，減少していた。

注目すべき点は，女性は年齢階級にかかわらず，正規が増加しており，反対に男性は，非正規の「65歳以上」の増加幅が大きいことである（117万人→189万人）。後者について具体的にいえば，60歳で定年退職後，これまでの勤務先で再雇用されて65歳まで働いた後，今度は，自宅からほど近い近所のスーパーマーケット等，シルバー人材センター等からの斡旋を受け，1日に数時間働くというパターンで働き続ける高齢者が増加していることが大きい。

## 2　産業別・配属部門別に見た労働者の現状

「働くこと」と一言でいっても，実は男女で働く産業や職種に違いがある。本節では産業別に雇用者数の違いを確認後，配属部門別の特徴も見ていこう。

### （1）産業別雇用者数の推移

図表1‒4を見ると，女性は雇用者2,639万人のうち「医療，福祉」が641万人（24.3%），「卸売業・小売業」が562万人（21.3%），「製造業」333万人（12.6%）であった。反対に男性は，雇用者3,220万人のうち「製造業」が757万人（23.5%），「卸売業・小売業」が523万人（16.2%），「建設業」が439万人（13.6%）であった。

次に，図表1‒5をみると，雇用者5,859万人のうち，「事務従事者」が最も多く1297万人（22.1%），「専門的・技術的職業従事者」で1,140万人（19.5%），「生産工程従事者」で946万人（16.1%）と続いている。

性別でみると，女性は，「事務従事者」が787万人（26.7%），「サービス職業従事者」575万人（19.5%），「専門的・技術的職業従事者」547万人（18.6

7

第Ⅰ部　労働現場でのジェンダー問題

図表1-4　産業別雇用者数

(万人)

|  | 総　　数 | 男 | 女 |
|---|---|---|---|
| 合　　　計 | 5,859 | 3,220 | 2,639 |
| 漁　　業 | 20 | 15 | 6 |
| 鉱業，採石業，砂利採取業 | 3 | 3 | 0 |
| 建設業 | 522 | 439 | 83 |
| 製造業 | 1,090 | 757 | 333 |
| 電気・ガス・熱供給・水道業 | 30 | 26 | 4 |
| 情報通信業 | 205 | 153 | 52 |
| 運輸業，郵便業 | 333 | 265 | 68 |
| 卸売業，小売業 | 1,086 | 523 | 562 |
| 金融業，保険業 | 161 | 72 | 89 |
| 不動産業，物品賃貸業 | 129 | 78 | 50 |
| 学術研究，専門・技術サービス業 | 236 | 154 | 82 |
| 宿泊業，飲食サービス業 | 408 | 153 | 254 |
| 生活関連サービス業，娯楽業 | 233 | 94 | 139 |
| 教育，学習支援業 | 322 | 135 | 187 |
| 医療，福祉 | 846 | 205 | 641 |
| 複合サービス事業 | 57 | 34 | 23 |
| サービス業（他に分類されないもの） | 435 | 257 | 178 |
| 公務（他に分類されるものを除く） | 222 | 163 | 59 |
| 分類不能の産業 | 97 | 50 | 47 |

出所：総務省（2018）「労働力調査」を基に筆者作成。

%）となっており，事務従事者は女性雇用者の中で3割程度を占めている。

　男性は，「生産工程従事者」668万人（20.7%），「専門的・技術的職業従事者」593万人（18.4%），「事務従事者」509万人（15.8%），「販売従事者」480万人（14.9%）となっている。男性の方が広範な職業に就いていることが明らかである。

第1章　現代社会と労働

図表1-5　職業別雇用者数

（万人）

|  | 総数 | 男 | 女 |
|---|---|---|---|
|  | 5,859 | 3,220 | 2,639 |
| 管理的職業従事者 | 133 | 114 | 19 |
| 専門的・技術的職業従事者 | 1,140 | 593 | 547 |
| 事務従事者 | 1,297 | 509 | 787 |
| 販売従事者 | 860 | 480 | 380 |
| サービス職業従事者 | 841 | 266 | 575 |
| 保安職業従事者 | 118 | 110 | 8 |
| 農林漁業従事者 | 230 | 148 | 82 |
| 生産工程従事者 | 946 | 668 | 278 |
| 輸送・機械運転従事者 | 219 | 214 | 5 |
| 建設・採掘従事者 | 307 | 301 | 6 |
| 運搬・清掃・包装等従事者 | 477 | 259 | 218 |
| 分類不能の職業 | 88 | 47 | 41 |

出所：図表1-4と同じ。

## （2）配属部門別に見た特徴

　男女で職場における配属部門が異なることは，法律に抵触しない範囲内で行われている。図表1-6によれば，各部門とも「男女とも配置」とする企業割合が最も高く，中でも「人事・総務・経理」67.5％，「販売・サービス」72.0％，「企画・調査・広報」72.0％は7割前後になっている。

　一方，「男性のみ配置（複数回答）」が多かったのは「営業」44.6％，「生産，建設，運輸」40.7％で，「女性のみ配置（複数回答）」が多かったのは，「人事・総務・経理」28.2％，「販売・サービス」11.3％であった。

　これらから，男性労働者の方が時間外労働が生じやすく，企業利益に貢献しやすいコースや部門に配属されており，結果として，残業代の支給や昇進，昇任による給与水準のアップを成し遂げやすいと考える。

9

第Ⅰ部　労働現場でのジェンダー問題

**図表 1-6　部門，配置状況別企業割合**

(％)

| | 現在の配置状況 | | |
|---|---|---|---|
| | 男女とも配置 | 女性のみ配置（複数回答） | 男性のみ配置（複数回答） |
| 人事・総務・経理 | 67.5 | 28.2 | 5.0 |
| 企画・調査・広報 | 72.0 | 7.3 | 21.1 |
| 研究・開発・設計 | 62.6 | 3.0 | 34.9 |
| 営　　　　業 | 53.8 | 1.8 | 44.6 |
| 販売・サービス | 72.0 | 11.3 | 17.9 |
| 生産，建設，運輸 | 57.4 | 2.6 | 40.7 |

出所：厚生労働省（2017a）。

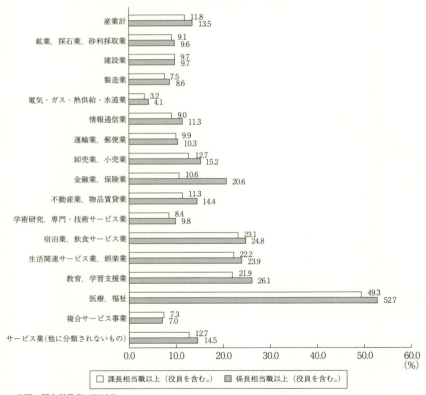

図表 1-7　産業別女性管理職割合

出所：厚生労働省（2019d）。

## （3）産業別に見た女性管理者の特徴

　第2章で後述するが，近年，女性活躍推進が声高に叫ばれている。その際，注目されているのは，女性管理職がどのくらいいるのかという女性管理職の割合である。図表1-7によれば，課長相当職以上の管理職に占める女性の割合（「女性管理職割合」）は11.8%であり，前年度の11.5%より若干上昇した。産業別にみると，医療，福祉（49.3%），宿泊業，飲食サービス業（23.1%），生活関連サービス業，娯楽業（22.2%），教育，学習支援業（21.9%），卸売業，小売業（12.7%），サービス業（他に分類されないもの）（12.7%）であった。これらの産業は，平均値以上のものである。


## 3　産業別・学歴別に見た男女労働者の違い

　卒業後の就職状況は，学歴により大きく異なる。本節では高卒者，大卒者の動向を「学校基本調査 2018年度」（文部科学省）から，確認していこう。


## （1）高等学校卒業者の就職状況

　まず，高等学校卒業者の産業別就職者数の構成比の推移を見ていこう（図表1-8）。女性が働く産業は「製造業」が2万1,954人（30.2%），「卸売業，小売業」が1万7,692人（17.5%），「医療，福祉」が8,121人（11.2%），「宿泊業，飲食サービス業」が6,396人（8.8%）とこれらの産業で3分の2以上を占めている。

　対して男性が働く産業は，「製造業」が5万3,243人（46.9%），「建設業」が1万3,703人（12.1%），「公務（他に分類されるものを除く）」が9,761人（8.6%）と，半数近くが製造業で働いていた。

　職業別就業者数の比率を見ると（図表1-9，13頁），女性が働く職種は「サービス職業従事者」が1万8,539人（25.5%），「生産工程従事者」が1万7,788人（24.5%），「事務従事者」が1万6,825人（23.2%），「販売従事者」

第Ⅰ部　労働現場でのジェンダー問題

**図表 1-8　産業別就職者数の比率**

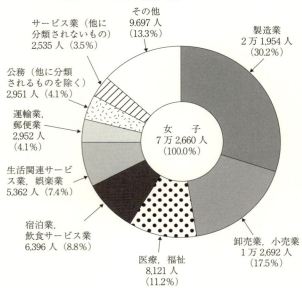

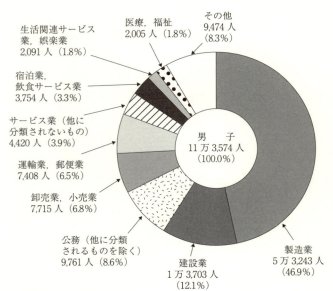

出所：文部科学省（2018a）。

第1章 現代社会と労働

図表1-9 職業別就職者数の比率

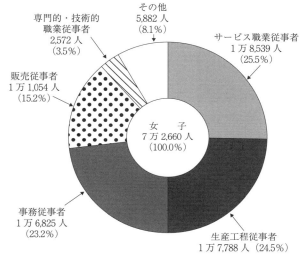

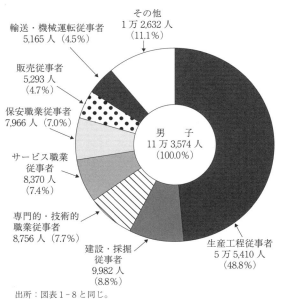

出所：図表1-8と同じ。

第Ⅰ部　労働現場でのジェンダー問題

図表 1-10　産業別就職者数の比率（学部）

（2018年3月現在）

建設業　2万430人・4.7%　5,608人・2.6%　1万4,822人・6.7%

製造業　5万2,083人・11.9%　1万9,772人・9.2%　3万2,311人・14.6%

情報通信業　4万1,866人・9.6%　1万6,924人・7.9%　2万4,942人・11.3%

卸売業，小売業　6万8,480人・15.7%　3万2,336人・15.0%

金融，保険業　3万5,100人・8.0%　1万9,818人・9.2%　3万6,144人・16.4%

教育，学習支援業　3万2,214人・7.4%　1万9,793人・9.2%　1万5,282人・6.9%

医療，福祉　5万5,320人・12.7%　4万1,646人・19.3%　1万2,421人・5.6%

1万3,674人・6.2%

公務（他に分類されるものを除く）　2万4,840人・5.7%　サービス業（他に分類されないもの）1万550人・4.9%　1万4,290人・6.5%

2万6,573人・6.1%　1万295人・4.8%　1万6,278人・7.4%

その他　7万9,250人・18.2%　4万1,467人・18.0%　3万7,783人・18.3%

計　43万6,156人　　女　22万645人　　男　21万5,511人

出所：図表1-8と同じ。

が1万1,054人（15.2%）であった。

　対して男性が働く職種は「生産工程従事者」が5万5,410人（48.8%），「建設・採掘従事者」が9,982人（8.8%），「専門的・技術的職業従事者」が8,756人（7.7%）であった。

　これらの結果から，高校卒業後は，男女ともに，製造業の中でも生産工程で働くものが中心だが，女性は介護等のサービス業で働くものが多いことがわかる。

### （2）大学卒業者の就職状況

　本項では，大学卒業者の産業別就職者数の構成比を見ていこう（図表1-10）。女性が働く産業は「医療，福祉」が4万1,646人（19.3%），「卸売業，

図表1-11 女性の卒業分野別就職先の職種（括弧内は男性）

（人）

| 職種 | 合計 | 人文科学 | 社会科学 | 理学 | 工学 | 農学 | 保健 | 商船 | 家政 | 教育 | 芸術 | その他 |
|---|---|---|---|---|---|---|---|---|---|---|---|---|
| 合計 | 21万5,511 (22万9645) | 4万7,446 (2万665) | 5万9,057 (10万177) | 2,879 (6,115) | 8,233 (4万3,720) | 5,883 (6,304) | 3万1,471 (1万2,280) | 5 (46) | 1万4,151 (1,267) | 2万3,851 (1万4,273) | 7,164 (2,546) | 1万5,371 (1万3,252) |
| 専門的・技術的職業従事者 | 8万4,042 (7万9,783) | 6,632 (3,821) | 7,726 (1万842) | 1,501 (3,559) | 6,000 (3万5,443) | 2,561 (2,542) | 2万9,315 (1万447) | 3 (11) | 7,027 (513) | 1万5,946 (7,458) | 3,949 (1,633) | 3,382 (3,514) |
| 管理的職業従事者 | 875 (1,511) | 379 (272) | 396 (971) | 3 (19) | 30 (135) | 14 (36) | 7 (8) | − (−) | 3 (4) | 20 (24) | 8 (7) | 15 (35) |
| 事務従事者 | 6万6,419 (5万3,222) | 2万7,379 (6,327) | 2万8,780 (3万6,675) | 605 (900) | 908 (2,092) | 1,204 (913) | 693 (344) | 2 (9) | 2,753 (109) | 3,702 (2,125) | 1,308 (313) | 6,084 (3,415) |
| 販売従事者 | 4万4,347 (6万1,827) | 1万3,686 (7,501) | 1万6,090 (3万8,888) | 583 (1,131) | 842 (3,474) | 1,287 (1,948) | 818 (810) | − (12) | 3,274 (464) | 2,609 (2,916) | 1,181 (341) | 3,977 (4,342) |
| サービス職業従事者 | 1万3,607 (9,265) | 4,804 (1,311) | 3,988 (4,788) | 78 (129) | 183 (773) | 419 (242) | 416 (297) | − (3) | 704 (95) | 1,075 (684) | 458 (106) | 1,482 (837) |
| 保安職業従事者 | 1,315 (6,169) | 266 (496) | 533 (3,581) | 20 (89) | 25 (368) | 33 (100) | 49 (281) | − (1) | 17 (14) | 238 (714) | 24 (20) | 110 (505) |
| 農林漁業従事者 | 198 (465) | 13 (24) | 17 (93) | 4 (10) | 7 (42) | 133 (232) | 5 (6) | − (−) | 1 (1) | 4 (16) | 7 (−) | 7 (41) |
| 生産工程従事者 | 792 (2,243) | 139 (206) | 110 (1,075) | 27 (88) | 36 (321) | 105 (124) | 19 (20) | − (−) | 186 (49) | 24 (70) | 97 (79) | 49 (211) |
| 輸送・機械運転従事者 | 280 (1,185) | 72 (132) | 100 (562) | 3 (20) | 18 (286) | 16 (23) | 3 (11) | − (10) | 3 (2) | 28 (60) | 7 (6) | 30 (73) |
| 建設・採掘従事者 | 31 (441) | 2 (25) | 10 (177) | 1 (4) | 12 (164) | − (8) | 1 (1) | − (−) | 1 (11) | 3 (14) | 2 (3) | − (34) |
| 運搬・清掃等従事者 | 72 (425) | 23 (49) | 13 (277) | 1 (4) | 2 (15) | − (9) | − (1) | − (−) | 4 (1) | 11 (29) | 3 (6) | 15 (34) |
| 上記以外のもの | 2万5703 (2万5,813) | 1,051 (501) | 1,293 (2,248) | 54 (162) | 170 (607) | 111 (127) | 145 (54) | − (−) | 178 (4) | 191 (163) | 120 (32) | 220 (211) |

出所：文部科学省（2018a）を基に筆者作成。

第Ⅰ部　労働現場でのジェンダー問題

小売業」が 3 万2,336人（15.0%），「金融業，保険業」 1 万9,818人（9.2%）
と「教育，学習支援業[(3)]」が 1 万9,793人（9.2%）であった。

　対して男性は「卸売業，小売業」が 3 万6,144人（16.4%），「製造業」が
3 万2,311人（14.6%），「情報通信業」が 2 万4,942人（11.3%）であった。

　次に大学卒業者の職業別就職者数の構成比を見ていこう。女性が働く職種
は「専門的・技術的職業従事者」が 8 万4,042人（39.0%，うち保健医療従事
者：19.5%，教員：18.4%等），「事務従事者」が 6 万6,419人（30.8%），「販
売従事者」が 4 万4,347人（20.6%）であった。対して男性は「専門的・技
術的職業従事者」が 7 万9,783人（36.2%，うち製造技術者：22.5%，教員：
12.1%等），「販売従事者」が 6 万1,827人（28.0）%，「事務従事者」が 5 万
3,222人（24.1%）であった。

　さらに，大卒者を学部別にみた場合，どのような職種に就くかを図表 1 -
11 から見てみよう。分野別に見た場合，「人文科学」「社会科学」の女性の
み「事務従事者」であり，それ以外の学部では，「専門的・技術的職業従事
者」が最も多かった。対して男性は，「人文科学」「社会科学」「理学」「工
学」「保健」「商船」「家政」「教育」のうち，「人文科学」「社会科学」の男性
のみ「販売従事者」であり，それ以外の学部では，「専門的・技術的職業従
事者」が最も多かった。

　つまり，「人文科学」「社会科学」の場合，就職後に就く職種は，女性は事
務職，男性は販売に分かれ，それ以外の学部は，専門的な仕事に就く学生が
多かった。ここまで見たように，就職すると一言でいっても学歴，性別によ
って産業・職種が異なっていることが理解できよう。


　注
(1)　個人の家庭での家事サービス，介護・身の回り用務・調理・接客・娯楽など個
　　人に対するサービス，及び他に分類されないサービスの仕事に従事するものをい
　　う。

第1章　現代社会と労働

(2)　生産設備の制御・監視の仕事，機械・器具・手動具などを用いて原料・材料を加工する仕事，各種の機械器具を組立・調整・修理・検査する仕事，製版・印刷・製本の作業，生産工程で行われる仕事に関連する仕事及び生産に類似する技能的な仕事に従事するものをいう。

(3)　学校教育を行う事業所，学校教育の支援活動を行う事業所，学校教育を除く組織的な教育活動を行う事業所，学校教育の補習教育を行う事業所及び教養，技能，技術などを教授する事業所が分類される。通信教育事業，学習塾，図書館，博物館，植物園などの事業所も本分類に含まれる。

| 第2章 | 働き方改革と労働者のための法律 |
|---|---|
| | ——労働基準法・パートタイム労働法・ |
| | 男女雇用機会均等法・女性活躍推進法 |

## 1 一億総活躍社会の実現に向けて

### （1）なぜ働くのか

　私たちは，なぜ働くのか。生活していくため，社会参加のため，自己実現のため等いろいろな理由はある。もちろん働く理由は，年齢，性別，家族関係，身体の状態等個人のもつ背景により異なる。だが，基本的には，生活していくため，つまり生命を維持するためというのが一般的である。

　働くと一言でいっても，働くことがもたらす影響は大きい。生命を維持するために嫌な仕事にも前向きに取り組んだり，自身の稼ぎが家族の生活を支えていると思うからこそ，歯を食いしばり仕事をこなす人もいるだろう。だからこそ，職務を遂行するために，連日，残業をしたり，心身ともに疲労困憊していても，仕事を続けて身体を壊したり，メンタル疾患を煩ったりする等，働くことは様々な影響を及ぼす。

　このように，私たちが生活する上で欠くことができない「働くこと」，その働き方を変え，労働者がより働きやすくなり，仕事面だけでなく，生活面をも充実させるためには，法律の改正が必要である。その法律改正に向けた一連の取組が，「働き方改革」といわれるものである。

　2012（平成24）年以降の第2次安倍政権では，日本社会のさらなる発展を目指し，様々な改革プランを実施した。その中の一つが，「一億総活躍社会」の実現を目指すことを掲げた第3次安倍政権（2015〔平成27〕年10月発足）が，日本の労働者の働き方を変えるために行った労働関係に関する法律の改正で

第2章　働き方改革と労働者のための法律

ある。それらの法律が改正されると，私たちの生活は，何か変わるのだろうか。順に見ていくことにしよう。

### （2）一億総活躍社会とは何か

まず確認したいのは，「一億総活躍社会」とは何かということである。第3次安倍政権では，「一億総活躍社会」を年齢，性別を問わず，障害や難病を抱える人も，また，1度失敗を経験した人も，そういったカテゴリーに関係なく，すべての人が包摂され活躍できる社会であると定義している。

ここで，「カテゴリーに関係なく」という点に注目したい。私たちは誰かを判断する際，一般に個性や能力を判断材料とするが，その際，判断に時間がかかる個性や能力をみつけ，理解するよりも，簡単に判断しやすいカテゴリー（性別，年齢，人種等）から，何かを判断することが多々ある。カテゴリーから判断することは容易である反面，判断された側からすれば，自身の持つ自己像と大きく異なるので憤慨することもあるだろう。それゆえに，カテゴリーに関係なく活躍できることが重要なのである。

「一億総活躍社会」は，第3次安倍政権下の2016（平成28）年6月に「ニッポン一億総活躍プラン」（閣議決定）に盛り込まれたものである。「1人ひとりが個性と多様性を尊重され，家庭で，地域で，職場で，それぞれの希望がかない，それぞれの能力を発揮でき，それぞれが生きがいを感じることができる社会」と定義された。つまり国民全員が参加する社会の実現を目指しているのだ。根幹には，少子高齢化という社会問題に取り組み，その流れに歯止めをかけるという意図がある。

アベノミクスの新たな「三本の矢」は，一億総活躍社会実現のための「戦後最大の名目GDP600兆円」「希望出生率1.8」「介護離職ゼロ」の実現である。その目的は，「希望を生み出す強い経済」「夢をつむぐ子育て支援」「安心につながる社会保障」であり，その実現に向けた取組を実施していく。次項では，具体的な内容を確認しよう。

第 I 部　労働現場でのジェンダー問題

## （3）「ニッポン一億総活躍プラン」の内容

　「ニッポン一億総活躍プラン」では 8 つの柱を立て，具体策を提示している。8 つの柱とは，①成長と分配の好循環メカニズムの提示，②働き方改革，③子育ての環境整備，④介護の環境整備，⑤すべての子どもが希望する教育を受けられる環境の整備，⑥「希望出生率1.8」に向けたその他の取組，⑦「介護離職ゼロ」に向けたその他の取組，⑧「戦後最大の名目 GDP600兆円」に向けた取組である（図表 2 - 1）。以下，各項目に関して説明する。

### 1）成長と分配の好循環メカニズムの提示

　一億総活躍社会では，多様性が認められ，多様な人たちの能力の発揮を通じて労働参加率が向上し，イノベーションの創出が図られ，経済成長の加速が期待できる。

　「戦後最大の名目 GDP600兆円」を実現するには，「希望を生み出す強い経済」が必要であり，そのために働き方改革を実施し，労働力の確保等を促す必要がある。「希望出生率1.8」を実現するには，「夢をつむぐ子育て支援」が必要である。若者たちの結婚や出産の希望を叶えやすい社会を創ることで少子化に立ち向かう。また，「介護離職ゼロ」を実現するには，「安心につながる社会保障」が必要である。大量の介護離職者が出ると，経済社会が成り立たない。介護をしながら仕事を続けられ，現役世代の「安心」を確保する社会保障制度改革を進め，社会保障の基盤を強化していく。

　日本経済に好循環をもたらすには，「成長と分配の好循環」のメカニズムをつくり，アベノミクスの成果を活用し，子育てや社会保障の基盤の強化が求められる。社会保障の充実には，強い経済が必要であり，経済の成長があってこそ，子育て支援等に「分配」を続けることが可能となる。これは，新たな経済社会システムを創るという究極の成長戦略となる。成長と分配の好循環を作るためには，「戦後最大の名目 GDP600兆円」「希望出生率1.8」「介護離職ゼロ」を貫く横断的課題である，働き方改革と生産性向上という重要課題に取り組むことが必要である。

第2章　働き方改革と労働者のための法律

図表2-1　ニッポン一億総活躍プラン（概要）

**成長と分配の好循環メカニズムの提示**

・女性も男性も，お年寄りも若者も，一度失敗を経験した方も，障害や難病のある方も，家庭で，職場で，地域で，あらゆる場で，誰もが活躍できる，いわば全員参加型の**一億総活躍社会**を実現。

**成長と分配の好循環**

・これまでのアベノミクス三本の矢（大胆な**金融政策**，機動的な**財政政策**，民間投資を喚起する**成長戦略**）を一層強化

**子育て支援・介護の基盤強化**

消費底上げ・投資拡大
労働参加率向上・多様性によるイノベーション

・若者たちの結婚や出産の希望を叶える**子育て支援**
・介護をしながら仕事を続けられる**社会保障基盤**

**名目GDP600兆円の実現**

**希望出生率1.8の実現**
**介護離職ゼロの実現**

・経済成長の隘路である**少子高齢化**に真正面から立ち向かう。広い意味での経済政策として，子育て支援や社会保障の基盤を強化，それが経済を強くするという**新たな経済社会システム**を創る。「**究極の成長戦略**」。

出所：内閣官房資料。

「成長と分配の好循環」のメカニズムとその効果を示すために，労働供給の増加と賃金上昇を通じた政策効果を試算したものが図表2-2である。対象とした政策は，①子育て支援の充実，②介護支援の充実，③高齢者雇用の促進，④非正規雇用労働者の待遇改善，⑤最低賃金の引上げである。

まず①から③の政策は主に労働者数の増加を目指しており，これらを実施することで，労働者数は，2020年には約117万人，2025年には約204万人増加し，賃金総額は，2020年に約3.3兆円，2025年に約5.8兆円増加すると予想される。

また，④と⑤の政策は労働者の賃金に関することであり，これらを実施することで時間あたりの賃金が上昇し，賃金総額は，2020年には約17.2兆円，2025年には約23.7兆円増加すると思われる。

①から⑤を実施することで，賃金総額全体は，2020年に約20.5兆円，2025年に約29.5兆円増加すると想定し，その結果，可処分所得が2020年に約16.9兆円，2025年に約24.3兆円増加し，それにより消費支出が，2020年に約13.7兆円，2025年に約20.4兆円増加すると考えられている。政策を実現することで，労働者が増え，労働の対価である賃金が上昇し，この流れができること

21

第Ⅰ部　労働現場でのジェンダー問題

**図表 2-2　一億総活躍社会の実現に向けた成長と分配の好循環モデル
　　　　　　──賃金・所得・消費の循環を中心とした試算**

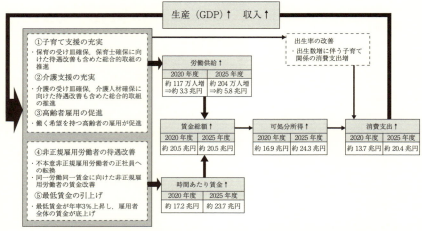

注：(1)　上記は，労働供給の増加と賃金上昇を通じた直接的な政策効果について，仮定を置いて試算したものであり，GDP600兆円への道筋の全体像を示すものではない。
　　(2)　効果額は政策が行われない場合との差分のみを示したものであり，人口動態による労働供給の減少効果や一般物価の上昇による効果は含まない。また，潜在需要の顕在化効果や投資リターンの向上，それに伴う設備投資増加の効果，産業間の労働移動の影響などについては，試算の対象としていない。なお，試算の内容は不確実性を伴うため，相当な幅を持って理解される必要がある。
　　(3)　規模感の目安として，例えば2014年度時点において，労働力人口をみると約6,600万人，賃金総額をみると約240兆円，試算の対象としている雇用者の可処分所得及び消費支出はそれぞれ約200兆円及び約140兆円である。
出所：図表 2-1と同じ。

で，経済社会の好循環を促すことが期待できる。

### 2）働き方改革

　働き方改革の詳細は次節で後述するので，ここでは概略だけにとどめておく。働き方改革は「ニッポン一億総活躍プラン」の中における最大のチャレンジである。そして，経済の好循環を生み出すには，多様な働き方が可能となる仕組の構築とともに，非正規の雇用待遇の改善，長時間労働の是正，高齢者の就業促進が求められる。

### 3）子育ての環境整備

　子育てをしながら就業継続できる社会の実現を目指し，特に保育サービ

を提供する人材を確保するために，保育士の処遇改善，労働負担の軽減等を包含した総合的な対策を示すことになっている。

　保育の受け皿である保育所を整備し，全産業の平均賃金よりも４万円程度低い保育士の賃金を改善するための処遇を実施する。また，保育士を目指す学生には，返済免除型の修学資金貸付制度（月５万円）を拡充する。さらに，共働き家庭等が直面する「小１の壁」の打破を目指して，学童保育の早急な整備を行い，同時にそこで働く職員の処遇改善も進めていく。

### ４）介護の環境整備

　介護をしながら就業継続できる社会の実現を目指し，介護サービスを提供する人材を確保するために，介護人材の処遇改善，労働負担の軽減等を包含した総合的な対策を示す。

　介護離職の原因の一つに「介護サービスが利用できなかったこと」があり，この状況を改善するため，早急に介護サービス・施設を整備する。次に介護人材不足の理由として「他の対人サービス産業と比べて，低賃金なこと」が挙げられるため，キャリアアップの仕組みを構築し，月額平均１万円相当の改善を早急に行う。また多様な介護人材を育成するために，次世代型介護技術（介護ロボット・ICT・AI・IoT 等）の活用も行う。さらに，経済連携協定（EPA）に基づく専門的介護人材の活用も積極的に進めていく。

### ５）すべての子どもが希望する教育を受けられる環境の整備

　未来を担う子どもへの投資を増やし，格差の固定化を防ぎ，すべての子どもにチャンスがある社会の構築を目指す。不登校等特別な配慮が必要な児童生徒のための学校指導体制を確保する。不登校や中退等を経験したものは，その後の就学，就職でも困難を抱えやすいため，スクールカウンセラー・スクールソーシャルワーカーの配置等教育相談機能を強化して，アフターケアの充実に努める。また，経済的な理由や家庭の事情で学習が遅れがちな子どもを支援するために，地域住民の協力及び ICT の活用等による原則無料の学習支援である「地域未来塾」を拡充する。

第Ⅰ部　労働現場でのジェンダー問題

さらに，家庭の経済状況により大学進学率に差異が生じるため，家庭の経済状況に関係なく，希望するものが誰でも大学等に進学できるように，奨学金制度を拡充する。さらに奨学金の返済に関しても，就職後の所得に返還額を連動させる制度を導入し，大幅な負担軽減を図る。

### 6）「希望出生率1.8」に向けた取組

女性の活躍は，一億総活躍社会実現に向けた要である。そのため，出産・育児を理由に1度退職した者が正規で復帰できるように企業へ働きかけるとともに，ひとり親が就職に有利な看護師等の資格を取得できるように，貸付・給付金事業を推進する。

また，企業の役員候補段階にある女性を対象としたリーダー育成研修等の取組を推進し，女性起業家に対する支援も強化する。子育て世代包括支援センター・不妊治療相談センターを全国展開し相談機能を強化し，不妊治療支援の充実を継続する。子育て期間中の孤立感・負担感の削減にもつながる三世代同居・近居をしやすい環境づくりを推進し，三世代同居に対応した優良な住宅の整備やリフォームを支援していく。

さらに，社会生活を行う中で困難を抱える子ども・若者（発達障害者等）等に対し，医療，福祉，教育，進路選択，中退からの再チャレンジ，就労等について，専門機関が連携した支援を実施する。加えて，性的指向，性自認に関する正しい理解を促進し，多様性を受け入れるための環境を整備する。

### 7）「介護離職ゼロ」に向けた取組

健康寿命（健康上の問題で日常生活が制限されることなく生活できる期間）を延伸することは，高齢者自身も健康な生活を送ることや，介護の負担の軽減にもつながる。老後になってからの予防・健康増進に向けた取組だけでなく，年齢が若い内からの取組も重要なので，この点に関する取組も推進する。

また，がん患者等障害や疾病の特性等に応じて，活躍できる環境を整備するために，就職支援・治療と仕事の両立支援を推進する。

他に，この点に関する子どもへの対策として，障害のある子どもが障害の

第2章 働き方改革と労働者のための法律

ない子どもと共に学べるような環境整備（特に小中学校），そして，この「共に学ぶ」を実現するための指導内容や指導体制等に関する環境整備を進める。そして，子ども・高齢者・障害者等も含むすべての人々が地域で暮らし，お互いに高め合うことができる「地域共生社会」を実現する。

### 8）「戦後最大の名目 GDP600兆円」に向けた取組

強い経済なくして，明日への「希望」を生み出すことはできないとして，アベノミクスの第一段階では，農業，医療等のビジネス環境の改善を目指した。

これからは新たな産業やサービスの創出を通じて社会的課題を解決し，グローバル市場における付加価値の獲得を目指す。そのためには，①第四次産業革命，②世界最先端の健康立国へ，③環境・エネルギー制約の克服と投資拡大，④スポーツの成長産業化，⑤2020年東京オリンピック・パラリンピック競技大会に向けた見える化プロジェクト，⑥既存住宅流通・リフォーム市場の活性化，⑦サービス産業の生産性向上，⑧中堅・中小企業・小規模事業者の革新，⑨積極的な農林水産業の展開と輸出力の強化，⑩観光先進国の実現，⑪地方創生，⑫国土強靱化・ストック効果の高い社会資本整備，⑬低金利を活かした投資等の消費・投資喚起策，⑭生産性革命を実現する規制・制度改革，⑮イノベーション創出・チャレンジ精神に溢れる人材の創出，⑯海外の成長市場の取り込みという取組が必要であり，これらの目標は，その方向性を示したものといえる。こういった「本格的な成長志向の戦略」を実施することで，「戦後最大の名目 GDP600兆円」という目標達成に向けて進んでいく。


## 2　働き方改革


### （1）働き方改革とは何か

第3次安倍政権では，2016（平成28）年，内閣官房に「働き方改革実現推

25

第Ⅰ部　労働現場でのジェンダー問題

進室」を設置し，改正法の実現に向けて動き出した。前述した「一億総活躍社会プラン」の中にもあるが，少子高齢化が加速する日本社会では，経済を支える労働者の労働環境の整備が必要であり，労働負荷が少なく，ワーク・ライフ・バランスの実現が必須課題である。

　これまでの社会において，ワーク・ライフ・バランスを可能としやすいのは，パートやアルバイト，派遣社員等の非正規で雇用期間の定めのある働き方などであった。そういった非正規という働き方は，正規との待遇面における差異が大きく，労働者にとって不公平感を抱きやすかった。

　このような非正規労働者（パートタイム労働者・有期雇用労働者・派遣労働者。以下，非正規。正規労働者は，以下，正規）の処遇改善をも含めた働き方改革を実施するために，2019（平成31）年4月に「働き方改革を推進するための関係法律の整備に関する法律」（以下，働き方改革法）を施行した。ただし，この法律は，2019（平成31）年4月時点では，すべて施行されているわけではなく，2023年頃までに段階的に施行される予定である。

　働き方改革法の大きな柱は2つあり，一つは労働時間法制の見直しで，もう一つは雇用形態に関わらない公正な待遇の確保である。次項で具体的にみていこう。

## （2）労働時間法制の見直し
### ——労働基準法・労働安全衛生法・労働時間等設定改善法の改正

　私たちは労働関係の法律に守られて，仕事をしている。だが，法律を遵守した働き方をしていたとしも，毎日，残業続きだと，心身共に疲弊しやすくなる。そこで，残業も含めた長時間労働をなくし，年次有給休暇を取得しやすくするために，労働時間法制の改正や新たな制度を制定した。

　そして，①残業時間の上限を規制，②「勤務間インターバル」制度の導入を促進，③1人1年当たり5日間の年次有給休暇の取得を義務化，④1月60時間以上の残業の割増賃金率の引上げ（25→50％。中小企業で働く人にも適用

26

第2章　働き方改革と労働者のための法律

〔大企業は2010（平成22）年度から実施〕，⑤労働時間の状況を客観的に把握するように企業に義務づけ（労働者の健康管理を徹底，管理職，裁量労働制適用者も対象），⑥「フレックスタイム制度」の拡充（労働時間の調整が可能な期間〔清算期間〕を延長〔１カ月→３カ月〕），⑦「高度プロフェッショナル制度」の新設（前提として，労働者の健康を守る措置を義務化〔罰則付き〕。対象者を限定〔一定の年収以上で特定の高度専門職のみが対象〕），の７項目が新たに設けられた。以下，順に解説する。

### １）　残業時間の上限を規定

　残業時間の上限が規定されたのは，労働基準法が施行された1947（昭和22）年以降，初めてである。逆にいえば，これまで残業時間の上限を規制することなく，三六協定（第４節（１）参照）を結べば公的に一定の時間数，働けた（働かせることができた）わけである。そのため，連日の長時間労働，またはサービス残業が横行していたのである。

　労働基準法改正法施行後は，残業時間を原則として１カ月45時間，１年間360時間とし，臨時的に必要な特別の事情以外は，この時間を超えることができない（１カ月45時間の残業は，１日に２時間程度の残業に相当する）とした。臨時的に必要な特別の事情があり，労使が合意する場合でも，１年で720時間以内，複数月で平均80時間以内（休日労働を含む），１月で100時間未満（休日労働を含む）を超えることはできない（１カ月80時間は，１日４時間程度の残業に相当する）。先に見た原則の１カ月45時間を超えられるのは，１年間で６カ月までである。

　基本的に改正法が適用されるのは，大企業が2019（平成31）年４月１日から，中小企業が2020年４月１日からである。ただし，残業時間の上限規制について，その適用が除外，猶予される業務や事業があり，それは次の５つである。

　①　自動車運転の業務（法律施行５年後に，上限規制を適用〔１年間で960

第Ⅰ部　労働現場でのジェンダー問題

時間〕)。

②　建設事業（法律施行 5 年後に，上限規制を適用〔災害時における復旧・復興の事業では，複数月で平均80時間以内， 1 カ月で100時間未満の要件は適用しない〕)。

③　医師（法律施行 5 年後に，上限規制を適用〔具体的な時間等は，医師等が参加する検討会議で検討する〕)。

④　鹿児島県及び沖縄県の砂糖製造業（法律施行 5 年後に，上限規制を適用）。

⑤　新技術・新商品等の研究開発業務（医師の面接指導，代替休暇の付与等の健康確保措置を設けた上で，時間外労働の上限規制は適用しない）。

　適用除外となっている事業，業務の中でも，自動車運転の業務と建設事業は長時間労働で，常に人手不足である。そのため，人材確保，また今いる人材の健康管理のためにも，長時間労働を是正したいという動きもあり，当面の間は適用を猶予されるが，最終的には，一般則を適用することとなっている。その際，注意しなければならないのは，実際に働いた時間で労働時間を計算するため，早出や残業をした場合，その時間を含めなければならないことである。

### 2 )「勤務間インターバル」制度の導入を促進

　これは 1 日の仕事が終了した後，翌日に仕事を始めるまでの間，一定時間以上の休息時間（インターバル）を確保する制度である（図表 2 - 3 )。労働者の休息時間を確保することが目的だが，努力義務であるため，すべての企業に制度が導入されるのは難しい。この制度は，たとえば，病院で勤務し，夜勤がある看護師や，介護施設で同じく宿直がある介護士等への適用が考えられる。

### 3 ) 1 年 5 日間の年次有給休暇の取得を義務化

　有給休暇の利用は労働者の権利であり，有給申請時に上司が有休取得につ

図表2-3 勤務間インターバルの例

【例：11時間の休息時間を確保するために始業時刻を後ろ倒しにする場合】

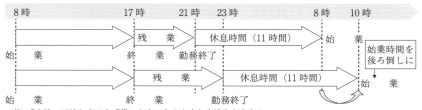

注：「8時〜10時」までを「働いたものとみなす」方法などもある。
出所：厚生労働省（2019a）。

図表2-4 有給休暇の取得——年5日の年次有給休暇取得の企業への義務づけ

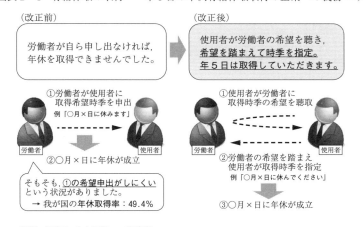

出所：図表2-3と同じ，一部改変。

いて，業務多忙等の理由以外で申請を拒否できない。だが，労働者側からすれば有給申請は中々しづらく，結果として有給休暇の消化率は，半数程度であった。法律が改正されることで，1年間のうち，5日間は義務的に消化しなければならなくなった（図表2-4）。

4）1月60時間以上の残業の割増賃金率の引上げ

残業時の割増賃金は，従来は一律で25％であったが，制度改正により，1カ月の残業時間が60時間を超えると50％支払わなければならなくなった（この制度は大企業では2010〔平成22〕年から実施）。

29

第Ⅰ部　労働現場でのジェンダー問題

### 5）従業員の労働時間の把握を義務づけ

これまで，労働者の労働時間は，主に法定労働時間で働くものの管理，把握が中心であった。時間外労働に対する賃金支払いの必要性があったからだ。その必要性のない，管理監督者，裁量労働制の適用者にも労働者の健康管理という点から労働時間を把握することが義務化された。

### 6）「フレックスタイム制」の拡充

フレックスタイム制とは，労働者自身が総労働時間の範囲内で，1日の始業，終業時間，労働時間を決めることができる制度である。制度を実施するには，対象となる労働者や制度を適用する清算期間（1カ月以内），標準的な1日の労働時間，「コアタイム（労働者が出勤しなければならない時間）」（任意），「フレキシブルタイム（制度利用者が労働時間を決めることができる時間）」（任意）等をあらかじめ決めておかねばならない。働き方改革法において，清算期間が1カ月から3カ月に延長されたのである。詳細については，次章で見ていくこととする。

### 7）「高度プロフェッショナル制度」の新設

この制度は，一定ライン以上の年収（1,075万円）である労働者が対象であり，高度な専門性を生かした職種（金融商品のディーラー，コンサルタント，研究開発，システムエンジニア等）が対象である。業務内容，業務を行う期間等は，業務指示書等に記載されており，職務の進め方は，労働者が自主的に判断できることが必須である。この制度でもっとも重要な点として，制度の利用は「希望者のみ」であり，制度利用の該当者であっても，希望しなければ対象者にならないことである。

この制度利用の該当者となるものの仕事は，本人の裁量で行えるものの，仕事の成果がでないと長時間労働になりかねない。ゆえに，労働者の健康を損なわないように健康管理を目的とした労働時間の把握が必要である。具体的な指標は，次の通りである。

① 休日確保の義務づけ（１年間で104日以上，かつ４週間で４日以上の休日）。

② 以下の中からいずれかの措置を義務づけ（適用事項は労使委員会の５分の４で決議）。

・勤務時間のインターバルを確保すること（終業・始業時刻の間に一定時間を確保・深夜業〔22〜５時〕の回数を制限〔１カ月当たり〕）。

・在社時間等の上限設定（１カ月また３カ月当たり）。

・１年につき，２週間連続の休暇取得（労働者が希望する場合には１週間連続を２回取得）。

・臨時の健康診断の実施（在社時間等が一定時間を超えた場合または本人の申出があった場合）。

③ 在社時間等が一定時間（１カ月当たり）を超えた労働者に対して，医師による面接指導を実施する（義務・罰則付き）。面接の結果から，職務内容の変更や特別な休暇の付与等を行う。

## （3）雇用形態に依らない公正な待遇の確保
### ──パートタイム労働法・労働契約法・労働者派遣法の改正

同じ職場で働き，同じような仕事をしているにもかかわらず，雇用形態が異なるだけで，基本給や賞与等のあらゆる面における差異がある。同一労働同一賃金に向けて，法律を改正し，正規・非正規間の不合理な待遇差の解消等を目指す。改正法施行に伴い，「短時間・有期雇用労働者及び派遣労働者に対する不合理な待遇の禁止等に関する指針（ガイドライン）」を策定した。

まず，非正規といってもパート・有期雇用労働者と派遣社員では雇用管理区分が異なるため，初めにパート・有期雇用労働者について説明し，次に派遣社員について説明する。

第Ⅰ部　労働現場でのジェンダー問題

### 1）パート・有期雇用労働者

① パートタイム労働法改正の背景

これまで，パートや有期雇用労働者は，パートタイム労働法や労働契約法の「均等規定」において，①職務内容（業務内容・責任の程度），②職務内容・配置の変更範囲（いわゆる「人材活用の仕組み」），③その他の事情（「職務の成果」「能力」「経験」）という3つの考慮要素に鑑み，不合理的な取扱いをしてはならないとされてきた。だが，日本では，そもそも採用時に職務内容の説明を受けたとしても，その職務だけでなく，その職務に付随する仕事をすることもある。

不合理・差別的取扱いかどうかを考える際，パートの場合，職務内容と職務内容・配置の変更範囲については，パートタイム労働法の中の均等規定において基準が示されており，それは以下の3点である（厚生労働省2017d）。

① 労働条件（昇給・賞与・退職手当の有無等）に関する文書交付等による明示義務，その他の労働条件に関する文書交付等による明示の努力義務（雇入れ時）。
② 待遇の内容等に関する説明義務（雇入れ時）。
③ 待遇決定等に際しての考慮事項に関する説明義務（労働者からの求めに応じて）。

だが上記の規定は，有期雇用労働者にはない。同じ有期雇用であっても，適用される法律によって規定があるかどうかの違いで，待遇格差が生じることは，同一労働同一賃金の実現を目指すならば，それ自体不合理である。特にパートが多く働く産業では，不合理な待遇差の比較対象となる同一の事業所で働く正規労働者自体，数が少なかったり，いないこともありうる。

このような背景から，パート・有期雇用労働者は，本節（1）で示したよ

うに正規労働者との不合理な待遇差を禁止する「パートタイム・有期雇用労働法」（「短時間労働者及び有期雇用労働者の雇用管理の改善等に関する法律」）改正法を，2020年4月1日（中小企業は2021年4月1日）に施行された。[3]

② 基 本 給

基本給は，労働者の能力や経験，業績または成果，勤続年数等に基づき支給するものである。そのため，正規の労働者と同じ能力や経験，業績または成果，勤続年数であるならば，それぞれ，正規労働者と同じ基本給を支払わなければならない。その際，能力や経験，業績または成果，勤続年数に一定の違いがある場合，その違いに準じた基本給を支払わなければならない。業績または成果の場合，基本給とは別に，労働者の業績または成果に応じた手当を支給する場合も同様である。

昇給は，労働者の勤続による能力の向上に応じて行うものであり，正規労働者と同じように，勤続による能力の向上に応じた部分につき，正規労働者と同じ昇給を行わなければならない。その際，勤続による能力の向上に一定の相違がある場合，その相違に応じた昇給を行わなければならない。また，正規で働き，定年退職後の再雇用として，有期雇用になった場合，定年前後の職務の内容や配置の変更等の事情を踏まえた賃金の相違は許容される。さらに，有期雇用であったものが定年後に同じく有期雇用である場合，正規労働者との待遇差は，様々な事情を総合的に考慮して判断する。

③ 賞 　 与

賞与は，会社の業績向上に向けた労働者の貢献度に準じて支給されるため，正規労働者と会社への貢献度が同じならば，同じ賞与を支給しなければならない。貢献度に一定の違いがある場合，その違いに応じた賞与を支払わなければならない。

④ 各種手当

各種手当には，役職手当，業務の危険度または作業環境に応じて支給される特殊作業手当，交替制勤務等の勤務形態に応じて支給される特殊勤務手当，

第Ⅰ部　労働現場でのジェンダー問題

精皆勤手当，時間外労働手当，深夜労働または休日労働に対して支給される手当，労働時間の途中に食事のための休憩時間がある労働者に対する食費の負担補助として支給される食事手当，通勤手当及び出張旅費，単身赴任手当，特定の地域で働く労働者に対する補償として支給される地域手当がある。

　これらについて正規労働者と同じ状況なら，同じ手当を支給しなければならない。一定の違いがある場合は，その違いに応じた手当を支給しなければならない。なお，時間外労働手当，深夜労働または休日労働に対して支給される手当は同一の割増率でなければならない。

　⑤　福利厚生

福利厚生施設（給食室・休憩室・更衣室），転勤者用社宅（同一の支給要件としては転勤の有無，扶養家族の有無，住宅の賃貸または収入の額を満たす場合）は，正規労働者と同じように利用を認めなければならない。慶弔休暇の付与，健康診断に伴う勤務免除及び有給の保障を行わなければならない。

　病気休職は，正規の労働者と同じように取得を認めなければならない。有期雇用者の場合，契約期間が終了する時期を踏まえて，取得を認めなければならない。

　⑥　そ　の　他

　教育訓練は，現在の仕事の職務遂行に必要な技能や知識を得るためのものであり，正規の労働者と職務内容が同一ならば，同じ教育訓練を受けなければならない。職務の内容に一定の違いがあるならば，その違いに応じた教育訓練を実施しなければならない。安全管理に関する措置及び給付では，正規労働者と同じ業務環境に置かれているならば，同じような安全管理に関する措置や給付をしなければならない。

　2）派遣社員

　①　労働者派遣法改正の背景

　これまで労働者派遣法は，複数回，改正施行されてきた。派遣社員は，基本的な働き方として，雇用された派遣会社で働くのではなく，派遣会社から

34

派遣された先の企業で働くため，派遣先の企業で働く正規と派遣社員との間に生じる賃金差，待遇差において，あまり整合性がないと，派遣社員のモチベーション等，就労意欲の維持が困難になることも多々あった。不合理な待遇差については，これまで配慮義務のみであった。不合理な待遇差とは，均等（働き方等の待遇を決める際の考慮要素が同じなら待遇を同じにすること），均衡（働き方に違いがある等待遇を決める際の考慮要素に差異がある場合，その差異に応じた待遇にすること）待遇が実施されているかどうかである。派遣社員は同じ仕事をしていても，派遣先の企業により，賃金，仕事量，仕事の質，仕事の煩雑さ等が異なるため，2020年施行の改正法では，派遣社員の賃金を派遣会社が決める際，①派遣先の労働者との均等・均衡方式（派遣先の正規と比較して基本給，賞与その他の待遇の差別禁止等）か，②労使協定による一定水準を満たす待遇決定方式，という①か②のどちらかに準じて賃金を決定することが，次のように定められた（厚生労働省 2017d）。

① 派遣先の労働者との均等・均衡方式
・派遣先企業は，派遣先企業で働く労働者の待遇に関する情報提供の義務があり，派遣元は，派遣先から，上の情報提供がなければ派遣を禁止する。
・派遣先の正規との均衡を考え，派遣社員の職務内容，職務の成果，意欲，能力，または経験その他の就業の実態を考えて，賃金を決めるという努力義務。
・教育訓練，福利厚生施設（給食施設，休憩室，更衣室）の利用，就業環境の整備等の規定を強化する。
② 労使協定による一定水準を満たす待遇決定方式
・派遣元は，労働者の過半数で組織する労働組合か労働者の過半数の代表者と話し合い，派遣社員の保護が十分受けられると判断できれば（派遣会社，派遣先企業のある地域の同様の職種で働く正規の平均賃

第Ⅰ部 労働現場でのジェンダー問題

金と同額以上の賃金にすること，教育訓練等による派遣社員の職務の
内容・能力・経験等の向上を公正に評価し，その結果を踏まえた賃金
決定を行うこと等)，書面による労使協定を結び，派遣社員の待遇を
決定する。

これら①か②のどちらかに準じて賃金を決定することが定められた。また，
事業主には派遣社員に対して，次の2点が義務づけられている。

① 待遇の内容等に関する説明義務（雇用しようとする時）。
② 待遇決定に際しての考慮事項に関する説明義務（求めに応じ）。

このように労働者派遣法は，これまで，多くの改正，施行を経て現在に至
っている。現在では，派遣社員として働くものが，派遣という働き方を選択
することで不利益が生じないように，また，働き方改革法の一環として改正
される改正案では，キャリアアップの支援を前提として進めていることが明
らかになった。

労働者派遣法は，2019年4月に施行された働き方改革法の一環として，同
一労働同一賃金実現に向けて，改正施行することが決定しており，2020年4
月1日施行を予定している。施行日は，先にみたパートタイム労働法の改正
施行と同じである。

② 基 本 給

基本給は，労働者の能力や経験，業績または成果，勤続年数等に基づき支
給するものである。そのため，派遣元事業主は，派遣先に雇用される正規の
労働者と同じ能力や経験，業績または成果，勤続年数であるならば，同じ基
本給を支払わなければならない。その際，能力や経験，業績または成果，勤
続年数に一定の違いがある場合，その違いに準じた基本給を支払わなければ
ならない。業績または成果の場合，基本給とは別に，労働者の業績または成

果に応じた手当を支給する場合も同様である。

昇給は，労働者の勤続による能力の向上に応じて行うものであり，派遣元事業主は，派遣先に雇用される正規労働者と同じように，勤続による能力の向上に応じた部分につき，正規労働者と同じ昇給を行わなければならない。勤続による能力の向上に一定の相違がある場合，その相違に応じた昇給を行わなければならない[4]。

③ 賞　　与

賞与は，派遣先及び派遣元事業主が，派遣社員が派遣先の業績等への貢献に準じて支払うものである。派遣元事業主は，派遣先の正規労働者と同じ貢献度であるならば，貢献に応じて，派遣先の正規労働者と同じ賞与を支給しなければならない。貢献に一定の違いがある場合，その違いに準じた賞与を支払わなければならない。

④ 各種手当

各種手当には，役職手当，業務の危険度または作業環境に応じて支給される特殊作業手当，交替制勤務等の勤務形態に応じて支給される特殊勤務手当，精皆勤手当，時間外労働手当，深夜労働または休日労働に対して支給される手当，労働時間の途中に食事のための休憩時間がある労働者に対する食費の負担補助として支給される食事手当，通勤手当及び出張旅費，単身赴任手当，特定の地域で働く労働者に対する補償として支給される地域手当がある。

これらについて，派遣元事業主は，派遣先に雇用される正規の労働者と同じ状況なら，同じ手当を支給しなければならない。また，一定の違いがある場合は，その違いに応じた手当を支給しなければならない。なお，時間外労働手当，深夜労働または休日労働に対して支給される手当は同一の割増率でなければならない。

⑤ 福利厚生

福利厚生施設（給食室・休憩室・更衣室），転勤者用社宅（同一の支給要件として，転勤の有無，扶養家族の有無，住宅の賃貸または収入の額を満たす場合）

第 I 部　労働現場でのジェンダー問題

について，派遣元事業主は，派遣先に雇用される正規の労働者と同じように利用を認めなければならない。慶弔休暇の付与，健康診断に伴う勤務免除及び有給の保障を行わなければならない。

　病気休職は，派遣先に雇用される正規労働者と同じように取得を認めなければならない。期間の定めのある労働者派遣に係る派遣労働者にも，派遣先における派遣就業が終了するまでの期間を踏まえて，病気休職の取得を認めなければならない。

　⑥　そ の 他

　教育訓練は，現在の仕事の職務遂行に必要な技能や知識を得るためのものならば，派遣元事業主は，派遣先の正規の労働者と職務内容が同一の場合，同じ教育訓練を受けさせなければならない。また，職務の内容に一定の違いがあるならば，その違いに応じた教育訓練を実施しなければならない。なお，派遣元事業主は，派遣労働者に対し，段階的かつ体系的な教育訓練を実施しなければならない。

　安全管理に関する措置及び給付について，派遣元事業主は，派遣先に雇用される正規労働者と同じ業務環境ならば，同じような安全管理に関する措置や給付をしなければならない。

### 3）「行政による事業主への助言・指導等や裁判外紛争解決手続」の整備

「行政による事業主への助言・指導等や裁判外紛争解決手続」（以下，行政ADR）とは，事業主と労働者との間の紛争について，裁判を起こさずに，解決する手続きのことである。これまでは，事業主と労働者間の紛争は，裁判という手段がもっとも一般的であった。だが裁判となると，費用と時間がかかり，紛争するだけでも労力がかなり必要になる。だが，行政 ADR の場合だと数回で終わることが多く，費用もそれほどかからない。

第2章　働き方改革と労働者のための法律

# 3　労働基準法における規定

　私たちは一人の労働者として働く時，どのような雇用形態（正規・非正規）であろうとも，労働基準法によって多くの権利が守られている。本節では，労働基準法によって守られている様々な権利を見ていこう。

## （1）労働時間と賃金──休憩・残業・深夜・休日割増賃金

　労働時間は，労働基準法が施行された当時（1947〔昭和22〕年）は，1日8時間，週48時間労働（8時間×6日）が基本だった。その後，1987（昭和62）年には労働時間の基準が改正され（1988〔昭和63〕年施行），1日8時間，週40時間（法定労働時間：8時間×5日）になった。労働者は基本的に8時間を超えて働く必要がない。

　次に休憩時間について，休憩時間は労働による心身の疲労回復のために，労働時間の途中に組み入れるものである。その際，1日の労働時間の長さによって，休憩時間の長さが異なる。1日6時間を超えて働く場合，その間に休憩時間を挟まなければならない。6時間を超える場合は最低45分の休憩時間が必要になる。また8時間を超えて働く場合，1時間の休憩時間が必要になる。

　休憩時間は労働者に対して一斉に与えなければならないが，そうでない職種がある。たとえば運輸交通業（トラック・タクシー運転手），商業（小売店・卸売店等），金融・広告業（銀行等），映画・演劇業・通信業・保健衛生業（病院・診療所・歯科医院等），接客娯楽業（飲食店等），官公庁（市役所等）等である。これらの職種では，労使協定を結ばずに一斉休憩を与えなくてもよい。対人間のサービスが職務であるため，労働時間の終了は顧客次第だからだ。また，休憩時間を従業員が一斉にとるとその間の業務が停止してしまうため，交代で休憩に入るのである。

39

第Ⅰ部　労働現場でのジェンダー問題

　次に休暇について取り上げる[5]。休暇とは雇用契約書や就業規則では，当初は労働すべき日とされていた日を労働しなくてもよい日とすることである。休暇の中でもよく知られているのは「年次有給休暇」，通常では「有給」（以下，有給）といわれるものである。

　有給の対象となる労働者は，雇用形態（正規・非正規）にかかわらず，次に述べる条件を満たせば権利が発生する。この条件とは，労働者が企業に雇われた日から6カ月以上継続勤務しており，かつ全労働日の8割以上出勤していることである。そうなると10日間の有給が発生する。有給は字のごとく，労働しなくても（仕事を休んでも）休んだとはみなされず，仕事を休んでもその日は働いたとみなされ給料がもらえるのである。

　続いて，8時間（法定労働時間）を超えて働く場合について解説する。その場合1時間につき25％の割増賃金が支払われる。これは時間外労働，通常，残業といわれるものであり，残業することはイコール労働者自身の手取り収入の増加にもつながる。さらに休日出勤になると，割増賃金は35％になる。元々の勤務時間が深夜時間ならば割増賃金は支払われないが，そうでないならば深夜労働（22〜5時）も25％の割り増し賃金になる（時間外労働が深夜になる場合は50％，休日労働が深夜の場合は60％以上）。

　前述したが，働き方改革法で2019（平成31）年4月に労働基準法が改正され，1カ月60時間を越える残業時間の場合，割り増し賃金は50％になった。このことは裏返せば，労働者が長時間残業することを防ぎたい意図が政府にあるといえる。

## （2）解雇の問題

### 1）解雇に関する手続き・条件

　解雇とは労働者の意思に関係なく，事業主が労働契約を一方的に破棄することである。事業主と労働者という立場でいえば，事業主の方が有利になるため，解雇権を濫用させてはならないとする「解雇権濫用の法理」が規定さ

40

れている。「解雇権濫用の法理」とは，「合理的かつ論理的な理由が存在しなければ解雇できない」というものである。解雇権濫用の法理は2003（平成15）年の労働基準法の改正により規定され，その後2008（平成20）年施行の労働契約法第16条に取り入れられた。労働契約法では，解雇は客観的，合理的な理由を欠き，社会通念上相当であると認められない場合，その権利を濫用したものとして無効になる。権利の濫用になるかどうかの判断要素は，①解雇に合理性または相当の理由があるか，②解雇が不当な動機または目的からされたものではないか，③解雇理由とされた行状（非行）の程度と解雇処分との均衡が取れているか，④同種または類似事案における取扱いと均衡が取れているか，⑤一方の当事者である使用者側の対応に問題はないか，⑥解雇手続きは相当か，といった点である。労働者を解雇したい場合，口頭で明日からは来なくてもよいというのではなく，一定の手続きを踏む必要がある。では解雇に必要な手続きとは，どのようなものだろうか。

　それは，「30日前に解雇予告を行うこと，あるいは30日分の賃金を解雇予告手当てとして支払うこと」（労働基準法第20条1項）である。この方法を採らない場合は，解雇予告と解雇予告手当を併用する（20日前に解雇予告した場合，最新10日分の解雇予告手当を支払う）方法がある。つまり，解雇する企業側は少なくとも30日前に解雇予告を行い，それより短い期間で行った場合，不足分を支払わなければならない。反対に解雇予告が必要ない場合もあり，それは，自然災害などで事業の継続が困難な場合である。

　その他に，労働者側に非がある場合（解雇原因が労働者側にある場合。本項中の「2）解雇の種類——普通・懲戒・整理」参照）は，労働基準監督署長の許可を受けることで，解雇予告・解雇予告手当の支払いは必要なくなる。

　ここまで述べた内容は，企業で一定期間働いた労働者に対しての措置である。反対に短期間しか働いていない労働者には，解雇予告と解雇予告手当は必要ない。短期間とは1カ月以内の日々雇い入れられるもの，2カ月以内という契約期間を定めて雇用されるもの，4カ月以内という季節的業務による

第Ⅰ部　労働現場でのジェンダー問題

契約期間を定めて雇用されるもの，14日以内という試用期間による契約期間を定めて雇用されるものである。それぞれの期間を超えた場合は，賃金を支払う必要がある。

### 2）解雇の種類——普通・懲戒・整理

労働者の解雇に関しては，普通解雇・懲戒解雇・整理解雇の3つの種類がある。それぞれの違いを見ていこう。

まず普通解雇とは，労働者側に大きな原因がある場合に行われる解雇である。ここでいう「大きな原因」とは，心身の故障による労務不能，勤務成績不良，他の社員との協調性の欠如等である。労働者を解雇するには，客観的で合理的な解雇理由が必要である。

次に懲戒解雇とは，企業秩序を乱したり反社会的な行動をした場合に適用される形態の解雇である。労働者は懲戒解雇されると，次の仕事がみつかりにくかったり，退職金も支給されなかったりと，一労働者としての労働者生命を奪われる状態に陥りやすい。懲戒解雇の対象となる行為は，事業所内での窃盗・横領・傷害など刑法犯に該当する行為（軽微なものを除く），賭博等で職場秩序を乱し，他の労働者に悪影響を及ぼす場合（社外行為であっても会社の名誉，信用を失墜させ，取引関係に悪影響を与える場合はこれも含む），経歴詐称，2週間以上の無断欠勤，出勤不良（複数回注意されても改善しない場合）である。

懲戒解雇に関しては慎重に行う必要があり，その判断基準は，懲戒解雇の理由が就業規則に記載されていること，労働者の行為が就業規則に定めた懲戒解雇にあたること，懲戒解雇の理由が合理的であること，社会的に見て罪に見合った罰になっていること，就業規則に定められた手続きをしていること，である。

次いで整理解雇とは，経営難や天災などにより事業継続が困難な場合，人員削減することが経営上，必要となった場合に行う解雇である。そのため，解雇回避努力の履行（役員報酬の削減・経費削減・配置転換・出向・新規採用の

中止・賃金引下げ・希望退職募集等）が必要である。さらに対象となる人選に
合理性（パート・アルバイト・人事評価の高低・解雇が労働者の生活に与える影
響）があるかどうか，労働組合・労働者に対する説明，協議の実施等の手続
きの妥当性があるかどうか，が重要となる。

## 4　多様な働き方

　本節では，労働基準法で定められた労働時間を超えて働く場合の働き方を
見ていこう。

### （1）三六協定

　労働基準法では，労働者を1日8時間，1週間40時間を超えて働かせては
ならないと規定している。しかし，企業によっては商品の納期が迫っていた
り，急な納品を要求されたりと常に不測の事態が生じる可能性を抱えている。
また災害や通常から予測できず，避けられない状態（季節品の製造・予算・
決算業務・大量のクレーム対応・事業の運営を不可能にするような突発的な機械
の故障・修理・急病・電圧低下により保安の必要がある場合等）が生じると，時
間外労働，休日労働の必要性が出てくる。

　そういった場合の解決方法として，企業側は労働者の過半数で構成されて
いる労働組合（無い場合は労働者の過半数を代表する者）との間で協定を結び，
労働基準監督署に届け出れば，労働基準法の基準（法定労働時間）を超えた
時間（1日8時間・1週間40時間以上・休日出勤）働かせることができる[6]。そ
の際，時間外労働を行う業務の種類（1日・1カ月・1年当たりの時間外労働
の上限等）を決める必要がある。

　このような手続きをとり，労働者の時間外・休日労働を可能にする協定を
「三六協定」という。

第Ⅰ部　労働現場でのジェンダー問題

## （2）フレックスタイム制

　フレックスタイム制とは，一定の期間，あらかじめ決められた総労働時間の範囲内で，労働者自身が1日の始業，終業時間，労働時間を決めることができる制度である。

　フレックスタイム制を導入するためには，就業規則に規定することと労使協定の締結，対象となる労働者の範囲，清算期間（1カ月以内），清算期間の総労働時間，標準となる1日の労働時間，コアタイム（任意），フレキシブルタイム（任意）を設定しなければばらない。

　一定期間（清算期間）内で働く総時間数をあらかじめ決めておき，労働者はその時間内であれば何時に出勤・退社してもよいというものである。ただし，すべての労働時間が自由というわけではなく，「コアタイム」といって労働者が出勤しなければならない時間と「フレキシブルタイム」といって自らの選択で労働時間を決めることができる時間に分けられる。コアタイムは労働者全員が出勤すべき時間を企業側が決めているため，この時間帯のみ遅刻，早退の対象になる。コアタイムは，従業員同士が連絡を取り合う時間，共同作業する時間になることが多い。近年はコアタイムを設けない企業も少しずつ増えている。

　働き方改革法において，フレックスタイム制に関する制度が改正された。それは「清算期間の延長」で，清算期間が1カ月から3カ月に延長されたのである。これまでは，清算期間が1カ月のため，決められた労働時間を超えた場合は割増賃金を支払い，逆に，決められた時間に満たない場合は欠勤扱いか翌月に不足分を働くという形を採っていた。

　だが清算期間が3カ月になると，そういった調整をする可能性が少なくなり，企業側，労働者側にとってもメリットは大きい。ただし，清算期間が1カ月を超える場合には，清算期間全体の労働時間が週平均40時間を超えないこと，1カ月ごとの労働時間が，週平均50時間を超えないこととした。

第2章　働き方改革と労働者のための法律

# 5　労働者のための法律の概要

## （1）労働者派遣法

　派遣社員と聞けば，皆さんは，どのようなイメージを持つだろうか。派遣社員として働くことは，おそらく一時的に働くという観点での選択肢の一つなのではないだろうか。派遣社員に関する法律は，1986（昭和61）年に施行され，現在まで何度も改正されているため，ここでは主だったものをみていこう。

　日本初の派遣会社は，1966（昭和41）年に開業したアメリカ資本の「マンパワージャパン」であり，その後，国内資本の「マンフライデー」が1969（昭和44）年に設立され，1976（昭和51）年には「パソナ」等多くの派遣会社が設立された。当時は派遣社員に関する法律は無かったが，1980年代になると派遣社員を法律上，認める必要性が高梨昌を中心に提案され[7]，1986（昭和61）年に「労働者派遣事業の適正な運営の確保及び派遣労働者の就業条件の整備等に関する法律」（2012〔平成24〕年に「労働者派遣事業の適正な運営の確保及び派遣労働者の保護等に関する法律」に名称変更。以下，労働者派遣法）が施行されることとなった。当時の労働者派遣法の特徴は3つある。

　1つ目は，労働者派遣法でいう労働者には2つの型があり，「常用型」といって派遣会社で正規雇用のもの，もう一つは「登録型」といって依頼のあった企業に派遣されて働く非正規のもの，と規定された点である。一般的にいえば，派遣社員は登録型派遣の場合が多い。

　2つ目は，登録型派遣の場合，派遣社員は派遣会社と労働契約を結ぶため，派遣される企業とは労働契約を結ばない。ただし，仕事に関する指示，命令は派遣先の企業に従わねばならない。つまり，労働契約を結ぶ企業と実際に働く企業が異なるということだ。

　3つ目は，派遣業務は専門的な知識，経験が必要な業務だったことである。

45

第Ⅰ部　労働現場でのジェンダー問題

当時，法律で定められた業務はわずか13業務であり，その後，3業務（(1)-2，(1)-3，(1)-4，後述）が追加され16業務になった。具体的には，(1)ソフトウエア開発，(1)-2機械設計，(1)-3放送機器等の操作，(1)-4放送番組等の演出，(2)事務用機器操作，(3)通訳，翻訳，速記，(4)秘書，(5)ファイリング，(6)調査，(7)財務処理，(8)取引文書作成，(9)デモンストレーション，(10)添乗，(11)建築物清掃，(12)建築設備運転，点検，整備，(13)案内，受付，駐車場管理であった。これら16業務をポジティブリストとした。ポジティブリストとは，派遣対象業務をあらかじめ示したものである。当時は，それ以外の業務の派遣は認めないという形式だった。

　1996（平成8）年には，派遣対象業務に10業務が追加されて合計26業務になった。追加されたのは，前述の16業務に，(17)研究開発，(18)事業の実施体制の企画，立案，(19)書籍などの制作・編集，(20)広告デザイン，(21)インテリアコーディネーター，(22)アナウンサー，(23)OAインストラクション，(24)テレマーケティングの営業，(25)セールスエンジニアの営業，金融商品の営業，(26)放送番組等で使用する大道具・小道具の製作，である。

　そして1999（平成11）年12月に労働者派遣法は大幅に改正された。主な改正点は，次の2つである。

　1つ目は，派遣対象業務が自由化され，これまでのポジティブリストからネガティブリストへと転換された点である。ネガティブリストとは，派遣できない業務をあらかじめ指定し，その他はすべて自由化することである。すなわち，これまでの26業務に加えて業務の専門性などは関係なく，一時的・臨時的ならば派遣を認めた。

　2つ目は，新たに自由化される業務に対して，1年以上雇用し続けることを原則禁止した点である。

　この派遣自由化を受けて，これまでの専門職を派遣するというイメージから，一時的に人手不足となった部署に臨時で派遣するというイメージに変わり，これまで人手不足の調整弁はパートであったが，この改正以降，派遣労

第2章　働き方改革と労働者のための法律

働者がその役割を担わされる事になったのである。

　その後，契約期間や対象業務等に関する労働者派遣法の改正が頻繁に行われた。2000（平成12）年には「紹介予定派遣」（派遣先企業で最終的に正規雇用されることを前提にした派遣）が開始された。また，2004（平成16）年には製造業への労働者の派遣の解禁，2012（平成24）年10月には30日以内の日雇い派遣の禁止，2015（平成27）年には「許可制」と「届出制」を廃止し「許可制」に一本化，といった改正が立て続けに行われたのである。

　ここまで見たように，労働者派遣法は数々の改正を繰り返した。それは，非正規で一時的にそれなりに訓練された人材が必要になった場合，教育訓練が必要になるパートを雇用するよりも，派遣社員を雇用する方が即戦力になるからである。だからこそ，労働者とのトラブルも生じやすい。そのため，企業の要請に合うように，法律を改正し続けているといえる。

### （2）パートタイム労働法

　パートという働き方は，戦後発達したものである。希望する時間に働けるということで，高度経済成長とともに既婚女性を中心に広がりだした。ここではパートに関する法律の変遷を見ていくことにしよう。

　パートに関する法律は，1993（平成5）年に「短時間労働者の雇用管理の改善等に関する法律」（以下，パートタイム労働法）として施行されたのが最初である。法律上，パートとは「短時間労働者」のことを指し，短時間労働者とは「1週間の所定労働時間が，同一の事業所に雇用される通常の労働者の1週間の所定労働時間に比して短い労働者」である。つまり，同じ職場で働く正規と比べて，労働時間が短ければ短時間労働者になるわけである。企業では，「パート」「アルバイト」「嘱託」「契約社員」「臨時社員」「準社員」等が該当する。

　パートという働き方が普及したのは高度経済成長期だったにもかかわらず，法律が施行されたのは1993（平成5）年と遅く，背景には，パートが労働者

47

第Ⅰ部　労働現場でのジェンダー問題

として認識されにくかった点が挙げられる。主婦労働者が多いこともあり，雇用に対する逼迫感があまりなく，また，労働基準法等の法律の適用者であると認識されにくかったため，トラブルが発生しやすかった。

　1980年代になると，正規並みの業務量や職務に対する責任を課されるパートが増加したこと等もあり，均等待遇の実現に向けて法律が施行された。パートタイム労働法施行時の問題点は，すべてが努力義務であるため，法律の効果が出にくく，パートの待遇については，企業姿勢に頼らざるを得ないことであった。

　2008（平成20）年4月に，初めてパートタイム労働法が改正された。改正法の中で最も大きな特徴は，パートでも一定の条件を満たせば正規に転換できる制度を設けたことである。2015（平成27）年には，「均等・均衡待遇の確保」を推進することを目的にした改正法が施行された。

　2020（令和2）年には，働き方改革法の一環として，法律が改正された。法律の名称も「短時間労働者及び有期雇用労働者の雇用管理の改善等に関する法律」（以下，パートタイム・有期雇用労働法）に変更された。

### （3）男女雇用機会均等法

　「雇用の分野における男女の均等な機会及び待遇の確保等に関する法律」（以下，男女雇用機会均等法）は，戦後，女性労働者に対して最も大きな影響を与えた法律だといっても過言ではない。1986（昭和61）年の施行以降，3回改正（1999〔平成11〕年：2007〔平成19〕年：2017〔平成29〕年）され現在に至る。男女雇用機会均等法は，1972（昭和47）年に施行された勤労婦人福祉法の第2章に「雇用の分野における男女の均等な機会及び待遇の促進」という項目を新設し，さらに「勤労婦人」という文言を「女子労働者」に置き換えて制定されたものである。つまり制定当初は，勤労婦人福祉法を改正し，法律名を変えたというレベルのものだった。勤労婦人福祉法の目的は，女性が職業人として仕事を全うすることであり，その中で既婚女性に対しては，

48

第2章　働き方改革と労働者のための法律

仕事と家庭生活のバランスを保ちながら仕事をするように促す文言も存在した。以下，4回の改正法のポイントを紹介する。

## 1）1986（昭和61）年施行の改正法

1986（昭和61）年施行の改正法の特徴は，努力義務規定と禁止規定が設定された事だが，女性労働者にとって重要な項目が努力義務規定であるため，雇用環境の改善につながりにくかった。

努力義務規定とは，法律の条文の末尾に「……努めなければならない」と明記された規定の事であり，この改正法で規定されたのは募集・採用・配置・昇進についてであった。

反対に禁止規定とは，法律の条文の末尾に「……してはならない」と明記された規定の事であり，この改正法で規定されたのは教育訓練・福利厚生・定年・退職・解雇についてであった。問題なのは，募集・採用等の男女の均等を求めるものが努力義務であり，教育訓練等の禁止規定も罰則を伴うものではなかった。

そして法律の施行以降，大企業が中心となり正規の女性に対して「コース等で区分した雇用管理制度」いわゆる「コース別雇用管理制度」を適用するようになった。これは従業員をコース等で区分した雇用管理のことである。

また「典型的なコース別雇用管理」とは，業務内容や転居を伴う転勤の有無などによって複数のコースを設定して，コースごとに異なる配置・昇進・教育訓練等の雇用管理を行うことである。具体的には「一般職」と「総合職」に職務を分け，「一般職」は事務職をはじめとした補助的労働で転勤がないこと，「総合職」は営業をはじめとした基幹的業務を行い転勤があることとした。[8]

## 2）1999（平成11）年施行の改正法

主な改正点は，3つある。1つ目は，これまで努力義務規定だった募集・採用・配置・昇進が禁止規定になったことである。これらが禁止規定になったことで，雇用の平等を成し遂げることができる法律が，整備されたことに

49

第Ⅰ部　労働現場でのジェンダー問題

なる。

　2つ目は，女性に対するセクシュアル・ハラスメントを防止するために事業主に配慮義務が課されたことである。この具体的な内容は，事業主が職場でのセクシュアル・ハラスメント対策，方針を明確化し，労働者に対して周知・啓発することである。たとえば，セクシュアル・ハラスメント防止に向けた内容を社内報やパンフレットに記載したり，就業規則にセクシュアル・ハラスメントに関する項目を規定する等である。

　3つ目は，ポジティブ・アクションの実施である。たとえば企業が男女平等を成し遂げるために支障となる状況を改善するため，国がその取組内容の相談や援助を行うことができるようになった。また，女性労働者が男性労働者と比較して相当少ない分野では，労働者の募集・採用・配置・昇進において女性を優遇することが法律違反にならないとした。

　このように1999（平成11）年施行の改正法において，これまでの努力義務規定が禁止規定になったことは大きな成果の一つだといえる。

### 3）2007（平成19）年施行の改正法

　2007（平成19）年に施行された男女雇用機会均等法は，2回目の改正である。主な改正点は，①性別による差別禁止範囲の拡大，②妊娠・出産などを理由とする不利益取扱いの禁止，③セクシュアル・ハラスメント対策，④母性健康管理措置，⑤ポジティブ・アクションの推進，⑥過料の創設である。これらの中から，注目すべき項目を3つ見ていこう。

　①の性別による差別禁止範囲の拡大では，これまでは「女性のみ」が対象だったが，改正後「男女双方」になり，禁止の範囲も募集・採用・配置・昇進・教育訓練・福利厚生・定年・解雇に加えて，降格・職種変更・雇用形態の変更・退職勧奨・雇止めが追加されたことである。

　②の妊娠・出産等を理由とする不利益取扱いの禁止では，妊娠中・産後1年以内の解雇が「妊娠・出産・産前産後休業などによる解雇ではないこと」を事業主が証明しない限り無効になったことである。

50

③のセクシュアル・ハラスメント対策では，①とも関連するが女性だけでなく，男性に対するセクシュアル・ハラスメントも対象になったことである。そして「事業主が職場における性的な言動に起因する問題に関して雇用管理上講ずべき措置についての指針」という措置義務として，事業主はセクシュアル・ハラスメントに対する対策をとらなければならないとした。

### 4）2017（平成29）年施行の改正法

2016（平成28）年に改正され翌年1月に施行された改正法の特徴は，妊娠・出産等に関する上司・同僚からの就業環境を害する行為がないようにするための防止措置義務が，新たに追加されたことである。具体的には「事業主が職場における妊娠，出産等に関する言動に起因する問題に関して雇用管理上講ずべき措置についての指針」の策定である。この指針の主な内容は，事業主は，妊娠・出産・育児休業等に関するハラスメントの内容を理解し，このような行為があってはならないことを周知・啓発し，相談窓口を設けること，また相談があった際，事後の迅速で適切な対応をし，ハラスメントの原因や背景となる要因を解消できるようにすること等である（詳細は第3章）。

## （4）女性活躍推進法

### 1）なぜ「女性活躍」なのか

2015（平成27）年8月に，「女性の職業生活における活躍の推進に関する法律」（以下，女性活躍推進法）が成立し，翌年9月に公布された。2016（平成28）年4月1日から全面施行されたが，これは10年間（2026年3月31日に効力を失う）の時限立法である。法律制定の目的は，就労を希望する女性が職業生活上で，個性と能力を十分に発揮できるように環境を整備することである。この法律が施行された背景には，1990年代に明確になった少子化の進行と国内の労働者人口の減少，同時に進行している超高齢社会の到来，高齢者の年金財源確保のためにより多くの現役労働者が必要なことがある。

労働者人口を増加させるためには，子育てと仕事が両立しやすい就業場

第Ⅰ部　労働現場でのジェンダー問題

図表2-5　女性の職業生活における活躍の状況に関する実績に係る基準

| 評価項目 | 基準値（実績値）[1] |
|---|---|
| ① 採　　用 | 男女別の採用における競争倍率（応募者数／採用者数）が同程度[2]であること |
| ② 継続就業 | ⅰ）「女性労働者の平均継続勤務年数÷男性労働者の平均継続勤務年数」が雇用管理区分ごとにそれぞれ7割以上であること<br>又は<br>ⅱ）「10事業年度前及びその前後の事業年度に採用された女性労働者のうち継続して雇用されている者の割合」÷「10事業年度前及びその前後に採用された男性労働者のうち継続して雇用されている者の割合」が雇用管理区分ごとにそれぞれ8割以上であること |
| ③ 労働時間等の働き方 | 雇用管理区分ごとの労働者の法定時間外労働及び法定休日労働時間の合計時間数の平均が，直近の事業年度の各月ごとに全て45時間未満であること |
| ④ 管理職比率 | ⅰ）管理職に占める女性労働者の割合が別に定める産業ごとの平均値以上であること[3]<br>又は<br>ⅱ）直近3事業年度の平均した「課長級より1つ下位の職階にある女性労働者のうち課長級に昇進した女性労働者の割合」÷直近3事業年度の平均した「課長級より1つ下位の職階にある男性労働者のうち課長級に昇進した男性労働者の割合」が8割以上であること |
| ⑤ 多様なキャリアコース | 直近の3事業年度に，以下について大企業については2項目以上（非正社員がいる場合は必ずAを含むこと），中小企業については1項目以上の実績を有すること<br>A　女性の非正社員から正社員への転換<br>B　女性労働者のキャリアアップに資する雇用管理区分間の転換<br>C　過去に在籍した女性の正社員としての再雇用<br>D　おおむね30歳以上の女性の正社員としての採用 |

注：(1)　雇用管理区分ごとに算出する場合において，属する労働者数が全労働者数のおおむね1割程度に満たない雇用管理区分がある場合は，職務内容等に照らし，類似の雇用管理区分とまとめて算出して差し支えないこと（雇用形態が異なる場合を除く。）。
　　(2)　直近3事業年度の平均した「採用における女性の競争倍率（女性の応募者数÷女性の採用者数）」×0.8が，直近3事業年度の平均した「採用における男性の競争倍率（男性の応募者数÷男性の採用者数）」よりも雇用管理区分ごとにそれぞれ低いこと。
　　(3)　産業大分類を基本に，過去3年間の平均値を毎年改訂。
　出所：厚生労働省「女性活躍推進法に基づく認定制度」。

所・労働形態等を整えることで，現在，育児等を理由に働いていない女性が，労働者として社会復帰できるようにする方策が必要である。そのために，国は，事業主に対して一般事業主行動計画（以下，行動計画）の策定を義務づ

52

けた（301人以上の労働者規模）。行動計画の内容は，女性が職業生活上において活躍するために，状況把握（女性採用比率・勤続年数男女差・労働時間の状況・女性管理職比率等），改善すべき事柄についての分析を行うことである。

行動計画を策定し，都道府県労働局へ届出を行った企業のうち，女性の活躍推進に関する状況などが優良な企業については，厚生労働大臣の認定（女性活躍推進法第9条に基づく認定。以下，えるぼし認定）を受けることができ，認定を受けた企業は，厚生労働大臣が定める認定マークを商品などに使用できる。

２）行動計画の策定とえるぼし認定企業

えるぼし認定されるためには，①採用，②継続就業，③労働時間等の働き方，④管理職比率，⑤多様なキャリアコースという5つの評価基準を満たす必要がある（図表2-5）。これら5つの評価項目のうち，いくつ基準を満たすかによって，「えるぼし」の段階が異なる（図表2-6）。

図表2-6　えるぼし認定の段階

注：法施行前からの実績の推移を含めることが可能。
出所：図表2-5と同じ，筆者修正。

図表2-6を見ると，ホシの数が異なる等，段階によってマークの種類が異なっている事がわかる。1段階目はホシが1つであり，図表2-5の満たすべき基準値を1つまたは2つで，2段階目はホシが2つであり，図表2-5の満たすべき基準値を3つまたは4つ，3段階目はホシが3つであり，図表2-5にある5つの基準値をすべて満たすことが，各々必要とされる。満た

第Ⅰ部　労働現場でのジェンダー問題

さない基準については，事業主行動計画策定指針に定められた当該基準に関連する取組を実施し，その取組の実施状況について厚生労働省のウェブサイトに公表するとともに，2年以上連続してその実績が改善していることである。また，いずれの段階においても，えるぼし認定を得るためには，次の3つの基準を満たす必要がある（厚生労働省「女性活躍推進法に基づく認定制度」）。

① 事業主行動計画策定指針に照らして適切な一般事業主行動計画を定めたこと。
② 定めた一般事業主行動計画について，適切に公表及び労働者の周知をしたこと。
③ 法及び法に基づく命令その他関係法令に違反する重大な事実がないこと。

2020（令和2）年2月末日時点で1,028企業が認定を受けており，そのうち661企業が3段階目である。これらの結果からみると，認定された企業の64.2%，つまり半数以上が最高段階の3段階目であることがわかる。行動計画を提出するのが義務化されているのは大企業だが，この取組によって，それらの企業を中心に，働くことを希望する女性が働きやすい労働環境が整備されつつあることが明らかになった。[9]

注
(1) ①学童保育の不足により就学後の預け先が無い，②学童保育の終了時間（19時前後）に保護者が迎え時間に間に合わない等の理由から，主に女性が就業を継続できなくなったり，働き方の変更（正規から非正規）を迫られることを指す（保育園を考える親の会編 2015）。
(2) 中小企業基本法によれば，「中小企業とは，①製造業，建設業，運輸業その他の業種では資本金3億円以下又は常用雇用者規模300人以下（ゴム製品製造業は，

常用雇用者規模900人以下とする），卸売業では資本金1億円以下または常用雇用者規模100人以下，サービス業では資本金5,000万円以下または常用雇用者規模100人以下，ソフトウエア業や情報処理・提供サービス業では資本金3億円以下または常時雇用者規模300人以下，旅館・ホテル業では常時雇用者規模200人以下，小売業では資本金5,000万円以下または常用雇用者規模50人以下とする。小規模企業とは，製造業，建設業，運輸業その他の業種の場合，常用雇用者規模20人以下，商業，サービス業では，常用雇用者規模5人以下（宿泊業・娯楽業は，常用雇用者規模20人以下）」と定義している。

(3) 事業主には，パート・有期契約労働者が正規との待遇差の内容やその理由等について説明を求められた際，それを理由とした不利益な取扱いが禁止されている旨を伝えるという説明義務が課せられた。

(4) 派遣先に雇用される正規の労働者と派遣労働者の間に基本給，賞与，各種手当等に相違がある場合，その要因を派遣労働者に対する将来の役割期待の相違という主観的，抽象的なものではなく，職務内容の違い，配属部門の差異等，客観的，具体的な実態が必要である。

(5) 休憩時間とは，あくまで労働時間の間に挟まれたものであり，そうでない場合は，つまり1日単位で仕事をしなくてもよい休日，休暇といわれるものである。厳密にいえば両者は異なっており，休日とは雇用契約書や就業規則などにより，当初より労働しなくてもよいとされた日である。休日は原則毎週1日以上だが，難しければ4週で4日以上の休日でもよい。そのため，週休2日制でなくてもよく，従業員によって休日が異なってもよい。さらに何曜日を休日にしてもよく，週によって休日の曜日が変わってもよい。ただし，国民の祝日は休日ではない。

(6) 突発事態の場合など許可を受ける暇がない場合，事前の許可はできないため，事後に速やかに届出をしなければならない。坑内労働その他厚生労働省令で定める健康上特に有害な業務の労働時間の延長は，1日について2時間を超えてはならないとされている。この協定の締結，あるいは届出をしないで時間外，休日労働をさせると使用者は労働基準法32条違反に問われ，懲役6カ月以下，罰金30万円以下の刑罰を課せられる。

(7) 労働者派遣法制定に尽力した中心的人物である。高梨は派遣という働き方を日本的雇用慣行（年功序列賃金・終身雇用・企業別労働組合）とは異なる次元の働き方にすることを目指していた。たとえば，通訳等の専門職の者が，知識，技能を生かし，依頼する企業に一定期間，派遣されるという雇用形態であった。労働者派遣法が施行された当時は，専門職に就くものを派遣していたが，1999（平成11）年に労働者派遣法が改正され，派遣対象となる職種が自由化されて以降，雇用の調整弁と化していった。

第Ⅰ部　労働現場でのジェンダー問題

(8) コース別雇用管理制度は一般的に，女性のみに適用される場合が多い。厚生労働省の定義に従えば，「一般職」「総合職」の主に 2 つのコースに分かれている。「一般職」は，主に定型的業務に従事し，転居を伴う転勤がない。「総合職」は，基幹的業務または企画立案，対外折衝等総合的な判断を要する業務に従事し転居を伴う転勤がある。これら 2 つに加えて，総合職に準ずる業務に従事し原則一定地域エリア内のみの転勤がある「準総合職」「地域限定総合職」や，特殊な分野の業務において専門的業務に従事する「専門職」もある。

(9) さらに，2019（令和元）年 6 月に「女性活躍推進法等の一部を改正する法律」が公布された。改正内容は以下の 3 点である。

　① 一般事業主行動計画の策定・届出を義務化する事業主の労働者規模を 101 人以上に拡大。

　② 女性活躍に関する状況把握を公表する情報項目の増加。

　③ 女性の活躍推進に関する状況等が優良な事業主の認定（えるぼし認定）よりも水準の高い「プラチナえるぼし（仮称)」認定を創設。

| 第3章 | 職場でのハラスメント
|  | ——セクハラ，パワハラ，妊娠・出産・育児
|  | 　休業等に関するハラスメント

## 1　セクシュアル・ハラスメント

　近年，職場におけるセクシュアル・ハラスメント，パワー・ハラスメント
等の問題がマスメディアを賑わすことが多い。ハラスメントが生じる職場は，
労働者にとって，決して働きやすい環境とはいえない。本章では，ハラスメ
ントについて考えていこう。

### （1）セクシュアル・ハラスメントの歴史

　「セクシュアル・ハラスメント」（以下，セクハラ）という言葉は，社会の
中に広く浸透している。しかし，セクハラ行為が，社会の中で認識されるよ
うになってから，まだ日は浅い。セクハラが認識される契機となったのは，
1989（平成元）年の「福岡雑誌出版社セクシュアル・ハラスメント裁判」（原
告：晴野まゆみ）である（晴野 2001）。

　これは，情報雑誌会社の編集長が，部下の女性従業員の異性関係をめぐる
状況等について，悪いうわさを流すなどの行為を繰り返した事に関して，編
集長の不法行為と会社の使用者責任を認め，165万円の損害賠償が認められ
た裁判である。この裁判は，日本初のセクハラ裁判ということで注目を浴び
た。そういった社会的な注目もあって1989（平成元）年には，「日本新語・
流行語大賞」（現代用語の基礎知識選）の新語部門で金賞を受賞した。

　働く女性からすれば，これまで職場でのセクハラ行為は日常的にあり，そ
の行為が法による裁きの対象となり，大々的に注目されたことはほとんど無

第Ⅰ部　労働現場でのジェンダー問題

かった。職場での「潤滑油」と捉える「社内の雰囲気」によって，セクハラ行為を女性たちは我慢させられてきたのだ。言葉によるセクハラや職場環境によるセクハラ等は，数えれば切りが無い。

　第2章で述べたように，1986（昭和61）年施行の男女雇用機会均等法改正法にはセクハラ規定はなかったが，セクハラ行為が社会的に問題化されるようになったことで，1999年（平成11年）施行の男女雇用機会均等法改正法では，「第3章　女性労働者の就業に関して配慮すべき措置（職場における性的な言動に起因する問題に関する雇用管理上の配慮）」としてセクハラ規定が組み込まれ，第21条に「指針」が出されることも明記された。以下は，第21条の条文である。

　（職場における性的な言動に起因する問題に関する雇用管理上の配慮）
　第21条　事業主は，職場において行われる性的な言動に対するその雇用
　　　　　する女性労働者の対応により当該女性労働者がその労働条件につき
　　　　　不利益を受け，又は当該性的な言動により当該女性労働者の就業環
　　　　　境が害されることのないよう雇用管理上必要な配慮をしなければな
　　　　　らない。
　　　2　厚生労働大臣は，前項の規定に基づき事業主が配慮すべき事項に
　　　　　ついての指針（次項において「指針」という。）を定めるものとする。

　このように第21条の条文は，セクハラ行為を「性的な言動」と表現し，セクハラ行為により就業環境が悪化しないように配慮してほしいというものだった。何がセクハラになるのか等は，「指針」の中で示すとして，「事業主が職場における性的な言動に起因する問題に関して雇用管理上配慮すべき措置についての指針」（以下，セクハラ指針）に関する内容も盛り込まれた。指針が設定されたことで，何がセクハラなのか，何に注意すればよいのかが明確になる。だが，この改正で規定されたのは，あくまで「配慮」であり，要は

58

第3章　職場でのハラスメント

「気をつけてほしい」というレベルのものである。

　その後，2007（平成19）年に改正施行された男女雇用機会均等法では，「事業主が職場における性的な言動に起因する問題に関して雇用管理上講ずべき措置についての指針」に関する規定が盛り込まれた。この指針では，前の「配慮」が「講ずべき措置」となり，企業は指針の内容を実施しなければならなくなった。次項では，その指針に基づいて，セクハラの詳細を確認しよう。


### （2）セクシュアル・ハラスメントとは何か

#### 1）セクシュアル・ハラスメントの類型

　セクハラは，どこで行われているのか。元々セクハラは，職場等のいわゆる公的領域（職場・学校等の組織の中で営まれる社会生活）で行われた性的言動によって対象者を不快にさせることであり，背景にはそこでの人間関係，特に権力関係が潜んでいる。では，職場におけるセクハラとは，どのような言動を指すのか。大きく分ければ，次の2つが挙げられる。

　①　対価型セクシュアル・ハラスメント

　労働者の意に反する性的な言動に対する労働者の対応（拒否・抵抗等）により，解雇・降格・減給（労働契約の更新拒否・昇進・昇格の対象から除外・客観的に見て不利益な配置転換）等の不利益を受けることである。以下は，このタイプの具体例である（厚生労働省 2015b）。

　①　事務所内において事業主が労働者に対して性的な関係を要求したが，拒否されたため，当該労働者を解雇すること。

　②　出張中の車中において上司が労働者の腰，胸等を触ったが，抵抗されたため，当該労働者について不利益な配置転換をすること。

　③　営業所内で事業主が日頃から労働者に係る性的な事柄について公然と発言していたが，抗議されたため，当該労働者を降格すること。

59

第Ⅰ部　労働現場でのジェンダー問題

② 環境型セクシュアル・ハラスメント

　労働者の意に反する性的な言動により，労働者の就業環境が不快なものとなったため，能力の発揮に重大な悪影響が生じる等その労働者が就業する上で看過できない程度の支障が生じることである。以下は，このタイプの具体例である（厚生労働省 2015b）。


① 　事務所内で，上司が労働者の腰，胸等に度々触ったため，当該労働者が苦痛に感じてその就業意欲が低下していること。

② 　同僚が取引先において労働者に係る性的な内容の情報を意図的かつ継続的に流布したため，当該労働者が苦痛に感じて仕事が手につかなくなること。

③ 　労働者が抗議をしているにもかかわらず，事務所内にヌードポスター等を掲示しているため，当該労働者が苦痛に感じて業務に専念できないこと。


### 2）セクシュアル・ハラスメントを明確にするための基準

　職場におけるセクハラ行為は，被害者の就業環境を悪化させ職務遂行が滞る可能性がある。またセクハラ被害を受けたことで，心身に不調をきたし，就業継続が難しくなることも想定される。こういった事態を避けるために，セクハラ行為が発生する職場の範囲を明確にし，どのような言動がセクハラなのか，また，どのような関係性なのか等を明らかにする必要がある。そのため，以下に「セクハラ指針」に規定された基準を示しておく。

① 職　　場

　職場とは，通常勤務する場所，取引先事務所，取引先と打ち合わせをするための飲食店，顧客の自宅等の事である。

② 労　働　者

　正規・非正規（パート・アルバイト・派遣社員等）を問わず，すべての労働

者が対象となる。

③　関　係　性

異性間だけでなく同性間も対象となり，性的指向または性自認を問わない（いわゆる LGBT も対象）。

④　性的な言動（性的な内容の発言や性的な行動）の内容

性的な内容の発言とは，性的な事実関係を聞くこと，性的な内容の情報を意図的に流すこと等である。性的な行動とは，性的な関係を強要すること，不必要に身体に触ること，わいせつな画像を配布すること等である。

## （3）セクハラ指針の内容

職場でのセクハラを防止するために，事業主が雇用管理上講ずべき措置として，前述した「セクハラ指針」を定めた。セクハラを未然に防ぐには，管理職だけでなく雇用形態を問わず，すべての労働者にセクハラがあってはならないことを常に意識・啓発し，周知徹底する必要がある。またセクハラが発生した場合でも，相談しやすい雰囲気の相談窓口があり，さらに相談後，迅速に事実確認等を行い被害者が窓口に相談したことで，不利益を被らないような配慮が重要である。以下は「セクハラ指針」の内容である。

①　セクハラの内容やセクハラがあってはならない旨の方針を明確化し，管理・監督者を含む労働者に周知・啓発すること。

②　セクハラの行為者については，厳正に対処する旨の方針・対処の内容を就業規則等の文書に規定し，管理・監督者を含む労働者に周知・啓発すること。

③　相談窓口をあらかじめ定めること。

④　相談窓口担当者が，内容や状況に応じ適切に対応できるようにすること。セクハラが現実に生じている場合だけでなく，発生のおそれがある場合や，セクハラに該当するか否か微妙な場合であっても，広く

第Ⅰ部　労働現場でのジェンダー問題

　　　相談に対応すること。

⑤　セクハラに関わる相談の申出があった場合，事実関係を迅速かつ正
　　確に確認すること。

⑥　事実確認ができた場合には，速やかに被害者に対する配慮に対する
　　措置を適正に行うこと。

⑦　事実確認ができた場合は，速やかに行為者に対する措置を適正に行
　　うこと。

⑧　再発防止に向けた措置をとること。

⑨　セクハラ相談の事後対応として，相談者・行為者等のプライバシー
　　を保護するために必要な措置をとり，その旨を労働者に対して周知す
　　ること。

⑩　セクハラ相談したこと，または，事実関係の確認に協力したこと等
　　を理由に，不利益な取扱いを行ってはならない旨を定め，労働者に周
　　知・啓発すること。


　このように，職場におけるセクハラは，仕事をするあらゆる場所で起きる
ことが対象となり，被害者も雇用形態や性的指向にかかわらず，すべての労
働者が対象となるのである。


## （4）セクシュアル・ハラスメントを防ぐのは可能か

　本章の冒頭で紹介した裁判が開かれた頃は，何がセクハラなのかが明確に
法制化されておらず，日常的にセクハラ行為が蔓延していたといっても言い
過ぎではない。

　1999（平成11）年の男女雇用機会均等法改正によって法制化されて以降，
被害者が何をもってセクハラとするかについて多少曖昧な所が勿論あったが，
社会の中で，少しずつセクハラはいけないことであるという認識が広まって
いたと考えられる。

62

だが，そうはいっても，やはりセクハラに関する相談は相変わらず多い。たとえば，2017（平成29）年度に厚生労働省の雇用環境・均等部（室）に寄せられた相談のうち，「セクシュアルハラスメント」が6,808件（35.5％）と最も多く，次いで「婚姻，妊娠・出産等を理由とする不利益取扱い」が4,434件（23.1％），「妊娠・出産等に関するハラスメント」が2,506件（13.1％）であった（図表3-1）。

本節（2）で取り上げた環境型セクハラの場合は，被害者側・加害者側の意識のズレが大きく，加害者側に何がセクハラ行為に該当するのかを自覚させることが課題となる。そのために，企業側は継続して職員研修等でハラスメント対策をすることが望まれる。なぜなら，「無自覚に」セクハラ行為をすることが，意外にも多いからだ。そのため，何がセクハラかを自覚させることが，重要になってくる。

対して対価型セクハラの場合，最も悪質なのは，たとえば企業で働く場合，加害者が社内の中で重要な立場・地位にあると，セクハラ行為（性的な関係を要求等）を拒否したことで，報復措置（降格・遠隔地への転勤・減給等）がとられることである。もちろん，それは表立って行われるわけではない。

被害者が，社内の相談窓口に相談に行ったと仮定しよう。加害者本人に対して，社内の相談窓口では事実確認の聞き取りを行うが，その際，事実無根だと主張する可能性が高い。その後，加害者はセクハラ行為（性的な関係を要求）に思い当たる節があるため，被害者に対して何らかの理由を付けて（新規事業立ち上げのため遠隔地への転勤命令・職務上のミスをかき集め減給する等の措置）報復措置をとるのである。このような事例は業務の一環を装い行われるので表面化させるのが難しいのだが，よくある事例である。

被害者側からすれば，セクハラ行為で心身ともにダメージを受けた上に，ほぼ全く責任が無いにもかかわらず，職場での状況が本人にとって不本意なものになってしまうので，二重，三重にハラスメントを受けたことになる。いわば，セクハラされた上にパワー・ハラスメントもされてしまうことにな

第Ⅰ部　労働現場でのジェンダー問題

**図表 3-1　雇用環境・均等部（室）への相談件数とその種別**

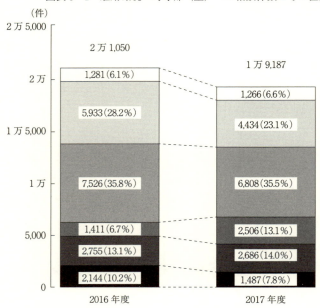

□　性差別（募集・採用，配置・昇進，教育訓練，間接差別等）（第5条～8条関係）
□　婚姻，妊娠・出産等を理由とする不利益取扱い（第9条関係）
■　セクシュアルハラスメント（第11条関係）
■　妊娠・出産等に関するハラスメント（第11条の2関係）
■　母性健康管理（第12条，13条関係）
■　その他（ポジティブ・アクション等）

出所：厚生労働省「平成29年度 都道府県労働雇用環境・均等部（室）での法施行状況」3頁。

る。次節では，この表面化させるのが難しいパワー・ハラスメントについて取り上げる。

## 2　パワー・ハラスメント

　前述したように，セクハラは1990年代に問題化され，男女雇用機会均等法の中に対策が組み込まれ，指針も設けられたので，誰もがセクハラについて

の問題を認識するようになりつつあるのが現状といえる。

　ところが，パワー・ハラスメント（以下，パワハラ）に関しては，セクハラ以上に被害者・加害者が多いと考えられるにもかかわらず，いまだに対策等が法制化されていない。厚生労働省は，2011（平成23）年に，「職場のいじめ・嫌がらせ問題に関する円卓会議ワーキング・グループ」を立ち上げ，パワハラに関する具体的事例等を検討後，報告書を作成し，法制化に向けての一歩を進めた。そして，2019（令和元）年5月にパワハラ防止を義務化する「労働政策の総合的な推進並びに労働者の雇用の安定及び職業生活の充実等に関する法律」（以下，労働施策総合推進法）の改正案が可決され，大企業は，2020（令和2）年6月に施行され（罰則なし），中小企業は2022年4月に施行予定である。


## （1）パワー・ハラスメントとは何か

### 1）いじめ＝パワー・ハラスメント

　2019（令和元）年現在，法制化された定義はないが，岡田康子（〔株〕クオレ・シー・キューブ代表）によれば，パワハラという言葉は，2001（平成13）年頃，岡田がセクハラ相談を受けている際，職場におけるセクハラ以外のハラスメントを「パワー・ハラスメント」と定義したのが始まりだと述べており，実際には2003（平成15）年頃により精緻な定義づけをしたという。当時の定義は，「職権などのパワーを背景にして，本来業務の適切な範囲を超えて，継続的に，人格や尊厳を侵害する言動を行い，就労者の働く環境を悪化させる，あるいは雇用不安を与えること」としていた（梅津・岡田 2003）。

　また，別の定義によればパワハラとは性的な要素のない職場内でのハラスメントであるともいえる（吉川編著 2016，図表3-2）。つまり，パワハラは簡単にいえば「職場内でのいじめ」である。学校（小学校・中学校・高等学校・中等教育学校及び特別支援学校〔幼稚部を除く〕）に通う児童・生徒には「いじめ防止対策推進法」が適用されるが，大人つまり仕事をする職場にお

第Ⅰ部　労働現場でのジェンダー問題

図表 3-2　ハラスメントの分類

| 場所（Place） ＼ 性質（Nature） | 性　的（Sexual） | 非性的（Non-sexual） |
|---|---|---|
| A：職場（Workplace）[労働] | 職場のセクハラ（WSH：Workplace Sexual Harassment） | パワハラ（PH：Power Harassment ＝Workplace Bullying） |
| B：学校（School）[研究・教育] | キャンパス・セクハラ（CSH：Campus Sexual Harassment） | アカハラ（AH：Academic Harassment） |

出所：吉川編著（2016）。

ける「いじめ」に対しては，十分な対策がなされていないのが現状である。

**2）パワー・ハラスメントがもたらす弊害**

　パワハラで問題なのは，児童・生徒へのいじめと同様に，ハラスメントを引き金に心身ともに不調を来し，最悪の場合は死に至る可能性が高いことだ。職場は働いて賃金を得るための場所であるため，仕事ができなくなると賃金を得られず，収入の確保が難しくなるという悪循環に至る。さらに深刻さを増すのは，職場での権力関係が複雑な点である。

　たとえば自身が経理課に所属しており，経理課の直属の上司からハラスメントを受けていたとしよう。その直属の上司だけでなく，同じ課の中の別の担当係の複数の上司や先輩社員からもハラスメントを受けるというパターンがある。セクハラは環境型ハラスメントを除けば1対1の関係性が多いが，パワハラの場合は上記の例のように，1対1だけでなく複数の加害者が1人の被害者に対して，手を変え品を変えハラスメント行為を行う場合も考えられる。

　そうなると，被害者の心身は疲弊してしまい，何事に対しても向き合う気力が無くなってしまうだろう。まさに学齢期のいじめの構図が，大人社会で再現されているといえる。

　では，どういった言動がハラスメントになるのか。前述したように，2019（令和元）年8月時点では，対策等が法制化されていないため，次項では厚生労働省の資料を基に解説していこう。

66

第3章　職場でのハラスメント

## （2）パワー・ハラスメントが起きる背景と類型

### 1）背景にあるのは「職場での優位性」

　職場におけるパワハラは，厚生労働省によれば「同じ職場で働く者に対して，職務上の地位や人間関係などの職場内の優位性を背景に，業務の適正な範囲を超えて，精神的・身体的苦痛を与える又は職場環境を悪化させる行為」と定義している（厚生労働省 2012a）。

　この定義におけるポイントは，一般的には，上司から部下に対するものだけでなく，職務上の地位や人間関係といった「職場内での優位性」を背景に起こる行為だと捉えていることだ。つまり，加害者は職場の地位が上である上司とは限らない。たとえば，被害者が正規の係長であっても，非正規だが再雇用された元の職場の課長がパワハラと思われる言動をしていれば，加害者として定義することは可能である。要は「職場での優位性」が大きなポイントである。職場の人間関係においては，様々な優位性が考えられる。

　「業務の適正な範囲」を超える行為とは，上司は職務上，部下に対して職務遂行のために指示や指導を行うが，その範囲を超えると考えられる場合である。たとえば，業務と関係なく，上司の個人的な理由・感情で部下に職務範囲を超えた内容の指示を出したり，職務上の立場を利用して，職務と関係ない指示・命令を頻繁に出すこと等である。次に，ここで言及した行為を類型化して具体的に見ていこう。

### 2）パワー・ハラスメントの類型

　まず，厚生労働省の「明るい職場応援団」が提示する6つの分類を紹介しよう（厚生労働省 2012a）。パワハラは，心身への執拗な攻撃が基本であり，それを繰り返されることで被害者自身の勤労意欲が低下し，職場にいるのが辛くなるという状態を生み出す。追い打ちをかけるように，仕事を与えない，隔離する等で職場の仲間との人間関係を切り離す。また，仕事自体も業務上の必要性等と関係ないことをさせられたり，反対に能力とかけ離れたことを要求されることもある。さらに，仕事に関係のないプライベートな事柄を執

67

第Ⅰ部　労働現場でのジェンダー問題

拗に，また過剰に聞かれ，その内容を職場の仲間に言いふらされたりすることである。

①　身体的な攻撃——暴行・傷害

職務上の立場等，優位的な地位を利用して，身体的な攻撃を行うことである。殴る，蹴る，たたく，物を投げつける等の行為が該当する。

②　精神的な攻撃——脅迫・名誉毀損・侮辱・ひどい暴言

人格を否定するような表現を用いた叱責・罵倒・恫喝等を指す。同僚の前で叱責したり，共有メールにて叱責，罵倒する，「バカ」「アホ」等の暴言を浴びせる等，業務の適正な範囲を超えた精神的な攻撃に該当する。

③　人間関係からの切り離し——隔離・仲間外れ・無視

１人だけ別室に席を移動させられたり，必要な業務上の連絡を意図的にしなかったり，話しかけても無視されたり，わざとぶっきらぼうな対応をいつもされたり等の行為が該当する。

④　過大な要求——業務上不要・遂行不可能な作業の命令・仕事の妨害

不要・不可能な作業を制裁として，命令することといえる。必要以上の業務量を強制されたり，能力や経験を超える範囲の職務を短期間でこなすことを求められる。また，業務上の些細なミスについて見せしめ的・懲罰的に就業規則の書き写しや始末書の提出を求めたりする等の行為が該当する。

⑤　過小な要求——能力に見合わない仕事を命じたり与えないこと

業務上の合理性なく，能力や経験とかけ離れた程度の低い仕事を命じることや仕事を与えないことである。事務職なのに倉庫業務だけを命じられたり，技術職で入社したのに，職務上のミスを理由に連日，窓拭き等の掃除ばかりさせる等，業務上の合理性なく能力や経験とかけ離れた程度の低い仕事を命じることや，仕事を与えないこと等の行為が該当する。

⑥　個の侵害——私的なことに過度に立ち入ること

仕事と無関係な私的場面でのいじめ，プライバシー等の侵害である。職務と関係ないこと，たとえば交際相手の有無や有休取得の際に理由を問われた

68

り，配偶者の職業等を執拗に問われたり等の行為が該当する。

また，長期間パワハラ相談を行っていた君嶋護男らは，上の6つの類型に，以下の4つを追加している（君嶋・北浦 2015）。

① 本人のいないところでの誹謗中傷，風評の流布。
② 脅迫にわたる退職勧奨，解雇，雇止め。
③ 恣意的・著しく低い人事考課，極端な降格，減給，嫌がらせ配置転換，仕事外し。
④ 正当な権利（年次有給休暇，産前産後休業，育児休業等）の取得の妨害，取得を理由とするいやがらせ。

### 3）多様なパターンと加害者の特徴

なぜパワハラが起きるのか，また加害者にはどのような特徴があるのか。パワハラには，前述したように性的な要素はないので，セクハラの事例以上に，頻繁にそして多様なパターンで起きていると考える。つまり，どのような職場においても，年齢・性別に関係なく誰にでも起きうる事態であるのだ。

パワハラの加害者の中には，特定の個人をターゲットにしてパワハラ行為を始める者もいるし，複数人に対して同時に攻撃する者もいる。加害行為が始まるまでは，表面上，人間関係の構築ができていたと思っていても，何かがきっかけで突然，態度が豹変することもありうる。「職場内で一番のお気に入りから最も気に入らない相手に」評価が変わることは，よくある事例である。最も深刻なのは，複数人からパワハラを受ける場合である。そうなると，被害者はアリ地獄のような日々を職場で過ごさねばならない。

改善するための方策の一つは，職場ならば社内にあるハラスメント相談窓口に相談することである。職場での相談が難しい場合，行政機関（各都道府県労働局・各都道府県・市区町村の女性センター等）であるならば，無料で相談できることが多い。ハラスメントを受けて心身共に疲弊した状態を専門家

第 I 部　労働現場でのジェンダー問題

に話すことで，解決の糸口が見つかる可能性もあろう。

### （3）パワー・ハラスメントを防ぐのは可能か

　岡田康子は，パワハラを生み出さない，誤解されないようにするためには，次の4点が重要だと指摘している（岡田ら 2018）。

#### 1）部下と頻繁にコミュニケーションを取る

　頻繁にコミュニケーションをとる。それもメールではなく，対面でとることで，お互いの業務の意図の食い違いを防ぐことができる。また，これは上司が積極的に行うべきである。上司側が知っていて当然だと思うことを，部下は意外と知らないことが多い。説明するのも仕事だと思い，面倒がらずに話すことが重要である。

#### 2）メール・LINE で叱責を伴う指導をしない

　メール・LINE は事務連絡にはよいが，文面では感情や細かなニュアンスを伝えるのが難しい。そのため叱責を伴うものや重要な案件は，口頭で伝え，意図の食い違い等を事前に避けるように努力する。

#### 3）部下の多様な価値観を受け入れる

　部下は多様な価値観，考え方を持っており，自身と性格や行動パターンが異なっていても受け入れるのが当然だというスタンスでいることが重要である。異質なものを排除する姿勢は，自身の価値観や行動パターンを他者におしつけることになり，ハラスメントの大きな要因となりやすい。

#### 4）上司も部下も対等な1人の人間という意識を持つ

　上司も部下も，人としては対等であり共に働くという協働の意識が必要である。職務上の地位に基づき業務を進めるが，それ以前に同じ人として対等であり，協力して業務を進めるという姿勢が大切である。

　これらの岡田の指摘は，あくまで加害者とならないように留意すべき意識・言動をまとめたものである。特に職場において，部下をもつ立場になっ

たり，管理職になったりしたら，部下は上司のことを自身が思う3倍は細かく見ていると思ってよい。軽はずみな発言・行動は控え，職場で誤解されることが無いよう，言動に注意を払うことが望まれる。

### 3　妊娠・出産・育児休業等に関するハラスメント

　育児休業や介護休業に関するハラスメントは性別が関係しないが，妊娠・出産時のハラスメントは，女性のみが対象となるハラスメントである。ここでは，女性という「性別」であるからこそ果たす生物としての妊娠・出産等によるハラスメントと，男女ともに関わる育児休業によるハラスメントを考えていこう。

#### （1）誰が対象となるのか

　職場での妊娠・出産を経験するのは誰なのか。いうまでもなく，生物学的な性が「女性」であるものだ。また日本では，「できちゃった婚」「授かり婚」という文言が象徴するように，婚姻関係にある夫婦から生まれる子どもに価値があるという風潮がある。

　そのため，妊娠し出産することを決めた際，その時点で子どもが婚姻関係の無い男女の間にできたのであれば，出産までに男女が入籍し，子どもの出生時には，戸籍上，夫婦になっていることがほとんどだ。ゆえに，日本では婚外子が少ない。

　「人口動態調査」（厚生労働省）によれば，出生総数に占める嫡出でない子（法律上の婚姻関係にない男女の間に生まれた子）の割合は，日本が2.2％であり，諸外国（フランス：56.7％，スウェーデン：54.6％，オランダ：48.7％，イギリス：47.6％，カナダ：33.0％，韓国：1.9％等）と比較しても決して高くない状態である。

　だからこそ，職場において公的に妊娠・出産を公言できるのは婚姻関係に

第Ⅰ部　労働現場でのジェンダー問題

ある夫婦であり，2012（平成24）年以降，連続して婚姻件数が減少していることから考えれば(1)，その数は減少していると考えられる。だが，実際，企業で働いていると，妊娠・出産後，育児休業を取得したり，育児休業から復帰後，短時間勤務制度を利用して，働き続ける女性が数人いるだろうし，そういったことは，当然であるという社会になりつつある。そのため対象となる女性は，「戸籍上，夫婦である配偶者をもつ女性」ということになる。

## （2）妊娠・出産・育児休業等に関するハラスメントの定義と類型

### 1）妊娠・出産・育児休業等に関するハラスメントの定義

職場での妊娠・出産・育児休業等に関するハラスメントとは，「職場において行われる上司・同僚からの言動（妊娠・出産したこと，育児休業等の利用に関する言動）により，妊娠・出産した『女性労働者』や育児休業等を申出・取得した『男女労働者』の就業環境が害されること」（厚生労働省2018f）を指す。

ここでいう職場とは，通常勤務する場所・取引先事務所等であり，ここでいう労働者とは，正規・非正規（パート・アルバイト・派遣社員等）を問わずすべての労働者のことである。

### 2）妊娠・出産・育児休業等に関するハラスメントの類型

ハラスメントには「制度等の利用への嫌がらせ型」と「状態への嫌がらせ型」という2つの型があり，それぞれの加害行為者は，上司だけでなく同僚の場合もある。以下，この2つの型について解説する。

① 制度等の利用への嫌がらせ型

後述する男女雇用機会均等法と育児・介護休業法が対象とする制度や措置（本節（4）参照）の利用に関する職場の上司・同僚からの言動により，労働者の就業環境が害されるものが該当する（図表3-3）。たとえば，産前休業，軽易業務への転換，時間外・休日・深夜業の制限等の利用等に関することである。

72

第3章　職場でのハラスメント

**図表 3-3**　妊娠・出産・育児休業等に関するハラスメントの類型とその対象

<table>
<tr><th rowspan="6" style="writing-mode:vertical-rl">妊娠・出産等に関するハラスメント</th><th colspan="2">類　　型</th><th>ハラスメントの対象となる者</th></tr>
<tr><td rowspan="3">(1)制度等の利用への嫌がらせ型[(1)]</td><td>①解雇その他不利益な取扱いを示唆するもの</td><td rowspan="2">・妊娠・出産に関する制度を利用する（利用しようとする）女性労働者<br>・育児・介護に関する制度を利用する（利用しようとする）男女労働者</td></tr>
<tr><td>②制度等の利用の請求等又は制度等の利用を阻害するもの</td></tr>
<tr><td>③制度等を利用したことにより嫌がらせ等をするもの</td><td>・妊娠・出産に関する制度を利用した女性労働者<br>・育児・介護に関する制度を利用した男女労働者</td></tr>
<tr><td rowspan="2">(2)状態への嫌がらせ型[(2)]</td><td>①解雇その他不利益な取扱いを示唆するもの</td><td>・妊娠等した女性労働者</td></tr>
<tr><td>②妊娠等したことにより嫌がらせ等をするもの</td><td>・妊娠等した女性労働者</td></tr>
</table>

<table>
<tr><th>ハラスメントの行為者となり得る者</th><th>ハラスメントに該当する発言例</th></tr>
<tr><td>上　　司</td><td>・産前休業の取得を上司に相談したところ，「休みをとるなら辞めてもらう」と言われた。<br>・時間外労働の免除について上司に相談したところ，「次の査定の際は昇進しないと思え」と言われた。</td></tr>
<tr><td>上司・同僚</td><td>・育児休業の取得について上司に相談したところ，「男のくせに育児休業をとるなんてあり得ない」と言われ，取得をあきらめざるを得ない状況になっている。<br>・介護休業について請求する旨を周囲に伝えたところ，同僚から「自分なら請求しない。あなたもそうすべき」と言われた。「でも自分は請求したい」と再度伝えたが，再度同様の発言をされ，取得をあきらめざるを得ない状況に追い込まれた。</td></tr>
<tr><td>上司・同僚</td><td>・上司・同僚が「所定外労働の制限をしている人にたいした仕事はさせられない」と何度も言い，雑務のみさせられる状況となっており，就業にあたって支障が生じている。<br>・上司・同僚が「自分だけ短時間勤務をしているなんて周りを考えていない。迷惑だ」と何度も言い，就業にあたって支障が生じる状況となっている。</td></tr>
<tr><td>上　　司</td><td>・上司に妊娠を報告したところ「他の人を雇うので早めに辞めてもらうしかない」と言われた。</td></tr>
<tr><td>上司・同僚</td><td>・上司・同僚が「妊婦はいつ休むかわからないから仕事は任せられない」と何度も言い，仕事をさせない状況となっており，就業にあたって支障が生じる状況となっている。<br>・上司・同僚が「妊娠するなら忙しい時期を避けるべきだった」と何度も言い，就業にあたって支障が生じる状況となっている。</td></tr>
</table>

注：(1)　対象となる制度又は措置。
【男女雇用機会均等法が対象とする制度又は措置】
①産前休業，②妊娠中及び出産後の健康管理に関する措置（母性健康管理措置），③軽易な業務への転換，④変形労働時間制での法定労働時間を超える労働時間の制限，時間外労働及び休日労働の制限並びに深夜業の制限，⑤育児時間，⑥坑内業務の就業制限及び危険有害業務の就業制限
【育児・介護休業法が対象とする制度又は措置】
①育児休業，②介護休業，③子の看護休暇，④介護休暇，⑤所定外労働の制限，⑥時間外労働の制限，⑦深夜業の制限，⑧育児のための所定労働時間の短縮措置，⑨始業時刻変更等の措置，⑩介護のための所定労働時間の短縮等の措置
　(2)　対象となる事由
①妊娠したこと，②出産したこと，③産後の就業制限の規定により就業できず，又は産後休業をしたこと，④妊娠又は出産に起因する症状（＊）により労務の提供ができないこと若しくはできなかったこと又は労働能率が低下したこと，⑤坑内業務の就業制限若しくは危険有害業務の就業制限の規定により業務に就くことができないこと又はこれらの業務に従事しなかったこと。
　＊「妊娠又は出産に起因する症状」とは，つわり，妊娠悪阻（にんしんおそ），切迫流産，出産後の回復不全等，妊娠又は出産したことに起因して妊産婦に生じる症状をいう。
出所：厚生労働省（2017c）。

73

第Ⅰ部　労働現場でのジェンダー問題

　労働者が上司にそれらを利用したいと相談したり，利用を希望することを伝えた際，上司が解雇や不利益な取扱いを示唆すること，繰り返し継続的な嫌がらせ等を伴う言動を行うことが該当する。同様に制度等の利用に関して，繰り返し同僚の言動が，労働者に対して継続的に利用の請求の取り下げを言い続けたり，継続的に嫌がらせをする行為が該当する。

　注意すべきは，労働者に対して解雇や不利益な取扱いが1回でもあった場合，それはハラスメントに該当する点である。

　②　状態への嫌がらせ型

　女性労働者が妊娠，出産したこと等に関する職場の上司，同僚による言動で，就業環境が害されることが該当する。女性労働者は妊娠，出産に起因する症状（つわり，妊娠悪阻，切迫流産等）が生じると，労働能力が低下したり，就業制限により就業できなくなる。具体的には，このような状態に基づき，上司・同僚が，解雇や不利益な取扱いを示唆したり，繰り返し，継続的に嫌がらせ等をしたりすることである。

　この場合も，解雇や不利益な取扱いが1回でもあれば，それはハラスメントに該当する。


**（3）制度の発展と対応の遅れ**

　次項で後述するように，女性が妊娠・出産すると，母性保護，母性健康管理等に関する措置をするよう，労働基準法・男女雇用機会均等法で定めている。これらの権利が法律で明記されているにもかかわらず，職場では，妊娠，出産を理由としたハラスメントが横行しているのが現状である。

　今までに取り上げたセクハラやパワハラと異なる点は，本節（1）で解説したように，妊娠・出産時のハラスメントに関しては，女性労働者のみ，それも一部の限定された労働者が対象となることだ。すべての女性労働者が妊娠・出産するわけではないし，妊娠，出産を理由に半数程度が退職するという現状に鑑みると，結果として対象となるのは，残りの半数の妊娠，出産後

74

第3章　職場でのハラスメント

も就業継続する女性労働者のみになる。

　職場における問題事項の対象者が女性のみ，または大部分が女性である問題については，法制化されるのが遅かったり努力義務と規定され厳罰化されるまで時間を要したものが多い（例：パートタイム労働法，初期の男女雇用機会均等法等）。

　妊娠・出産時のハラスメントも同様で，2007（平成19）年に施行された男女雇用機会均等改正法において，ようやく不利益な取扱いを禁止し，妊娠中及び産後1年以内の解雇を事業主が妊娠・出産等を理由とする解雇でないことを証明しない限り無効とすること等が定められたのである。逆にいえば，それまでは，妊娠・出産を理由とした不利益な取扱い，たとえば，降格・配置転換・正規からパートへの変更・退職勧奨等が堂々となされていたということだ。

### （4）法令による母体の保護

　前項で取り上げたような問題点を抱えつつも，政府は法令等を成立させ，妊娠・出産時へのハラスメントへの予防策を色々と講じている。妊娠・出産という生物としての機能について，労働基準法や男女雇用機会均等法では，母性保護・母性健康管理という観点からあらゆる制度を設けている。以下，これらの点について解説する。

#### 1）労働基準法における母性保護

　1947（昭和22）年に施行された労働基準法には，女性労働者に対して「母性保護規定」が設けられた。ここでいう母性とは「妊娠，出産，授乳等の生殖機能」のことであり，「産む性」としての特性を考慮したものである。労働基準法における保護規定は，①産前・産後休業，②妊婦の軽易業務転換，③妊産婦等の危険有害業務の就業制限，④妊産婦に対する変形労働時間制の適用制限，⑤妊産婦の時間外労働，休日労働，深夜業の制限，⑥育児時間，⑦罰則，の7つである。以下，これらの点について解説する（厚生労働省

75

2018g)。

① 産前・産後休業

産前6週間（多胎妊娠の場合は14週間），産後8週間の休業が規定されている。産前は妊娠中の女性が請求した場合のみだが，産後は6週間の強制休業となる。6週間経った後，女性自身が就業を希望した場合，医師の診断により，業務遂行に支障ないと認められた場合，業務に就くことが可能となる。

② 妊婦の軽易業務転換

妊娠中の女性自身が請求した場合，他の軽易な業務に転換できる。負担の大きい作業としては，重量物を取り扱う作業（継続作業：6〜8kg，断続作業：10kg以上），外勤等の連続的歩行を強制される作業，常時，全身の運動を伴う作業，頻繁に階段の昇降を伴う作業，腹部を圧迫する等の不自然な姿勢を強制される作業，全身の振動を伴う作業等である。その他特に明記していないが，長時間，立ち続ける仕事もそうであり，教員や店舗の販売員等が対象として考えられる。

③ 妊産婦等の危険有害業務の就業制限

有害ガスを発散する場所での業務は，母性保護の観点から就かせることができない。詳細は女性労働基準規則第2条に定められている。女性労働基準規則とは，産む性である女性の母体に影響を与える化学物質を指定し，それらが使用される場所での就業を禁止するものである。詳細は，第2条に定められており，それは労働安全衛生法において，労働者の就業環境，特に屋内作業において，作業場所でも有害物質の濃度の平均が管理濃度を超える場合，就業が禁止されている。また，タンクの中等で，呼吸用保護具の使用が義務づけられているものの就業も禁止されている。規制対象となるのは，以下の26の物質である（厚生労働省 2014）。

「特定化学物質障害予防規則の適用を受けるもの」は，1 塩素化ビフェニル（PCB），2 アクリルアミド，3 エチルベンゼン，4 エチレンイミン，5 エチレンオキシド，6 カドミウム化合物，7 クロム酸塩，8 五酸化バ

ナジウム，9 水銀およびその無機化合物（硫化水銀を除く），10 塩化ニッケル（Ⅱ）（粉状のものに限る），11 スチレン，12 テトラクロロエチレン（パークロルエチレン），13 トリクロロエチレン，14 砒素化合物（アルシンと砒化ガリウムを除く），15 ベーター-プロピオラクトン，16 ペンタクロルフェノール（PCP）およびそのナトリウム塩，17 マンガン（カドミウム，クロム，バナジウム，ニッケル，砒素の金属単体，マンガン化合物は対象とならない），である。

「鉛中毒予防規則の適用を受けているもの」は，18 鉛およびその化合物，である。

「有機溶剤中毒予防規則の適用を受けているもの」は，19 エチレングリコールモノエチルエーテル（セロソルブ），20 エチレングリコールモノエチルエーテルアセテート（セロソルブアセテート），21 エチレングリコールモノメチルエーテル（メチルセロソルブ），22 キシレン，23 N.N-ジメチルホルムアミド，24 トルエン，25 二硫化炭素，26 メタノール，である。

④　妊産婦に対する変形労働時間制の適用制限

妊産婦の女性自身が請求した場合には，1日及び1週間の法定労働時間を超えて労働させることができない。

⑤　妊産婦の時間外労働・休日労働・深夜業の制限，

妊産婦の女性自身が請求した場合には，時間外労働，休日労働，深夜業（22〜5時までの間の就業）をさせてはならない。

⑥　育児時間

生後満1歳に達しない子どもを育てる女性は，1日2回少なくとも30分の育児時間を請求できる。子どもには実子の他に養子も含み，育児時間をいつ与えるかは当事者間に任されている。なお，変形労働時間制で労働し，1日の所定労働時間が8時間を超える場合には，状況に応じて法定以上の育児時間を与えることが望ましいとされている。

第Ⅰ部　労働現場でのジェンダー問題

⑦　罰　　則

　上記の規定に違反した場合，6カ月以下の懲役，または30万円の罰金とする。

### 2）男女雇用機会均等法による母性健康管理

　男女雇用機会均等法では，母性健康管理の措置として，①保健指導又は健康診査を受けるための時間の確保，②指導事項を守ることができるようにするための措置，③妊娠・出産等を理由とする不利益な取扱いの禁止，④紛争の解決，の4つが規定されている。以下，これらの4つについて解説する。

①　保健指導又は健康診査を受けるための時間の確保

　事業主は，女性労働者が妊産婦のための保健指導又は健康診査を受診するために必要な時間を確保しなければならない。特に妊娠中は，妊娠23週までは4週間に1回，妊娠24週から35週までは2週間に1回，妊娠36週以後出産までは1週間に1回，と健康診査の回数が決められている。特に臨月（出産予定の月，妊娠36週以降）近くになったら（産前休業に入っていない場合），頻繁に検診に行く可能性が高い。[3]

②　指導事項を守ることができるようにするための措置

　妊娠中や出産後の女性労働者が健康診査等を受け医師から指導を受けた場合は，その女性労働者が受けた指導を守ることができるように勤務時間の変更，勤務の軽減等の必要な措置をとらなければならない。女性労働者から請求があった場合に具体的に行う措置は，「妊娠中の通勤緩和（時差通勤，勤務時間の短縮等の措置）」「妊娠中の休憩に関する措置（休憩時間の延長，休憩回数の増加）」「妊娠中，出産後の身体症状などに対応する措置（作業の制限，休業など）」の3つである。

　もちろん身体症状は個人差が大きいため，これらの措置に関しては，必要となる人とそうでない人がいる。また「母性健康管理指導事項連絡カード」は，女性労働者の主治医等が行った指導事項の内容を，妊産婦である女性労働者から事業主へ的確に伝えるためのものである（図表3 - 4，80-81頁）。事

業主は，このカードに記載された医師等の指導事項に対して，適切な措置をとる義務がある。

　③　妊娠・出産等を理由とする不利益取扱いの禁止

　女性労働者が妊娠・出産・産前産後休業の取得，妊娠中の時差通勤など男女雇用機会均等法による母性健康管理措置や深夜業免除など労働基準法による母性保護措置を受けたことなどを理由に，解雇その他不利益な取扱いをしてはならない。不利益な取扱いの具体的内容として考えられるものは，次の通りである（厚生労働省 2018g）。

　①　解雇すること。
　②　期間を定めて雇用される者について，契約の更新をしないこと。
　③　あらかじめ契約の更新回数の上限が明示されている場合に，当該回数を引き下げること。
　④　退職又は正社員をパートタイム労働者等の非正規社員とするような労働契約内容の変更の強要を行うこと。
　⑤　降格させること。
　⑥　就業環境を害すること。
　⑦　不利益な自宅待機を命ずること。
　⑧　減給をし，又は賞与等において不利益な算定を行うこと。
　⑨　昇進・昇格の人事考課において不利益な評価を行うこと。
　⑩　派遣労働者として就業する者について，派遣先が当該派遣労働者に係る労働者派遣の役務の提供を拒むこと。
　⑪　解雇，契約更新の停止，雇用形態の変更の強要，降格，減給，昇進・昇格の人事考課において不利益な評価を行うこと。

## （5）指針の内容

　これまでは「事業主に対して，妊娠・出産等を理由とした不利益取扱いを

第Ⅰ部　労働現場でのジェンダー問題

### 図表3-4　母性健康管理指導事項連絡カード

平成　　　年　　　月　　　日

事 業 主 殿

医療機関等名␣␣␣␣␣␣␣␣␣␣␣␣␣␣␣␣␣␣␣␣␣␣␣
医 師 等 氏 名␣␣␣␣␣␣␣␣␣␣␣␣␣␣␣␣␣␣␣␣␣␣印

下記の1の者は，健康診査及び保健指導の結果，下記2～4の措置を講ずることが必要であると認めます。

記

1．氏 名 等

| 氏　名 | | 妊娠週数 | 週 | 分娩予定日 | 年　　月　　日 |
|---|---|---|---|---|---|

2．指導事項（該当する指導項目に○を付けてください。）

| 症　　状　　等 | | | 指導項目 | 標　準　措　置 |
|---|---|---|---|---|
| つわり | 症状が著しい場合 | | | 勤務時間の短縮 |
| 妊娠悪阻 | | | | 休業（入院加療） |
| 妊娠貧血 | Hb 9 g/dℓ以上11 g/dℓ未満 | | | 負担の大きい作業の制限又は勤務時間の短縮 |
| | Hb 9 g/dℓ未満 | | | 休業（自宅療養） |
| 子宮内胎児発育遅延 | | 軽　症 | | 負担の大きい作業の制限又は勤務時間の短縮 |
| | | 重　症 | | 休業（自宅療養又は入院加療） |
| 切迫流産（妊娠22週未満） | | | | 休業（自宅療養又は入院加療） |
| 切迫早産（妊娠22週以後） | | | | 休業（自宅療養又は入院加療） |
| 妊　娠　浮　腫 | | 軽　症 | | 負担の大きい作業，長時間の立作業，同一姿勢を強制される作業の制限又は勤務時間の短縮 |
| | | 重　症 | | 休業（入院加療） |
| 妊　娠　蛋　白　尿 | | 軽　症 | | 負担の大きい作業，ストレス・緊張を多く感じる作業の制限又は勤務時間の短縮 |
| | | 重　症 | | 休業（入院加療） |
| 妊娠高血圧症候群（妊娠中毒症） | 高血圧が見られる場合 | 軽　症 | | 負担の大きい作業，ストレス・緊張を多く感じる作業の制限又は勤務時間の短縮 |
| | | 重　症 | | 休業（入院加療） |
| | 高血圧に蛋白尿を伴う場合 | 軽　症 | | 負担の大きい作業，ストレス・緊張を多く感じる作業の制限又は勤務時間の短縮 |
| | | 重　症 | | 休業（入院加療） |
| 妊娠前から持っている病気（妊娠により症状の悪化が見られる場合） | | 軽　症 | | 負担の大きい作業の制限又は勤務時間の短縮 |
| | | 重　症 | | 休業（自宅療養又は入院加療） |

第3章　職場でのハラスメント

| 症　状　等 | | | 指導項目 | 標　準　措　置 |
|---|---|---|---|---|
| 妊娠中にかかりやすい病気 | 静脈瘤 | 症状が著しい場合 | | 長時間の立作業，同一姿勢を強制される作業の制限又は横になっての休憩 |
| | 痔 | 症状が著しい場合 | | |
| | 腰痛症 | 症状が著しい場合 | | 長時間の立作業，腰に負担のかかる作業，同一姿勢を強制される作業の制限 |
| | 膀胱炎 | 軽症 | | 負担の大きい作業，長時間作業場所を離れることのできない作業，寒い場所での作業の制限 |
| | | 重症 | | 休業（入院加療） |
| 多胎妊娠（　　　　　　胎） | | | | 必要に応じ，負担の大きい作業の制限又は勤務時間の短縮<br>多胎で特殊な例又は三胎以上の場合，特に慎重な管理が必要 |
| 産後の回復不全 | | 軽症 | | 負担の大きい作業の制限又は勤務時間の短縮 |
| | | 重症 | | 休業（自宅療養） |

標準措置と異なる措置が必要である等の特記事項があれば記入してください。

3．上記2の措置が必要な期間
　（当面の予定期間に○を付けてください。）

| 1週間（　　月　　日〜　　月　　日）| |
|---|---|
| 2週間（　　月　　日〜　　月　　日）| |
| 4週間（　　月　　日〜　　月　　日）| |
| その他（　　　　　　　　　　　　）| |

4．その他の指導事項
　（措置が必要である場合は○を付けてください。）

| 妊娠中の通勤緩和の措置 | |
|---|---|
| 妊娠中の休憩に関する措置 | |

〔記入上の注意〕
(1)　「4．その他の指導事項」の「妊娠中の通勤緩和の措置」欄には，交通機関の混雑状況及び妊娠経過の状況にかんがみ，措置が必要な場合，○印をご記入下さい。
(2)　「4．その他の指導事項」の「妊娠中の休憩に関する措置」欄には，作業の状況及び妊娠経過の状況にかんがみ，休憩に関する措置が必要な場合，○印をご記入下さい。

指導事項を守るための措置申請書

上記のとおり，医師等の指導事項に基づく措置を申請します。
　　　平成　　　年　　　月　　　日

　　　　　　　　　　　　　　　　　　所　属＿＿＿＿＿＿＿＿＿＿＿＿＿
　　　　　　　　　　　　　　　　　　氏　名＿＿＿＿＿＿＿＿＿＿＿＿＿印

事　業　主　殿

この様式の「母性健康管理指導事項連絡カード」の欄には医師等が，また，「指導事項を守るための措置申請書」の欄には女性労働者が記入してください。

　出所：厚生労働省（2018g）。

第Ⅰ部　労働現場でのジェンダー問題

禁止」していたが，2016（平成28）年に公布された男女雇用機会均等法改正法では，「上司・同僚」からの就業環境を害する行為，つまり，妊娠・出産等を理由とするハラスメントが無いようにするための防止措置義務を新たに追加した。いいかえれば，上司・同僚を名指しする形でハラスメントの禁止を明記したといっても過言ではない。そもそも上司・同僚の中には，これまで確認したように妊産婦への母性保護や健康管理が法律で定められていること自体，よく知らない者が多いことも事実である。そのため，2017（平成29）年施行の改正法では，「事業主が職場における妊娠，出産等に関する言動に起因する問題に関して雇用管理上講ずべき措置についての指針」（以下，指針）を，以下の通り定めた。この指針では，妊娠，出産を理由とする不利益な取扱いを受けた場合に，相談できる社内体制を整備し，かつ相談したことを理由に職場内での立場が悪くならないようにすることを求めている。また，妊娠，出産という身体状況がどのようになるかは，予測不可能であり，業務を円滑に進めるために，社内で他の社員とコミュニケーションを図り，自身の体調と相談しながら，業務が進められる体制を整備することが求められている。

　１）事業主の方針等の明確化及びその周知・啓発
　　(1)　①妊娠，出産等に関するハラスメントの内容，②妊娠，出産等に関する否定的な言動が妊娠，出産等に関するハラスメントの背景等となり得ること，③妊娠，出産等に関するハラスメントがあってはならない旨の方針，④妊娠，出産等に関する制度等の利用ができる旨を明確化し，管理・監督者を含む労働者に周知・啓発すること。
　　(2)　妊娠，出産等に関するハラスメントの行為者については，厳正に対処する旨の方針・対処の内容を就業規則等の文書に規定し，管理・監督者を含む労働者に周知・啓発すること。
　２）相談（苦情を含む）に応じ，適切に対応するために必要な体制の整備

第3章 職場でのハラスメント

(3) 相談窓口をあらかじめ定めること。

(4) 相談窓口担当者が，内容や状況に応じ適切に対応できるようにすること。また，職場における妊娠，出産等に関するハラスメントが現実に生じている場合だけでなく，その発生のおそれがある場合や，職場における妊娠，出産等に関するハラスメントに該当するか否か微妙な場合等であっても，広く相談に対応すること。

(5) その他のハラスメントの相談窓口と一体的に相談窓口を設置し，相談も一元的に受け付ける体制の整備が望ましいこと。

3) 職場における妊娠，出産等に関するハラスメントにかかる事後の迅速かつ適切な対応

(6) 事実関係を迅速かつ正確に確認すること。

(7) 事実確認ができた場合には，速やかに被害者に対する配慮の措置を適正に行うこと。

(8) 事実確認ができた場合には，行為者に対する措置を適正に行うこと。

(9) 再発防止に向けた措置を講ずること（事実確認ができなかった場合も同様）。

4) 職場における妊娠，出産等に関するハラスメントの原因や背景となる要因を解消するための措置

(10) 業務体制の整備など，事業主や妊娠した労働者その他の労働者の実情に応じ，必要な措置を講ずること。

(11) 妊娠等をした労働者に対し，妊娠等をした労働者の側においても，制度等の利用ができるという知識を持つことや，周囲と円滑なコミュニケーションを図りながら自身の体調等に応じて適切に業務を遂行していくという意識を持つこと等を周知・啓発することが望ましいこと。

83

第Ⅰ部　労働現場でのジェンダー問題

　5）　1）から4）までの措置と併せて講ずべき措置

　⑿　相談者・行為者等のプライバシーを保護するために必要な措置を講じ，周知すること。

　⒀　相談したこと，事実関係の確認に協力したこと等を理由として不利益な取扱いを行ってはならない旨を定め，労働者に周知・啓発すること。


## （6）他者を起因とする妊娠・出産時のハラスメント

　妊娠・出産時のハラスメントは，女性が企業等で働くようになってからは常に問題視されていたことであり，法的な基盤が整備されていなかった頃は，泣く泣く退職に追い込まれた女性が数多くいただろう。

　妊娠・出産は人間の生物としての機能であり，それが生じたことで雇用を奪われたり，不利な環境に追い込まれるのは，よく考えれば不可思議なことである。理由の一つとして，これまでの日本社会における企業のあり方が，言い古されてはいるが，男性（育児・介護等の負担を主として担わない）を中心にした職務のあり方で進められている点が挙げられる。その基準に合うものは，女性でも企業の主たる業務を任され昇進ルートにのりやすいが，それから少しでも外れた場合は，何らかの手段を用いて，その場所から外そうとする。妊娠・出産等によるハラスメントは，その典型的な事例だと考える。

　妊娠・出産・育児・介護は，雇用者自身に起因する問題ではなく，他者（子ども，実父，実母，義理の父，義理の母等）に関する事柄であり，それは，先に見たセクハラ・パワハラとは大きく異なる。

　他者に起因することで，女性自身が不利益な取扱いを受ける（一部，育児・介護休業では男性労働者も）ことは，今後の社会において避けるべき問題である。この問題を放置することは社会的にも大きな損失を招く事を認識するべきである。

注

(1)　2018（平成30）年（推計数）は，59万件（婚姻率4.7：人口1,000人につき）である（厚生労働省 2018j）。

(2)　産後休業の「出産」とは妊娠4カ月以上の分娩をいい，「生産」だけでなく「死産」や「流産」も含まれる（図表3-4資料より）。

(3)　妊娠週数の数え方は，最終月経の第1日目を基準にして最初の1週を0週として数える。

| | |
|---|---|
| 第 4 章 | キャリア形成<br>——多様なキャリア開発とワーク・ライフ・<br>　バランス |

## 1　多様なキャリア

　大学等では，就職前に，職業選択，自身の人生のライフプラン等，自身の
将来，未来像を考える機会が設けられることが多々あろう。まず本節では，
キャリアについて考えていこう。

### （1）キャリアとは何か

　私たちは「キャリア」と聞くと，何を想像するだろうか。年齢により異な
るだろうが，本書の読者層は大学生が中心であると想定すれば，仕事や就職
関係の事柄を想像するだろう。

　ではキャリアとは，具体的に何を指すのか。『広辞苑 第 7 版』によれば，
「①（職業・生涯の）経歴，②専門的技能を要する職業についていること，③
国家公務員試験 I 種の合格者で，本庁に採用されている者の俗称」と定義さ
れている。おそらく，一般的には，①の「経歴」，それも職業上の経歴，経
験等という意味で使われることが多い。では学問の分野において，「キャリ
ア」とは，どのように定義されるのか。

　キャリアカウンセリングの第一人者である渡辺三枝子によれば，「職業」
つまり「仕事」は個人から独立して存在しており，自身でどのような仕事を
するか，どういった職種で働くのかを選択することができる。だが，「キャ
リア」はそうではなく，個人が自ら積み上げ，構成するものであり，個人か
ら独立して存在するものではない。そして，それぞれの人が具体的な職業や

職場などの選択・決定を通して，時間をかけて創造していくものである。個人にとって，多様な選択肢がある中で，何を選び，何を選ばないかによって，後年の人生設計が作り出されていくため，ダイナミックであり，生涯にわたって展開されていくのである。また，キャリアは，仕事上の役割と家庭等での役割が統合されているので，他者から観察しやすいという特徴をもつ。つまり，キャリアは，個人が時間をかけて形成していくものであり，他者の眼からも観察可能であるという（渡辺 2001）。

　こういったキャリアの概念は，宮城まり子によれば，「狭義のキャリア」になる。狭義のキャリアとは，「職業，職務，職位，履歴，進路」を指し，職業，職務内容，職歴，経歴，またこれから進むべき進路・方向性として捉えられている。そこに職業とそれに付随する様々な要素，経験，地位，取得した（または今後の方向性としての）資格，業績，学歴・学位，能力，技能・知識なども総合的に含められる。反対に「広義のキャリア」とは，「生涯・個人の人生とその生き方そのものとその表現のしかた」と定義されるものである（宮城 2002）。

　最近は，キャリアの概念を「個人の人生・生き方とその表現法」であると定義し，職業・職務内容・進路だけに留まらず，全体的・統合的にライフ・キャリアを捉えるようになってきた。人生と深く関わる「人の生き方そのもの」に拡大定義され，包括的，統合的な概念に発展してきた。キャリアは様々な要因と相互に関連し合い，個人の人生の中で変化し続け，発達するものとして捉えられるようになったのである。

　そのため，「人生・生き方・個人の生活」を意味する「ライフ」も含めた「ライフ・キャリア」という呼び方もされるようになってきている（宮城 2002）。言い換えれば，人の生き方そのものを指すように意味づけが変化してきたのである。

第Ⅰ部　労働現場でのジェンダー問題

## （2）様々なキャリア論——ライフキャリアレインボー理論・キャリア・アンカー論・プランドハップンスタンス理論

これまで多くの学者がキャリア論を展開しているが，ここでは代表的なスーパー，シャイン，クランボルツが提示するキャリア論を紹介する。

### 1）ライフキャリアレインボー理論—— D. E. スーパー

スーパー（D. E. Super）のキャリア論は，キャリア関係，キャリアカウンセリング等の書籍をみると，必ずといってよいほど紹介される有名な理論，考え方である。彼は，複数のキャリア論を展開しているため，代表的なものを概観していこう。

スーパーは，『職業の心理』において人の一生に観点を置いた理論を展開している。そして，スーパーは「キャリア」を「キャリアとは，生涯にわたって従事し，大半を占める職業，職務，職位の前後連鎖したもの」と定義している。

考えてみてほしい。つまり，職業を持ち職務を遂行する期間は，個人差はあるものの人生の大半を占める。一例を挙げれば，大学を卒業する20代前半で仕事に就き，その後，60歳で定年退職し65歳まで再雇用されて働き続け，65歳で職業生活を終えるならば，45年弱という人生の半分以上が仕事をしている期間になる。

また，スーパーは人生を劇場に見立て議論を展開している。スーパーらのライフキャリアレインボー理論は，「人間は一定の時期，主に青年期に職業を選択する。それがキャリアの最終ではなく，キャリアは生涯にわたり，発達し，変化する」というのが主眼である（Nevil & Super 1986）。

ライフキャリアレインボー理論では，キャリアの発達を人間の発達と関連づけた「ライフスパン」（人生における期間，時期）（半円の外側）と人生における役割と関連づけた「ライフロール」（人生における役割）（半円の中心）という2つの観点から人生を捉えている（図表4-1）。

私たちは社会生活を送る中で様々な役割を与えられており，それを意識す

88

第4章　キャリア形成

図表4-1　ライフキャリアレインボー

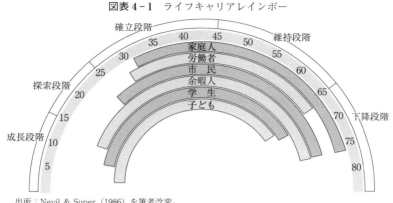

出所：Nevil & Super（1986）を筆者改変。

るにせよしないにせよ，ある程度，役割に縛られながら生活している。

　まず家族生活では，子ども，姉，母親等の役割があり，職業生活では，職場の課長，店長等の地位に基づく役割があり，それらの役割をこなしながら，生活している。こういった日常生活における役割をさらに広げ，人生における役割として，①子ども，②学生，③余暇人，④市民，⑤労働者，⑥家庭人を挙げている。

　スーパーらは，私たちが職場や職業を選択する際，仕事だけでなく，人生の中のそれぞれの生活段階（成長段階・探索段階・確立段階・維持段階・下降段階）において直面する課題があるため，それらをも含めて分析する必要があると考え，5つの発達段階を示している（スーパー・ボーン　1973）。以下，概略を紹介する。

①　成長段階（誕生～14歳）──幼児期・学童期・思春期

　自己概念は，家庭と学校における主要人物との同一視を通して発達する。欲求と空想は，この段階の初期において支配的である。興味と能力は，社会参加と現実吟味の増大に伴い，この段階で一層重要になる。

②　探索段階（15～24歳）──青年期

　学校，余暇活動，アルバイト等において，自己吟味，役割試行，職業上の

89

第Ⅰ部　労働現場でのジェンダー問題

探求が行われる。

③　確立段階（25〜44歳）――成人期

適切な職業分野が見つけられ，その分野で永続的な地位を築くための努力がなされる。その結果，選択した職業分野を変える場合があるが，試行なしに確立が始まるものもある。特に専門職の場合がそうである。

④　維持段階（45〜64歳）――中高年期

職業の世界である程度の地位をすでに築いたので，この段階での関心はその地位を保持することにある。新しい分野が開拓されることはほとんどなく，すでに確立されたラインの継続が見られる。

⑤　下降段階（65歳〜）――老年期

身体的・精神的な力量が下降するにつれて，職業生活は変化し，後に休止するので，新しい役割が開発されなければならない。つまり後継者の育成である。

**2）キャリア・アンカー論――E. H. シャイン**

シャイン（E. H. Schein）は個人のキャリアを一時的なものではなく，長期的な職業生活の流れ，動きで捉えている。個人にはキャリアの支え（拠り所となる重しのようなもの）があり，常にそれに基づいてキャリアを形成していくという。そのキャリアには，「外面的なキャリア」と「内面的なキャリア」がある。以下，この2つに関して解説する。

①　外面的なキャリア

一例を挙げると，ある人が，ある職種につき昇進していく過程で，その職種または組織から要請される具体的な段階のことである。例を挙げると，企業なら平社員から係長・課長・部長等への昇進等である。なお，この段階は次の10段階に分類される（図表4-2，シャイン　2003）。

①　成長・空想と探索をする――第1段階

子どもの時期，青春期初期であり，職種については，ただ，漠然と思

第4章　キャリア形成

図表4-2　外面的なキャリアの主要な段階

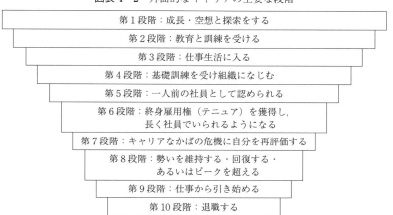

出所：シャイン（2003）を筆者改変。

い浮かべることしかできない。必要な教育と訓練に備えるための準備期間である。

② 教育と訓練を受ける——第2段階

　職種により異なるが，教育と訓練にかかる期間は，数カ月から長ければ数年間訓練を受けることになる。この期間において，仕事における明確な目標が決まったり，あるいは，変化することもあり，何らかの選択をせまられることも多くある。

③ 仕事生活に入る——第3段階

　これまでどのくらいの準備をしてきたかにかかわらず，この時期は，ほとんどの人にとって，新たな仕事・職場に対して順応するのに手こずる時期となる。教育課程（大学等）では滅多に教わらない，組織の不合理な側面や政治的な側面である。また，どのような職種であっても仕事のほとんどは，論理や理屈では通らない，人間関係や感情に関する問題がある。これらのことは教育課程（大学等）では，学ばないため，自身で学びはじめる時期である。現実の厳しい仕事の試練の場で，個人の才能，動機・価値観が本格的に試されることになる。職種にまつわる自己

91

第 I 部 労働現場でのジェンダー問題

概念も身に付き始める。

④ 基礎訓練を受け組織になじむ——第4段階

その職種がもつ組織の前提や社会から期待される責任の度合いにより異なるが, その職種の責任が重いほど, 社会化（所属する社会や組織に特有の価値観や行動パターン等にメンバーをなじませ, 内面化していく）の期間が長くなり, しかも厳しく行われる。この時期になると, 組織はその人に対する要望をはっきりさせ, それに応えることを求めてくるため, 自分なりに学ぶことが必要になる。社会化することができたかどうかを判断し, その職種で働き続けるのか, また今いる企業に留まるのか転職するのかを現実的に選択する時期でもある。

⑤ 一人前の社員として認められる——第5段階

特定の時期になると入社後の訓練が終了し, 部署に配属される。組織の一員として受け入れられたことを自覚する時期でもある。この段階になると, その職種あるいは組織の一員として意味ある自己イメージが徐々に形成される。自身を動かす動機と価値感が明確化し, 自身の才能, 強み, 弱みについてしっかり意識しはじめる。

⑥ 終身雇用権（テニュア）を獲得し, 長く社員でいられるようになる
　　——第6段階

キャリアがスタートしてから5年から10年くらいの間にその職種が存在している限り, 終身雇用権（テニュア）を与えられ, その組織の中で長期間働くことが認められる。

⑦ キャリア半ばの危機に自分を再評価する——第7段階

大半の人たちは, この時期にキャリアが順調なものでさえも, これまでのキャリアについて再確認を行う。このまま今の仕事を続けていってもよいのか, 何か仕事の成果として成し遂げたものはあるのか等を考える。多くの場合, 新たな目標を見つけたり再確認したりする。目標がこれまでと異なると, 時には大きくキャリアを変えることにもなる。たと

えキャリアを変更することになったとしても，以前よりも人生の中で本当にやりたいことがみつかったという経験を味わうことになる。

⑧　勢いを維持・回復する・あるいはピークを超える――第8段階

自身のキャリアの再評価を行い，自己洞察が深まると，自身の後半の人生のキャリアの方向性について考え，行動する。この段階において，次の段階に進むための自分なりの解決策を考える。段階を上がりつめる決断をする人や別のやりたい仕事を検討する人もいる。多くの人はこの時期ワーク・ライフ・バランスについて悩む時期でもある。才能には限界があり，才能のピークを超えたと思うならば，不本意な選択を受け入れたりすることもある。

⑨　仕事から引き始める――第9段階

人は不可避的に仕事のペースが下がり，以前ほど仕事に没頭しなくなる。退職のことを考え始め，退職に向けた準備を始める。中には，退職という現実を否定し，他の人と同様に退職の準備をせず，現実逃避する人もいる。

⑩　退職する――第10段階

個人が退職に向けた準備の有無にかかわらず，組織や職種において，有意義な役割につけなくなる。このことは，不可避であるため，個人はそれに適応せざるを得なくなる。退職は，精神的にもショックであり，心身の健康を損ない，死期を早めることもある。

ここまで見た10段階は，その職業キャリアによって1つの段階をくぐり抜けることになると考えられるステップだが，必要な期間が長かったり，短かったりする。また，その段階をくぐる適齢期はない。さらに，職種によって各段階をくぐり抜ける年齢も異なってくる。たとえば，日本の場合，医師になろうと思うと6年間大学に通い，医師国家試験を受けてから仕事を始めるので20代の半ばがキャリアのスタートになる。反対に高等学校を卒業後，事務員として仕事を始めるならば，10代の後半

第Ⅰ部　労働現場でのジェンダー問題

がキャリアのスタートになる。いえることとして仕事をする上では，ここで述べたような10段階のステップを経るということだ。

　これらの10段階は，仕事を始めて退職するまでの間に段階を踏んでくぐり抜けることになると考えられるステップだが，職業を変えたりすれば，各段階において，留まる時間の長さが異なったり，またはその仕事を始めた年齢，つまり経験値によって，その段階に留まる時間が変わったりする。職種が異なると，各段階に留まる年齢も違ってくる。

　②　内面的なキャリア

　内面的なキャリアとは，自分自身がもつ職業，仕事のイメージである。それは，先にみた外面的なキャリアとは異なる。あくまで個人が考えるものであり，職業上の成功を測る指標は，個人の持つキャリア・アンカーまたは内面的なキャリアの定義を反映させたものになるからだ。それを対応させたのが，図表4－3の組織の3次元モデルである。以下は，この図表4－3を基にしたシャインによる「内面的なキャリア」の分析である（シャイン 2003）。

　①　職能横断的でヨコ方向の変化──能力と技能の発達
　　部署を横断すること，そのことは，成長の仕方，技能を身に付けることにつながる。横方向への組織内でのキャリアの動きが大切になる。
　②　職階縦断的階層移動──階層のハシゴをタテに上がる
　　個人の成功の基準を知るには，本人が何を準拠集団としているかを知らなければならず，その集団における判断，価値基準によって変わる。
　③　中心に近づく──影響力と権力を獲得する
　　組織の中枢の一員となり，影響力を持つと実感する。

　このように，キャリアの変化は，ヨコ・中心・タテ方向に沿った3つの動きがあり，キャリアパスは，この3種類の動きが複雑に絡み合ったものであ

第4章　キャリア形成

図表4-3　組織の3次モデル

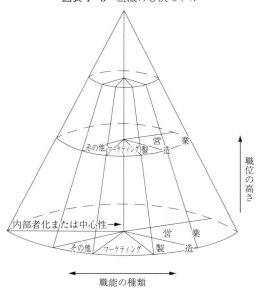

出所：図表4-2と同じ。

る。

③　職業経験の積み重ねで形成される自己概念

　前述したように，シャインは個人のキャリアを長期的な視点で捉え，さらにそこに自身のもつ職業観・理想像を絡めながら考えている。その根幹をなすのがキャリア・アンカーである。

　キャリア・アンカーとは，職業経験を積み重ねることで，自身の中で形成される仕事に関する自己概念のことである。それも，自身の職業選択の指針，キャリア選択を方向づけるアンカー（船の錨）のことをいう（シャイン 2003）。つまり，キャリアとは自己概念の一部であるということだ。自身の持つキャリアの支え，言い換えれば「この仕事をする」「この仕事が天職」「この仕事しかないと常に自身が振り返るような仕事」という捉え方は，キャリア・アンカーの基盤となるものである。仕事に関する自己概念は，以下の3つにつ

95

第Ⅰ部　労働現場でのジェンダー問題

いて考えてみると明確になるだろう（シャイン 2003）。

① 自分の才能・技能・有能な分野は何か。自分の強み・弱みは何か。
② 自身の欲求・動因・人生の目標は何か。何を望み何を望まないのか。
③ 自分の価値観・自分の行動を判断する主な基準は，何か。自分の価
値観と一致する組織や職務についているのか。自分の仕事やキャリア
に，どのくらい誇りを持っているのか。または恥ずかしいと感じてい
るのか。

キャリア・アンカーを考える際，注意すべき点が次の5つである（シャイ
ン 2003）。

① 職業選択の際に，職業適性テスト等で分析された結果は，仕事を始
めてから明らかになった才能と能力について言及されていないこと。
② キャリア・アンカーは，仕事上の経験を重視するため，職業適性テ
ストからは，予想することができない。キャリア・アンカーは，個人
の内面にあり，キャリアの決定と選択に対して推進と抑制の力を持つ。
もし，失敗してもアンカーによって引き戻される。
③ キャリア・アンカー理論の目的は，個人全体のイメージの中で，動
機と価値と能力が徐々に統合されるのを強調することである。
④ キャリア・アンカーは，キャリア初期の何年かの間に発見する。な
ぜなら人は，様々な実生活の状況に遭遇して初めて自分の能力と動機
と価値がどう影響し合い，これらがどう自分に可能なキャリア選択と
一致するかを知ることができるからである。
⑤ この概念は，他の領域での成長と変化を許す安定性の源泉である。
アンカー自体が変化することもありうるし，この概念は人生経験を積
んで自己洞察が増すにつれて安定する部分を説明するものだと認識さ

れるべきである。

　シャインがこの理論を構築したのは，かつて大学の修士課程の卒業生を対象に調査を行った時であり，何か自分に適してない仕事に就いた場合，自分自身にもっと適している何かに引き戻されるような現象を船の錨（いかり）に例えるようになったのである。この調査から明らかになったキャリア・アンカーには，以下の8つの種類があるということだ（シャイン 2003）。

① 専門・職能的コンピタンス
　専門性を中心としたもの。
② 全般（経営）管理コンピタンス
　何種類かの職能分野に精通する必要性を認識する。重い責任のある仕事を望む。組織への同化。
③ 自律・独立
　自立的な専門職を志望。コンサルティング，研究開発等。
④ 保障・安定
　終身雇用制度が適用されており，公務員的な仕事を望む。
⑤ 起業家的創造性
　新しく企業し，新製品等を作り出すこと。
⑥ 奉仕・社会貢献
　世の中をもっとよくしたいという欲求により仕事を選択。医療，看護等。
⑦ 純粋な挑戦
　困難な課題に直面するような仕事を求める。
⑧ 生活様式
　生活様式全体を調和させることが大切。ワーク・ライフ・バランスを重視。

第Ⅰ部　労働現場でのジェンダー問題

シャインは，上記の8つのアンカーを提示した。結論として，キャリアを形成するものがやるべきこととして，「自分自身の洞察を高め，その結果を組織のキャリア関係の上司と共有すること」（シャイン 2003）を挙げている。そのために組織・経営者は何をすればよいのか。具体的には，より柔軟性のあるキャリアパス，刺激誘因（インセンティブ）の制度，報酬制度を新たに設けること，自己洞察，自己管理を促進する（管理職にあるものは，自分自身のキャリア・アンカーを分析し，自身のキャリアを管理することで部下に手本を示すことになる），組織がキャリアを歩む人に何を要望しているのかを明確に示すことだとしている。

### 3）プランドハップンスタンス理論——J. D. クランボルツ

プランドハップンスタンス理論（「計画された偶然」という理論）は，クランボルツ（J. D. Krumboltz）によって提唱されたものである。計画を立てたとしても，その通りのキャリアを送れる訳ではない。偶然生じる出来事によって，考えてもいなかった進路に進んだり，計画の変更を余儀なくされる事もありうる。また，その偶然を受け入れ流れに身を任せて，偶然生じた出来事（仕事）に邁進することで，想定外のキャリアが形成されることもある。このような機会・チャンスを増やし，キャリア形成の準備をすることがキャリア支援だともいわれる。たとえ偶発的な状況が生じても，難なく対応していくことが重要だというのが，この理論の趣旨である。

クランボルツの理論は，これまでに紹介したスーパーやシャインとは異なり，人生という長い過程において，キャリア計画は思うように進む訳ではないというのが根本にある。考えてみてほしい。キャリア計画だけでなく，私たちが人生において計画したことのうち，ほぼ実現したといえるものがどれほどあろうか。

下村秀雄によれば，日本ではキャリア発達の激変に対応したキャリア発達理論として，プラントハップンスタンス理論が注目されるようになったという（下村 2013）。そして，この点については「人のキャリアには，偶然の出

来事が重要な役割を果たす。偶然の出来事によって当人も自覚していなかった新しい分野に対する興味が喚起され，新しい事柄を学ぶ機会が得られる。したがって，新たな発見が得られるような偶然の出来事に出会う機会を増やすようにし，偶然の出来事をうまく自分のキャリアに取り込むこと，また，そのための準備をしておくことが重要である。そして，将来に対してオープンマインドで臨み，偶然の出来事を自分のキャリアに取り込むためには，①好奇心，②忍耐力，③柔軟性，④楽観主義，リスクテイキングといった態度が重要である」としてまとめている（下村 2013）。

　このような考えは，これまでのキャリア研究の中では，偶発理論として知られていたが，あまり注目されていなかった。1990年代の後半になって注目されるようになったのは，「90年代前半にバブル景気が崩壊し，日本社会における伝統的な雇用慣行が崩壊したという認識が広がっていたからだという。そのため，労働者たちは自身の身にいつどんな出来事が起きてもおかしくないという認識が広がり，個人のキャリアを考えるにあたり，たまたま起きた偶然のキャリアを考え，たまたま起きた偶然の出来事に対処するための理論的な基盤の必要性を感じるようになっていた。こういった流れは日本だけでなく，海外の研究においてもそうだった」からである（下村 2013）。

　クランボルツの理論は，これまでのキャリア発達理論に対するアンチテーゼであり批判的な立場をとるものだ。同様の立場をとる中西晶は，キャリア形成のために必要なことは「偶然の計画に乗ることと緩い絆」であると説いている（中西 2006）。

　偶然の計画とは，クランボルツの理論になるが，緩い絆に関しては，グラノヴェターの理論が有名である（グラノヴェター 1998）。グラノヴェターによると，たとえば，転職したいと思った時，自身とつながりの強いネットワークの方が良い職業情報を与えてくれると思いがちだが，自身とのつながりが弱いネットワークの方が，自身がまだ持っていない職業情報や人脈に接近できる可能性が高いというものである。

第Ⅰ部 労働現場でのジェンダー問題

## （3）多様なキャリア論から学ぶこと

　キャリア論を学ぶことは，職業人生だけでなく「私自身の人生」という視点で考えても，今後の人生における仕事とライフイベントとの両立（妊娠・出産等）や日々の職業生活等で迷いが生じた時，何らかのヒントになるかもしれない。シャインが述べるように，自身の中にあるアンカーに揺り戻される人もいるだろう。ヒントになるのは，自身が幼少期にどのような仕事をすることを希望しており，実際には，どのような仕事に就いているのか。それは，幼少期に希望した仕事と程近いのか遠いのか。何が適職か迷った時，自身の人生を振り返ることで，答は見つかる可能性が高い。

　具体例を出してみよう。幼少期にありがちな「歌手になりたい，アイドルになりたい」という夢だが，実際に夢をかなえられる人間は少なく，さらにヒット曲に恵まれ，メディアにも頻繁に登場するような売れっ子になるのはごくわずかである。歌手にはなれなくても，音楽という共通項で作曲家，ギタリスト，音楽プロデューサー等の仕事に就いたり，または人前に立つという共通項で教員等の仕事に就くことは，幼少期の夢に近い仕事である。

　このように自身の中で目標とするキャリアが定まっていても，その道に進めなかった際，どのようにして別の道を切り開くのか，どのように気持ちを切り替えるかは，クランボルツの理論がかなり参考になるだろう。つまり，人生の中で起きる出来事にあえて流されてみるということだ。そういった心の持ち様・方向性をも，彼らの理論は導いてくれている。

## 2　リーダーになる

## （1）リーダーについて考える──リーダーの必要性

　私たちは，就学期あるいはそれ以前から，「リーダー」という言葉とその役割について，理解し実践していたかもしれない。馴染みの深い「リーダー」に関するいくつかの理論を紹介し，自分なりに理想とするリーダー像を

第4章　キャリア形成

考えてみよう。

　私たちは社会生活を送る上で，複数人あるいは大人数で目標を達成するために，お互いに協力して行動することが多々ある。目標達成に向けた行動をとる際，自然とまたは必然的に特定の人がリーダーシップをとって，作業を進めた方が目標を短期間で達成しやすい。

　目標を達成するためには，あらかじめ責任のあるリーダー（学級委員・プロジェクトリーダー・会長等）を決めておいた方が，短期間で効率よく作業をこなしやすい（ただし，リーダーに向く人と向かない人がいるのも事実）。そういった影響力を持つ人がとる行動を，「リーダーシップ」という。リーダーシップとは，「一定の目標を達成するために，個人あるいは集団をその方向に行動づけるための影響過程」（中西 2006）と定義されている。

　では，どのような人が，リーダーとしての手腕を発揮するのに適しているのか。リーダーに最適だと思われる人が，リーダーになる場合と苦手意識のある人がリーダーになる場合がある。いかにすれば，目標達成に向けて，リーダーシップが発揮できるのか。本節では，J. P. コッター，三隅二不二，W. ベニスの理論を紹介する。簡単に彼らの理論を紹介すると，コッターはリーダーという役割理論，三隅はリーダー（リーダーシップ）の職場状況論，ベニスはリーダーの人物特性論を，各々主張している。

### （2）様々なリーダー論——J. P. コッター・三隅二不二・W. ベニス
#### 1）役割論——J. P. コッター

　コッター（J. P. Kotter）は，具体的な人物への聞き取り等から，組織を動かす・変えるために必要なことを「10の教訓」として提示しているが（図表4-4），かなりリアリティのある取組だと考えられる。この教訓を提案できるまでに多くの研究が蓄積されてきたのだが，まずは彼の提案するリーダーシップについてみていこう。

　コッターの提示する理論の特徴は，リーダーとリーダーシップ，マネジメ

第Ⅰ部　労働現場でのジェンダー問題

## 図表4-4　組織を動かすための10の教訓

① 重要な組織変革を成功に導くのは，時間のかかる，非常に複雑な8段階のプロセスである。手っ取り早く，段取りよくとはけっしていかない。情勢をうかがいながら段階を飛ばしたり，誤った順番で進めようとするマネジャーには志を遂げられない。

② 環境にかかわらず，一般的に変革は上記の複雑な8段階のプロセスを経る。しかし，成功を目指す優秀なマネジャーの場合は，それぞれの状況でカギとなる課題に臨機応変に対応するため，基本の行動はそのつど異なる。個別の事情に鈍感だったり，一つのやり方ですべてを解決しようとする姿勢では，結末は悲惨なものになるだろう。

③ 非常に有能な善意のマネジャーですら，20世紀の歴史とその時代に培われた企業文化の影響を受けていると，大きな変革の際に，予測できたはずの過ちを犯してしまう。これにはさまざまな理由がある。

④ リーダーシップとマネジメントは別物である。変革の最大の原動力はリーダーシップであり，マネジメントではない。リーダーシップが不足すると，過ちを犯す確率は大きく高まり，変革が成功する確率は低くなる。これは，新戦略，リエンジニアリング，買収，組織再編，品質管理，企業文化の再設計など，どんなコンセプトを持った変革であっても当てはまる。

⑤ 変化のスピードが速まっているため，組織を動かすうえでリーダーシップの重要性が高くなっている。組織内で権力を持つ人々のうちごく一握りしか，この重要な事実を認識あるいは理解していない。

⑥ 組織を動かす仕事は，ますます次のようなものになりつつあると考えてよい。すなわち，計画・予算（マネジメントの部分）とビジョン・戦略（リーダーシップの部分）を盛り込んだ課題の作成，階層の縦のネットワーク（マネジメントの部分）と複雑な人間関係の横のネットワーク（リーダーシップの部分）を駆使した，課題遂行のための人脈づくり，そして統制（マネジメントの部分）と動機づけ（リーダーシップの部分）による課題の遂行，である。

⑦ 一般に，マネジメントが組織の公式の階層を通して行われる一方，リーダーシップは階層を介さない。そのため，変革によって組織の境界が壊され，フラット化し，アウトソーシングが進んでリーダーシップの強化が必要になると，マネジャーはさらに複雑な人間関係に巻き込まれる。

⑧ 組織を動かす仕事には，ますますリーダーシップに関わる部分が増えている。リーダーは複雑な人間の依存関係のなかで仕事をするため，組織を動かす仕事も，単に他人に対して公式の権限を行使するよりも，インフォーマルな人間関係の駆け引きのようになる傾向を強めている。

⑨ 組織の階層や公式の権限だけでなく，人脈や他者への依存という観点でマネジャーの仕事について考えてみると，興味深い示唆がさまざま見えてくる。「ボス・マネジメント」のような，従来は奇妙で間違っているようにも思えた考えが，突如として重要性を増してくる。

⑩ マネジャーやリーダーが分刻み，時間刻みで行動していることは，マネジャーや英雄的なリーダー，経営幹部に対する典型的なイメージとはまず一致しない。そのため，マネジャー，特に新任マネジャーはかなり困惑してしまう。しかし毎日，その行動を観察し，マネジャーが担う仕事の幅広さ（リーダーシップとマネジメント），難しさ（組織の維持と変革の実施），複雑な人間関係（フォーマルな階層に留まらない）を考えれば，納得がいくだろう。

出所：コッター（1999：12-13）。

ント（マネージャー）それぞれの役割を分けて考えることである。つまり，「役割論」という観点から，それぞれの役割を議論していることが特徴である。

① リーダーに必要なリーダーシップ

リーダーは目標を達成するために，的確なリーダーシップを発揮する必要がある。ただし，目標達成のために協力するメンバーの数にもよるが，通常は，リーダーがリーダーシップを発揮し，マネージャーがマネジメントを発揮するという分業体制の方が，パワーバランスが片方だけに偏るのを防げる。その方が組織としては，目標が達成しやすい。

またリーダーは，職場の人間関係でいえば，フォーマルな人間関係だけでなく，インフォーマルな人間関係の存在を知り，そこでの立ち振る舞いと関係性の構築が，組織を動かすための重要な鍵となる。リーダーが目標達成のために，リーダーシップを発揮しやすくするには，「①目標を達成するためのビジョンとそのための方法・戦略を考える」「②目標達成のために協力する人たちに対して，ある程度の権限を与えやる気を引き出す」の2点が重要となる。以下，この2点について解説する（コッター 1999）。

まず「①目標を達成するためのビジョンとそのための方法・戦略を考える」だが，課題や目的達成のため，目標とする期日・納期を固め，その後，それを成し遂げるために各事項を書き出し，それに必要な予算を決める必要がある。また組織内において，インフォーマルな関係性の構築や特にインフォーマルな集団の存在について，気に留めておくことも重要である。インフォーマルな関係性や集団は，非日常的な活動や変革に関わる調整を多くこなすことができるからである。

次に「②目標達成のために協力する人たちに対して，ある程度の権限を与えやる気を引き出す」だが，まず目標達成のために組織のメンバーの心を統合し，お互いに協力し合ってビジョンを理解し，実現に向けて努力することが必要である。ただし，協力の度合いは，個人差があり，全面的に協力して

第 I 部　労働現場でのジェンダー問題

くれるメンバーが多いほど，課題を達成しやすい。そのためには，部下への動機づけと意識啓発が重要になる。相手の価値観に訴えながら，組織の目標やビジョンを伝え，仕事に対する忠誠心を高める。部下の達成感，帰属意識，認められたいという気持ち，自尊心等人間の基本的な欲求を満たすことで彼らは，自身の大きなエネルギーを使ってくれる。

　リーダーがメンバーの力を合わせるために重要なのは，部下だけでなく同僚，他部署の社員，納品業者等と頻繁にコミュニケーションをとることである。リーダーが部下に信頼されるためには，人格的な部分もさることながら，これまでの実績・誠実さ・言動の一致等の多くのカテゴリーも重要となる。

　また，みんなで同じ方向を向いて仕事をするように方向づけられれば，部下同士の摩擦も少なくなる。相手の価値観に訴えながら，組織の目標やビジョンを伝えようとするため，仕事に対する忠誠心を高める。また，職業人としての成長を助け自信を付けさせ，常に労をねぎらう声かけや部下を褒めたたえることが必要である。

②　マネージャーに必要なマネジメント

　マネージャーの仕事は，目標達成のための計画立案，予算作成，人員配置等，現在のシステムをうまく機能させ続けることである。これらのマネジメント業務は，組織のフォーマルな関係性の中で行われる（コッター 1999）。

　マネジメント業務の大きな特徴は，組織内外における依存関係に拠っている点である。上司・部下・他の部署の同僚・同僚の部下・仕入れ先・顧客・同業他社・労働組合等，程度の差はあれ依存している。これらの相手から最低限の協力を得られなければ，マネージャーは組織を存続させ目標を達成できない。

　依存関係をうまく利用しているマネージャーは，他者に依存している自分を十分認識し不必要な人間関係は排除するか避け，行使できるパワーを確立している。そのパワーを使い，計画立案・組織化・人員配置・予算作成・評価等を行う。つまり，パワーマネジメントが重要な位置を占めているのであ

る。

③　パワーマネジメントに必要なこと

　能力の高いマネージャーは，職務上，生じてくる依存関係を活かすために，4種類のパワー（①恩義を感じさせる，②経験や知識に関する信頼，③マネージャーとの一体感，④マネージャーに依存していることを自覚させる）を生み出すか，強化するか，維持している。これらのパワーを獲得し，有効に影響力を行使することが重要になる。以下で，コッターが示す4種類のパワーを紹介する（コッター 1999）。

①　恩義を感じさせる

　マネージャーが他者に依存しながらパワーを生み出すには，依存する相手が感謝するような行動をとることが多い。成功をおさめるマネージャーは，フォーマル，インフォーマルを問わず，自分に恩義を感じ，それに報いてくれそうなものに親切にし，真の友情関係を築こうとすることが多い。

②　経験や知識に対する信頼

　ある分野の専門家としての評判を高めることである。経験や知識があると信頼されれば，その分野の仕事で頼られることが多くなる。こういったパワーを獲得するためには，エビデンスが必要であり，特に組織規模が大きいほど重要になる。たとえば，専門分野における学術論文数や講演回数等である。

③　マネージャーとの一体感

　マネージャーの周囲にいる人たちが，マネージャーを理想的なマネージャー像だと思うように振る舞う。できるだけ，部下とともに時間を過ごし，組織の目標，価値観等について，語る。そういった機会を多くつくることで，部下は，マネージャー自身やその考え方と一体感を感じるように仕向けていく。

第Ⅰ部　労働現場でのジェンダー問題

④　マネージャーに依存していることを自覚させる

マネージャーの周囲にいる人たちに，マネージャーに助けられ守られていることを実感させる。依存しているという自覚が強いほどマネージャーに協力しやすくなる。そのために，有効な方法は次の2つである。

・有用な資源を見つけて手に入れる。

相手（部下等）が職務を果たすために必要な資源（意思決定権，資金・設備・オフィス・スペースの管理権，有力者と接触する機会，情報の入手と情報経路のコントロール，部下等）を手に入れる。マネージャーは，これらの資源を自身が持ち，それらを活用して支援（または妨害）できることを相手に意思表示する。つまり相手に協力を仰ぐ反面，威嚇するということである。

・自分の資源に対する人々の認識を高める

パワーを獲得するために，自身が持つ資源（意思決定権，資金・設備・オフィス・スペースの管理権，有力者と接触する機会，情報の入手と情報経路のコントロール，部下等）の評価を高めることが必要である。そのために，実力者や有力な組織，またはそう思われている人物や組織と付き合う。


④　パワーマネージャーの特徴

コッターはパワーを行使して，他者へ影響を与えたり，他者との依存状態に対応できるマネージャーには以下の7つの共通する特徴があるとした（コッター 1999）。


・権力を身に付け行使するための行動では，何が周囲の目にも妥当な行動として映るかという点に敏感である。4種類のパワー（①恩義を感じさせる，②経験や知識に関する信頼，③マネージャーとの一体感，④マネージャーに依存していることを自覚させる）を獲得し，行使すること

第4章　キャリア形成

に責任が伴うことを自覚しており，関係分野での専門知識をもっていることが期待されている。また，多くの人（部下）と一体感を築き上げている場合，理想的なリーダーとしての振る舞いが期待されている。

・周囲に影響を与えるには様々な権力や方法があり，それらを直感的に理解している。相手によって，どのようなパワーを使えばもっとも効果的であるかを把握しており，どのような場面であっても具体的な状況を理解し，その状況に応じた選択をして人を動かす。

・4種類のパワー（①恩義を感じさせる，②経験や知識に関する信頼，③マネージャーとの一体感，④マネージャーに依存していることを自覚させる）すべてをある程度行使し，影響を与える方法すべてを用いる。どのような方法であろうとも，適切な状況であれば，組織の効率性向上に役立つ。リスクが大きい方法，機能不全を招くような方法（他者を陥れる）は絶対に必要な場合以外は避ける。

・キャリア上の目標を定め，権力を行使して成果を挙げられる地位を求める。組織が直面する重大な問題や環境問題に対処する仕事を求めており，そういった仕事で経験や能力を活かし，仕事の成果を出すことができれば，周囲に頼りにされ，専門知識があるとの評判も高まる。

・持てる資源，フォーマルな権限，パワーをすべて活用し，さらにパワーを強化する。自分のパワーを投資して，高い見返りが確実に得られる方法を探す。人に仕事を頼む際，その相手が日頃，恩義を感じているという意識が強い場合ほど，懸命に仕事をしてくれる。

・有能なマネージャーは，熟慮し，自制しながら，パワー志向の行動をとる。衝動的に権力を行使したり，自分の地位や名誉のために権力を利用したりしない。

・他人の行動や生活に，目に見える形で影響を与えることを当然なことと考えてもいる。パワーを行使して人を動かすことにかなり満足感を覚える。

107

第Ⅰ部　労働現場でのジェンダー問題

　ここまでのことを簡単にまとめれば，有能なマネージャーは，パワーを行使するためには努力が必ず必要であると認識しており，そのために努力を惜しまないことである。

　これら４つの特性は，リーダーが組織等，自身が力量を発揮したい分野において，成功に導くための要素の組み合わせであり，リーダーシップの形成に必要不可欠なものである。また，リーダーを作り上げる過程として，厳しい試練に直面している際，生きている時代とそれを受け入れる個人的な因子にもよるが，その経験を意味あるものとして，人生の糧として，リーダーシップ能力として，形成し，遺憾なく発揮される。

## ２）PMリーダーシップ理論——三隅二不二

　三隅二不二のリーダーシップ理論の特徴は，集団内でのリーダーの行動特性について数々の実験を行い，科学的に解明したことである。これまでのリーダーシップ論は，集団ではなく個人の性格・資質等に焦点を絞ったものが大半だった。そういう意味では，画期的なリーダーシップ論といえる。以下，具体的にどのようなリーダーシップ理論なのかを紹介していこう。

　①　リーダーとは何か

　三隅二不二は，リーダーを「集団の活動に影響を及ぼす集団の成員である」と定義している（三隅 1978）。リーダーの存在は一時的というよりも持続的であり，集団が存在する所にリーダーシップが生まれる。その際，あらかじめリーダーが決められていることもあるし，そうでないこともある。たとえば，同級生の集団を想定してみよう。特定のリーダーがいない集団の会合が開催された場合，特定のメンバーが集団に対して，一定の方向づけを与え，集団の目標達成に有効な影響を与える場面が想像できよう。つまりそのメンバーが他のメンバーよりも集団全体の要求を実現するのに著しく貢献したならば，リーダーシップの本質的な機能を発揮したことになる。

　リーダーシップは生きものであり，変化するものである。リーダーの資質・能力・人格等の影響もリーダーシップ要因の中で重要なものだが，そう

いった個人的特性の影響力は，本人のリーダーシップのごく一部であり，全体を決定するものではない。

② パフォーマンスとメインテナンス

そこで三隅が考案したのが，PMリーダーシップ理論である。これは，リーダーシップには，目標達成や課題解決に関する機能であるパフォーマンス（Per-formance，以下，P）と集団維持のための機能であるメインテナンス（Main-tenance，以下，M）という2つの機能があるという理論である。

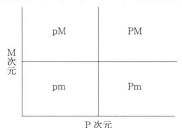

図表4-5　リーダーシップPM4類型

出所：三隅（1986）。

P行動とは，目標達成のために計画を立案し，その課題を遂行するために指示を出したり，締め切りを決めたりする行動のことである。また，Pのリーダーシップを高めるには，時間がかかる。それは，業務上の専門知識・技術やその実践化の方策を身に付ける必要があるからである。

M行動は人間に対するもので，企業ならば従業員同士の葛藤，不満，緊張を緩和したり，個々の尊厳を重んじ，自主性を促し，お互いに協力できるような関係性を構築させる行動のことである。このPとMは元々集団の機能を表すものであったが，これをリーダーシップ理論に応用したわけである。なぜならば，リーダーシップは本来，集団的現象であり，単なる個人の行動ではなく，他者，または他者群（組織された他者）への影響過程を含むものであるからだ。そして，PとMという2つの概念は，集団を機能させる概念であり，その概念によってリーダーシップを客観的に捉えようとするのが「PMリーダーシップ論」である。まず，「Pのリーダーシップ行動」として組織や集団内における特定の人のリーダーシップ行動，「Mのリーダーシップ行動」として，集団の維持を目的とした人間関係を従事する行動のことを指し，リーダーシップの類型化を行った。PとMは異なる概念であるが，リーダーシップ行動には，どのような場合でも2つの概念が含まれると考え，

第Ⅰ部　労働現場でのジェンダー問題

PとMは，連続的に変化し，計量化できるとして，図表4-5のように類型化した。

リーダーシップの4類型は，①PM型，②P型，③M型，④pm型であり，三隅は数多くの実験を行い，仕事では，①PM②Pm③pM④pmの順にリーダーシップが発揮できるが，同じことを仕事ではなく日常生活の場における望ましいリーダーシップになると，結果が異なり，①PM②pM③pm④Pmとなった（図表4-5）。これらのリーダーシップを好む人の人生観や生活観は，以下の通りである（三隅 1986）。

①　PM…仕事は大事だが，家族も大事にして仕事にやりがいを求める。
②　pM…生きがいとしてレジャーを第1に考える（遊び中心）。
③　pm…地域社会における活動（町内会・お祭等）やボランティア活動等を人生の価値としており，仕事はほどほどであること。
④　Pm…仕事で成功することが目標。

PとMの両者の違いが示すことは，求められるリーダーシップというのは，人々の人生観や生活感などの価値観によって，相異なるリーダーシップのタイプを望ましいと考えることである。そこには，人々が生活する時代の相違，性別，年齢，地域等，多様な価値観が作用しており，それらの要素がどのように作用するかによって大きく異なると考えられている。

最後に三隅は長年の実験によって，「PM型リーダーシップ」がどのような分野でも望まれるタイプであることを明らかにした。そしてリーダーシップの本質は「対人的感性」であり，その発達が必要であることも明確になった。たとえば，指導者の意図が部下にきちんと伝わっているか，指導者がどれだけ正確に自分の行動に対する部下の行動を予測できるのか，その正確度を向上させるのがリーダーシップ発達の基本であるという。そのために，「リーダーシップPMトレーニング」を行うことが必要であり，それはリー

ダーシップの向上・開発に効果があったと報告した（三隅 1986）。

**3）特徴的な個人の資質や考え方等に基づくリーダーシップ論──W. ベニス**

ベニス（W. Bennis）は数多くの著名な人物（企業の代表取締役，会長等）にインタビューし，リーダーに特徴的な個人の資質や考え方等について整理した。以下，具体的に見ていこう。

① 性格的な特性

リーダー達に対して，性格特性検査をしたわけではないが，ベニスが聞き取りする中で，彼らには共通する特徴，すなわち，①適応力，②意味の共有化と他者の巻き込み，③意見と表現，④高潔さがあることが明らかになった（図表4-6）。以下，この4つの特性を詳細に見ていこう（ベニス 2003）。

まず①の適応力だが，これはリーダーの資質として，大きな位置を占めるものである。リーダーは，毎日，定型的な業務をこなすのではなく，日々新たな，それもこれまで経験したことがない業務や出来事に遭遇する。それがうまく処理・対応できる時もあるし，そうでない時もある。特に，壁を乗り越えなければならないような新たな試練が待ち受け，それに苦しめられても，壁を乗り越える強靭な意志とそれを別のチャンスだと認識し，これまでにない解決策を見極められる能力が必要である。

②の意味の共有化と他者の巻き込みは，自分のビジョンを押しつけるのではなく，他者，つまり部下たちと共有できるように仕向けることである。また部下を信頼し権限を付与することで，部下と意味の共有化を図ることも重要である。そのためには，自身と異なる意見を持つ部下やその他の社外の人たちの意見に対して，すぐ反対・反論するのではなく耳を傾け，場合によっては重要な意見の一つとして受け入れるという能力，つまり異なるモノを受け入れる能力が求められる。

③の意見と表現についてだが，リーダーは，自信にあふれており，自分の意見を持ち，他者を思いやる気持ちも持ち合わせ，社会通念上，倫理的に問題があるような決断・行動はとらず，倫理的な観念で物事を判断する能力を

第Ⅰ部　労働現場でのジェンダー問題

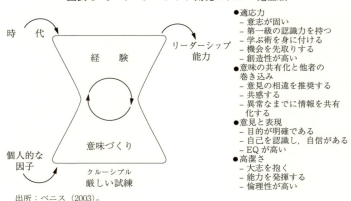

図表4-6　リーダーシップ開発モデル・完全版

出所：ベニス（2003）。

持つ事が求められる。このような能力があれば，部下からの信頼度が厚くなる。

最後に④の高潔さについてだが，リーダーの高潔さは，野心・コンピタンス・倫理性という3つの要素から成り立っている。野心とは何かを達成したいという願望，コンピタンスとは専門知識や特定のスキルをマスターしたもので，倫理性は個人がより大きな人間社会の成員として認める美徳と善悪を区別できる能力のことである。こういった高潔さはリーダーの基本的な特性として重要である。

②　リーダーシップに欠かせない3要素

ベニス（2003）は，たとえば，企業が業績不振に陥った原因を解明するには，リーダーを取り巻く環境を分析する必要があり，それには，次の3つのポイント（コミットメント，社会の複雑化への理解，信頼性）があると指摘する。


①　コミットメント（積極的関与・参加意欲）

　リーダーが組織内の人材を活用できるかどうかが鍵である。たとえば，リストラが横行する組織の場合，正規から非正規へ雇用形態を変更させ

第4章　キャリア形成

られた従業員やリストラを免れた従業員は，リーダーを信頼し，組織への忠誠心が醸成できるとは考えにくい。そうすると，仕事への関与，就労意欲が低減してしまうだろう。

② 社会の複雑化への理解

　複雑化が進む社会では，組織の運営方法等が従前のようにいかなくなり，激動する経営環境に対応できなくなった。こういった社会情勢を理解し，社会が複雑になるにつれて，一部の社会ではあいまいさに対する許容度が低くなり，組織は信頼性の欠如という問題を抱えるようになったのである。

③ 信　頼　性

　情報化された社会になると，企業や組織は，メディアの監視下におかれ，組織内だけでなく，組織外，つまり世間の人々の監視下にもおかれてしまう。何かをする場合，情報公開と批判のターゲットにされてしまう。そのような時代では，リーダーという責任あるポジションに就くことは，プライバシーを手放すこともありうる。そして，不安的な時代だからこそ，信頼性は貴重なものと化してしまい，さらに組織内においても，組織外への対応に追われていると，組織内の従業員との信頼関係が低下し，リーダーへの信頼感を失うことになる。


　現代は，困難とストレスと恐怖に満ちた時代であるが，そのことは，言い換えれば，重大な変化の時代でもある。新しいパラダイムが生まれる時代でもあるのだ。こういった時代を生き抜くためには，リーダーと従業員には，高い意識と柔軟性が求められる。また，もっとも重要なものとして「パワー」，つまり権力があり，それは意図を実現するための行動を起こし，それを維持する基本的エネルギーである。パワーとリーダーシップは，互換関係にあり，リーダーシップとはそれを有益な方法で使うことである。

　こういった優れたリーダーは，組織を発展させるために，新しい文化を取

113

第Ⅰ部　労働現場でのジェンダー問題

り入れ，組織がエネルギーと資源を最大限，活用できるようにする。そして環境の変化に対応するために，組織変革の指揮をとり，信頼を得て，従業員が意欲的に仕事に取り組めるような方法を考える。組織内に新たなビジョンをつくり，変化に対応できるようにする。明確なビジョンとパワーを備えたリーダーは，新たな未来を作り上げることが可能となる。

　さらに，リーダーはリーダーとしての自覚を持ち，社会の現状・流れに常に注意を払い，社会の変化を理解する必要がある。そして，組織で働きリーダーとして目標を実現するためには，共に協力してくれる従業員との信頼関係が必要である。お互いに協力して目標を達成するために，そのビジョンの意味等をきちんと説明しなければならない。

　そしてリーダーは，目標を達成するために組織を変革し，環境の変化に対応するためには，行動するためのパワーと結果に対して責任を負うことが必要である。パワーとは，目標を実現するために行動を起こし，それを持続させる能力である。

　リーダーは，1人で行動する訳ではない。従業員の協力があって初めて目標を達成できるのであり，そのためには前述したリーダーシップの3要素の他，協力者である多くの部下・従業員とともに手を取り合い，目標達成に向かい進まなければならない。そのためには，事前戦略を立て効率的に進むことが求められる。

　③　効果的な4つの戦略

　ただ企業において，明確な目標に向かい従業員と一丸となって目標を達成するためには，リーダーが旗を振るだけでは難しい。では，いかにして部下を巻き込みながらゴールを目指すのか。ベニスはその効果的な4つの戦略について概観している。以下は，この4つの戦略の概要である（ベニス 2011）。

　①　部下・従業員をひきつける目標・ビジョンを描く

　　目標・ビジョンがあることは，人に活力を与え，精神を高揚させ，目

114

標を実現するための行動を起こさせる。

② あらゆる方法を用いて目標達成の「意味」を伝える

目標を達成するために部下，従業員に対して，熱意や参加意欲をかきたてるようなイメージを伝える能力が必要である。

③ 「ポジショニング（立場・位置）」で信頼を勝ち取る

信頼されるリーダーは，自分の考えや立場を明確に伝えられる頼りがいがあり，並外れて粘り強い人である。一端，目標を設定したら，それを貫き，最後までやり遂げる。

④ 自己を創造的に活かす

リーダーは，肯定的な自己観を持つことで，人々の中に自信や自分自身に対する高い期待感を育てるという形で発揮する。肯定的であるゆえに，自分の強みを知り弱みを補うことが可能であり，組織では，自分が弱い部分ができる人材で周囲を固めるのである。つまり他者との関わり方にも，そのことが表われるのである。以下は，この関わり方・関わり方に必要な能力をまとめたものである。

・自分の理想を押し付けるのではなく，相手をありのまま受け入れる。

・過去にとらわれず，現在の視点から人間関係や問題に取り組む。

・親しい人にも初対面の人にも同じくらい礼儀正しく接する。

・リスクが大きくても相手を信頼する能力。

・他者の賛同や評価がなくても行動できる能力。

このように，リーダー自身が特性としても優れたものを持ち，日々，起きる突発的な出来事にも前向きに対応し，さらに部下に対しても思いやりを持つことが必要である。

第Ⅰ部　労働現場でのジェンダー問題

## 3　IoT 社会で求められるリーダー像

　第 8・9 章でも後述するが，IoT 社会の中で人工知能（AI）に労働力が一部代替される社会においても，人間の労働力は必要であり，逆にそういった時代だからこそ，時代の流れを見据えたリーダー・リーダーシップが必要だと考える。筆者は，今後のリーダーに求められる意識・言動は以下の 5 点に集約できると考える。

### （1）気持ちを固めること

　1 つ目は，意識・心の問題である。リーダーに指名されたら，たとえ苦手意識があったとしても，自分がリーダーシップをとっていかねばならないと意識し，心持ちを固めることである。誰もがリーダーに指名，抜擢される訳ではない。能力があっても抜擢されない人はいるし，反対に能力が無くても抜擢される人はいる。

　いずれにせよ，リーダーは本章で取り上げた三隅二不二も指摘するように，個人の資質もさることながら，集団内における状況がリーダーを生み，リーダーは与えられた集団の中でリーダーになっていくのである。そのために，気持ち・意思を固め，リーダーとして奮起していくことが望まれる。

### （2）役割を演じること

　社会学者のアービング・ゴッフマンのいう「役割演技」をすることである。よく役割が人を育てるといわれたりもするが，「リーダー」として，リーダーシップを発揮することは，本人が本当の自分だと思っている姿と違ったとしても，職場等での役割だと意識してリーダーシップを発揮する。

　だが，そうすると，役割を演じるには台本が必要になるが，適する台本が無いこともあろう。台本が無い場合は，職場ならば身近な上司等を役割遂行

116

第4章　キャリア形成

におけるモデルとすればよい。

　では，身近にモデルがいない場合はどうすればよいか。リーダーシップに関する専門書・ビジネス書・自己啓発本等書籍が多く売られている。書籍を探すのが手間であるならば，インターネットを利用して情報検索すればよい。とにかく，もしリーダーに苦手意識を感じるならば，リーダーという役割を演じるために台本となるものを自身で探し，それを真似しながら，リーダーとしての役割を遂行していこう。

### （3）寛容な心を持つこと

　自身の行動だけで目標達成できることは，ほぼ無いだろう。企業組織において，たとえばプロジェクトなら，そのプロジェクトのメンバーを目的達成のために，仕事を割り振らねばならない。メンバー各人には得手不得手があるので，各人が取りかかりやすい分野の仕事を任せた方が仕事がまわりやすい。だが，そういったことだけをしていると，その個人の仕事力の成長が見込めない。

　そこでリーダーは，成長が期待できる者・やる気に満ちている者に対しては，少しずつ未経験の仕事を与えることで仕事力の向上を目指す。初めての仕事では誰でも失敗・仕事の遅延が生じやすい。そのため，それらを非難，叱責するのではなく，リーダーがその失敗・過失を受け入れ，責任をとる姿勢を見せることが重要である。そうすることで，部下は安心して新たな仕事にチャレンジでき，結果として仕事の成長が見込まれる。そうなることで，リーダーは自身の仕事を助けてくれる人を増やすことができ，自身の仕事の遂行がうまくいき，新たなことにもチャレンジする可能性が出てくる。

　部下の育成は，部下にとっての利点だけでなく，リーダー自身にとっても他の仕事に取りかかる時間に充てることが可能となり，お互いにメリットがある結果となる。

第Ⅰ部　労働現場でのジェンダー問題

## （4）部下の悪口を言わない

　他人の悪口の中でも特にリーダーが気を付けねばならないのは，部下の悪口である。部下が指示した通り動かなかったり，ミスを重ねると直接本人に強く叱責することがあるかもしれない。仕事上のミスを指摘し，叱責することは，部下の仕事力を成長させるためには必要である。だが，その際に振り返らなければならないのは，自身は部下のその仕事の指示を的確に出していたかどうかである。的確に指示を出していたと自身は思っていても，部下には意図がうまく伝わっていなかったかもしれない。

　そのため部下に叱責すると同時に，仕事でうまくできた箇所，たとえどんな小さなことでもよいので見つけてそれを褒める。賞賛しておくと，部下は，上司は決して感情的に物を言っているとは感じない。いうまでもなく，仕事以外のこと，人格や個人的なことに関すること等の発言はしないことが必須である。

## （5）自身の言動に責任を持ち他者に責任転嫁しない

　リーダーとなる人は，その事業遂行の責任を持たねばならない。その際，気を付けなければならないのは，部下のミスや取引先，交渉相手との折衷がうまくいかなかったことでも，自身が誤り責任をとらねばならないことである。どうして自分がした訳でもないのにと思うかもしれないが，リーダーは，部下の仕事の責任をとるべきであり，いつも腹を括っていなければならない。間違っても部下に責任転嫁してはならない。

　そういった行動を積み重ねると，部下の信頼は徐々に無くなるだろう。リーダーの責任転嫁的な態度は，個室で1対1で会話をしている時では無く，他の従業員が見ている所で行われることが多い。そのため，多くの部下はその一部始終を見ているのである。

|第5章| ライフイベントと育児・介護休業法
——家族内の役割分担を考える

## 1　結　　婚

### （1）恋愛結婚

　私たちのほとんどは家族の中に生まれる。この生まれる家族を「定位家族」という。反対に，自身で配偶者を選択し新たに形成する家族を「生殖家族」という。

　現代社会において，私たちは，配偶者を「恋愛」という個人的な感情に基づき，選択するのが当然だとみなしている。いわゆる「恋愛結婚」だ。お互いの恋愛感情によって結婚することが主流化したのは，近代以降，それも戦後になってからである。

　配偶者となる将来の伴侶と，私たちはどこで出会うのか。夫婦の出会いのきっかけとして，結婚年次別に恋愛結婚か見合い結婚かの構成比をみると，戦前は見合い結婚が7割程度であったが1960年代半ばを境に恋愛結婚の比率が高くなり，1990年代の半ば以降，見合い結婚の比率は1割を切る状態が続き，2010（平成22）年前後からは，5％強で推移している（図表5-1）。

　恋愛結婚をした夫婦が出会ったきっかけは，「友人・兄弟姉妹を通じて」が30.8％と最も多く，次いで「職場や仕事」が28.2％，「学校で」が11.7％と続く。注目すべき点は，第12回調査（2002〔平成14〕年）まで出会いのきっかけは「職場」が多いが，それ以降は「友人等を通じて」が多くなる点である（図表5-2）。背景には，当時，新規学卒者採用が控えられていた時期であり，職場に若者がかつてほどいなくなったこと，そして1999（平成11）

第Ⅰ部　労働現場でのジェンダー問題

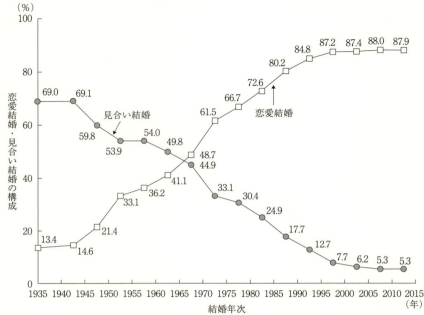

図表 5-1　結婚年次別にみた，恋愛結婚・見合い結婚構成の推移

注：対象は初婚どうしの夫婦。夫婦が出会ったきっかけについて「見合いで」および「結婚相談所で」と回答したものを見合い結婚とし，それ以外の「学校で」「職場や仕事の関係で」「幼なじみ・隣人関係」「学校以外のサークル活動やクラブ活動・習いごとで」「友人や兄弟姉妹を通じて」「街なかや旅行先で」「アルバイトで」を恋愛結婚と分類して集計。出会ったきっかけが「その他」「不詳」は構成には含むが掲載は省略。
出所：社会保障・人口問題研究所（2017：38）を筆者改変。

年以降，男女雇用機会均等法改正等によりセクハラ規定が強化されたことで，職場で気軽に恋愛するのが難しくなったことがある。

　前述したように，男女が出会い恋愛し結婚に至るという事象は，今や9割近くを占めるが，その男女は友人や職場，学校等を介して配偶者となる異性と出会っている。戦後，このような恋愛結婚は特に1960年代半ば以降，主流となった形であり，まだ歴史的にみれば日が浅い。

120

第5章　ライフイベントと育児・介護休業法

図表5-2　調査別に見た夫妻が出会ったきっかけの構成

| 調　査<br>(調査年次) | 総　数 | (客体数) | 恋愛結婚 | | | | | | | 見合い<br>結婚 | その他 | 不　詳 |
| | | | 職場や<br>仕事で | 友人・兄<br>弟姉妹を<br>通じて | 学校で | 街なかや<br>旅先で | サークル・<br>クラブ習い<br>ごとで | アルバ<br>イトで | 幼なじみ・<br>隣人 | | | |
|---|---|---|---|---|---|---|---|---|---|---|---|---|
| 第8回調査<br>(1982年) | 100.0% | (1,295) | 25.3% | 20.5 | 6.1 | 8.2 | 5.8 | … | 2.2 | 29.4 | 0.3 | 2.2 |
| 第9回調査<br>(1987年) | 100.0 | (1,421) | 31.5 | 22.4 | 7.0 | 6.3 | 5.3 | … | 1.5 | 23.3 | 1.9 | 0.8 |
| 第10回調査<br>(1992年) | 100.0 | (1,525) | 35.0 | 22.3 | 7.7 | 6.2 | 5.5 | 4.2 | 1.8 | 15.2 | 1.6 | 0.3 |
| 第11回調査<br>(1997年) | 100.0 | (1,304) | 33.5 | 27.0 | 10.4 | 5.2 | 4.8 | 4.7 | 1.5 | 9.7 | 1.9 | 1.2 |
| 第12回調査<br>(2002年) | 100.0 | (1,488) | 32.9 | 29.2 | 9.3 | 5.4 | 5.1 | 4.8 | 1.1 | 6.9 | 0.8 | 2.0 |
| 第13回調査<br>(2005年) | 100.0 | (1,076) | 29.9 | 30.9 | 11.1 | 4.5 | 5.2 | 4.3 | 1.0 | 6.4 | 4.5 | 2.3 |
| 第14回調査<br>(2010年) | 100.0 | (1,136) | 29.3 | 29.7 | 11.9 | 5.1 | 5.5 | 4.2 | 2.4 | 5.2 | 4.8 | 2.0 |
| 第15回調査<br>(2015年) | 100.0 | ( 894) | 28.2 | 30.8 | 11.7 | 5.7 | 4.8 | 3.8 | 1.6 | 6.4 | 5.0 | 2.0 |

注：各調査時点より過去5年間に結婚した初婚どうしの夫婦について。見合い結婚とは出会いのきっかけが
　　「見合いで」，「結婚相談所で」の結婚。第8，9回調査は「アルバイトで」を選択肢に含まない。
出所：社会保障・人口問題研究所（2017：80）。

## （2）結婚後の女性の仕事の変化

　「結婚や出産後，仕事を続けるかどうか」という質問は，女性に対して聞かれるが，男性に対して聞かれることはほぼ無いだろう。日本社会では，「男は仕事，女は家事・育児」という性別役割分担意識が根強くあり，夫婦間での役割分担は，この考え方をベースにして決められている。そうなると負担が増えるのは，仕事を持ち，夫や子ども等の家族がいる女性である。

　女性の役割分担意識を示す象徴的な事項は，配偶関係別に見た女性労働力率の変化である（図表5-3）。ここでは2008（平成20）年と2018（平成30）年のデータが示されているが，特に「30〜34歳」「55〜59歳」において，労働力率の増加の伸びが顕著である。なぜならば「30〜34歳」（「35〜39歳」）では，正規の者が育児休業制度を1年程度取得して，復職する比率が増えてきたからだ。また「55〜59歳」（「60〜64歳」）では，パート・アルバイトが多いもの

121

第Ⅰ部　労働現場でのジェンダー問題

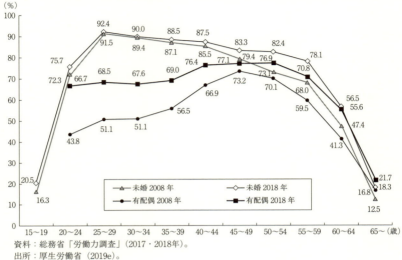

図表5-3　女性の配偶関係・年齢階級別労働力率

資料：総務省「労働力調査」(2017・2018年)。
出所：厚生労働省(2019e)。

　の，近頃の人手不足を背景に就労を希望する女性を高年齢でも採用し，貴重な戦力として活用する企業が増えているのだ。

　30代の女性の就業継続率が上がったのは，育児休業制度の利用者が増えたからだと述べたが，それは図表5-4からも明らかなように，正規の場合ほとんどが育児休業制度を利用して就業継続しているからである。

　反対にパート・派遣等では，そもそも就業継続する女性は少ないし，育児休業の利用者も少ない。パート・派遣等で育児休業制度の利用が少ないのは，働く企業において，育児休業制度を利用できる条件を満たしていないこと，またパート・派遣等は雇用期間が定められているため，本人が希望する期間だけ仕事を行い，雇用期間が終了したら，そのまま休みに入るからである。そのため育児休業制度を利用しなくても，自身で働く期間と休む期間を調整し，就業継続できるわけである。

第5章　ライフイベントと育児・介護休業法

図表5-4　結婚・出産前後の妻の就業継続率，および育児休業を利用した就業継続率

| 結婚年／子の出生年 | 結婚前後 | 第1子出生前後 | 第1子妊娠前の従業上の地位 | | | 第2子出生前後 | 第3子出生前後 |
|---|---|---|---|---|---|---|---|
| | | | 正規の職員 | パート・派遣 | 自営業主・家族従業者・内職 | | |
| 1985~89年 | 60.3% | 39.2　(9.2) | 40.7 (13.0) | 23.7　(2.2) | 72.7 (3.0) | … | … |
| 1990~94年 | 62.3 | 39.3 (13.0) | 44.5 (19.9) | 18.2　(0.5) | 81.7 (4.3) | 81.9 (16.3) | 84.3 (17.6) |
| 1995~99年 | 65.1 | 38.1 (17.6) | 45.5 (27.8) | 15.2　(0.8) | 79.2 (―) | 76.8 (28.8) | 78.1 (19.1) |
| 2000~04年 | 71.7 | 40.5 (22.6) | 52.4 (37.5) | 18.1　(2.2) | 71.4 (2.5) | 79.2 (33.5) | 77.0 (27.6) |
| 2005~09年 | 71.8 | 40.3 (27.0) | 56.5 (46.3) | 17.6　(4.7) | 71.1 (2.2) | 76.3 (43.2) | 81.0 (30.7) |
| 2010~14年 | 81.3 | 53.1 (39.2) | 69.1 (59.0) | 25.2 (10.6) | 73.9 (8.7) | 78.1 (51.3) | 79.1 (45.0) |

注：就業継続率は，結婚前・妊娠時に就業していた妻に占める結婚後・出産後に就業を継続していた妻の割合，（　）内は育児休業制度を利用して就業を継続した割合を示す。
出所：社会保障・人口問題研究所（2017：54）を筆者改変。

## （3）共働き世帯の増加

　性別役割分担意識を体現したものとして引き合いに出されるのは，共働き世帯の推移である（図表5-5）。1980（昭和55）年には，男性雇用者と無業の妻からなる世帯，つまり専業主婦のいる世帯が多かったが，1990年代に入ると，専業主婦世帯と雇用者の共働き世帯数がほぼ同じくらいの割合になり，1997（平成9）年以降は共働き世帯が主軸となっている。バブル経済が崩壊した1991（平成3）年以降，日本は低成長となり，失われた20年といわれた。その頃と時期を同じくして，夫婦共に働く時代に突入したのだ。

　ところが夫婦共働きといっても，共に正規でフルタイムの場合と，妻が非正規で労働時間の調整が可能な場合とでは，家族運営が異なる。図表5-6を見ると，25〜34歳までは女性の正規は297万人，非正規は181万人と正規の方が多いが，それ以降は非正規数の方が多くなっている。このことから考えれば，共働きといっても，子どもの世話が必要な時期は，妻が非正規で働き労働時間を調整し，子どもの学校行事・習い事の送迎等の家庭内での役割を担いつつ，家事・仕事もこなしている様子が窺える。このように考えると，共働き世帯の家族運営は多重な役割を担う女性の存在があってこそ，可能だということが理解できる。

第Ⅰ部　労働現場でのジェンダー問題

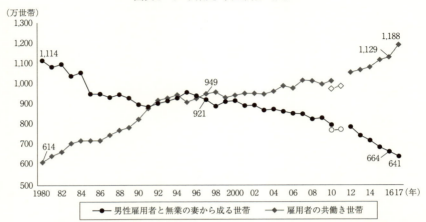

図表 5-5　共働き等世帯数の推移

注：(1)　1980年から2001年までは総務庁「労働力調査特別調査」（各年2月。ただし，1980年から1982年は各年3月）。2002年以降は総務省「労働力調査（詳細集計）」より作成。「労働力調査特別調査」と「労働力調査（詳細集計）」とでは，調査方法，調査月等が相違することから，時系列比較には注意を要する。
(2)　「男性雇用者と無業の妻から成る世帯」とは，夫が非農林業雇用者で，妻が非就業者（非労働力人口及び完全失業者）の世帯。
(3)　「雇用者の共働き世帯」とは，夫婦共に非農林業雇用者（非正規の職員・従業員を含む）の世帯。
(4)　2010年及び2011年の値（白抜き表示）は，岩手県，宮城県及び福島県を除く全国の結果。
出所：内閣府男女共同参画局編（2019）。

## （4）育児と管理職

　2016（平成28）年に施行された女性活躍推進法では，女性管理職比率が重視されているが，現状でいえば11.8%と決して多くない（厚生労働省 2019d）。だが，メディアや自治体・企業等が実施する女性活躍の啓発のための講座等において，女性管理職のロールモデルとして紹介されるのは，仕事と育児を両立させた女性が多い。労働政策研究・研修機構（2014）によれば，一般従業員調査における，係長・主任A・Bともに，男性と比べて女性の未婚率が高く5割弱であった。また管理職調査によって，従業員規模が大きいほど，女性管理職の未婚率が高いことが明らかになった。従業員規模300人以上において，「未婚」は課長が44.1%，部長が29.2%，「有配偶・子なし」は，課長が14.5%，部長が20.8%であり，「未婚」と「既婚で子なし」を合わせる

図表5-6 雇用形態別・年齢階級別労働者数

(人)

| | 雇用形態 | 年度 | 総　数 | 15～24歳 | うち在学中を除く | 25～34歳 | 35～44歳 | 45～54歳 | 55～64歳 | 65歳以上 |
|---|---|---|---|---|---|---|---|---|---|---|
| 男女計 | 役員を除く雇用者 | 2014 | 5,256 | 470 | 342 | 1,088 | 1,348 | 1,154 | 875 | 321 |
| | | 2015 | 5,303 | 471 | 342 | 1,069 | 1,338 | 1,191 | 874 | 360 |
| | | 2016 | 5,391 | 494 | 353 | 1,063 | 1,320 | 1,236 | 878 | 400 |
| | | 2017 | 5,460 | 503 | 357 | 1,057 | 1,301 | 1,279 | 894 | 426 |
| | | 2018 | 5,596 | 543 | 364 | 1,056 | 1,286 | 1,326 | 916 | 469 |
| | 正規の職員・従業員 | 2014 | 3,288 | 240 | 237 | 783 | 948 | 777 | 453 | 86 |
| | | 2015 | 3,317 | 242 | 240 | 777 | 942 | 803 | 461 | 93 |
| | | 2016 | 3,367 | 254 | 251 | 782 | 933 | 836 | 463 | 99 |
| | | 2017 | 3,423 | 263 | 260 | 783 | 929 | 866 | 473 | 109 |
| | | 2018 | 3,476 | 271 | 269 | 792 | 915 | 901 | 486 | 111 |
| | 非正規の職員・従業員 | 2014 | 1,967 | 230 | 106 | 304 | 399 | 376 | 423 | 235 |
| | | 2015 | 1,986 | 229 | 103 | 291 | 395 | 388 | 414 | 268 |
| | | 2016 | 2,023 | 240 | 102 | 281 | 386 | 400 | 415 | 301 |
| | | 2017 | 2,036 | 240 | 97 | 274 | 372 | 413 | 421 | 316 |
| | | 2018 | 2,120 | 273 | 96 | 264 | 371 | 425 | 429 | 358 |
| 女 | 役員を除く雇用者 | 2014 | 2,357 | 237 | 172 | 481 | 589 | 533 | 383 | 136 |
| | | 2015 | 2,395 | 236 | 170 | 475 | 589 | 554 | 387 | 155 |
| | | 2016 | 2,453 | 246 | 175 | 475 | 586 | 579 | 394 | 174 |
| | | 2017 | 2,503 | 250 | 177 | 476 | 583 | 603 | 404 | 187 |
| | | 2018 | 2,588 | 272 | 182 | 479 | 585 | 627 | 418 | 208 |
| | 正規の職員・従業員 | 2014 | 1,022 | 111 | 109 | 278 | 264 | 214 | 122 | 33 |
| | | 2015 | 1,045 | 112 | 111 | 281 | 268 | 223 | 126 | 35 |
| | | 2016 | 1,080 | 119 | 118 | 287 | 271 | 236 | 130 | 37 |
| | | 2017 | 1,114 | 124 | 122 | 291 | 277 | 250 | 131 | 41 |
| | | 2018 | 1,137 | 127 | 126 | 297 | 278 | 262 | 134 | 39 |
| | 非正規の職員・従業員 | 2014 | 1,335 | 126 | 63 | 203 | 326 | 319 | 261 | 102 |
| | | 2015 | 1,350 | 124 | 59 | 194 | 322 | 331 | 261 | 119 |
| | | 2016 | 1,373 | 127 | 57 | 188 | 315 | 343 | 263 | 137 |
| | | 2017 | 1,389 | 126 | 55 | 185 | 306 | 354 | 273 | 146 |
| | | 2018 | 1,451 | 145 | 57 | 181 | 307 | 365 | 284 | 169 |
| 男 | 役員を除く雇用者 | 2014 | 2,898 | 232 | 169 | 607 | 758 | 621 | 493 | 187 |
| | | 2015 | 2,908 | 235 | 173 | 593 | 748 | 637 | 487 | 208 |
| | | 2016 | 2,938 | 248 | 178 | 588 | 734 | 658 | 485 | 225 |
| | | 2017 | 2,957 | 253 | 180 | 581 | 718 | 676 | 490 | 239 |
| | | 2018 | 3,008 | 271 | 182 | 577 | 702 | 699 | 497 | 262 |
| | 正規の職員・従業員 | 2014 | 2,267 | 129 | 127 | 505 | 685 | 563 | 331 | 53 |
| | | 2015 | 2,272 | 130 | 130 | 495 | 673 | 579 | 334 | 58 |
| | | 2016 | 2,287 | 135 | 134 | 495 | 662 | 600 | 333 | 62 |
| | | 2017 | 2,310 | 139 | 138 | 493 | 652 | 616 | 342 | 68 |
| | | 2018 | 2,339 | 144 | 143 | 495 | 637 | 639 | 352 | 72 |
| | 非正規の職員・従業員 | 2014 | 631 | 104 | 43 | 102 | 73 | 58 | 162 | 133 |
| | | 2015 | 636 | 106 | 44 | 98 | 74 | 57 | 153 | 149 |
| | | 2016 | 651 | 113 | 44 | 93 | 71 | 58 | 152 | 163 |
| | | 2017 | 647 | 114 | 42 | 89 | 66 | 59 | 149 | 170 |
| | | 2018 | 669 | 127 | 38 | 83 | 65 | 60 | 145 | 189 |

出所：総務省「労働力調査 2018年度」を筆者改変。

第Ⅰ部　労働現場でのジェンダー問題

図表5-7　配偶関係・末子年齢区分と末子年齢平均

・一般従業員調査 (%)

| | | | 配偶関係・末子年齢 | | | | | | | 末子年齢 | | |
| | | | 未婚 | 有配偶・子なし | 有配偶・末子7歳未満 | 有配偶・末子7-12歳 | 有配偶・子あり・その他 | 離死別 | 合計n | 平均値 | 標準偏差 | 有効n |
|---|---|---|---|---|---|---|---|---|---|---|---|---|
| 300人以上 | 男性 | 係長・主任A | 23.5 | 11.7 | 29.6 | 17.6 | 14.1 | 3.5 | 426 | 8.3 | 6.4 | 270 |
| | | 係長・主任B | 22.8 | 13.7 | 38.4 | 13.9 | 8.4 | 2.8 | 1,173 | 6.1 | 5.5 | 720 |
| | | 計 | 23.0 | 13.2 | 36.0 | 14.9 | 9.9 | 3.0 | 1,599 | 6.7 | 5.8 | 990 |
| | 女性 | 係長・主任A | 42.7 | 16.5 | 14.5 | 9.7 | 9.2 | 7.4 | 557 | 10.0 | 7.1 | 209 |
| | | 係長・主任B | 41.6 | 18.6 | 16.8 | 6.9 | 8.8 | 7.3 | 274 | 8.8 | 6.8 | 104 |
| | | 計 | 42.4 | 17.2 | 15.3 | 8.8 | 9.0 | 7.3 | 831 | 9.6 | 7.0 | 313 |
| 299〜100人 | 男性 | 係長・主任A | 26.8 | 14.9 | 23.2 | 14.3 | 14.3 | 6.4 | 328 | 9.0 | 6.9 | 183 |
| | | 係長・主任B | 20.1 | 11.1 | 39.6 | 16.5 | 8.5 | 4.2 | 685 | 6.1 | 5.4 | 451 |
| | | 計 | 22.3 | 12.3 | 34.3 | 15.8 | 10.4 | 4.9 | 1,013 | 6.9 | 6.0 | 634 |
| | 女性 | 係長・主任A | 45.9 | 17.2 | 8.3 | 6.9 | 12.4 | 9.3 | 290 | 13.1 | 7.5 | 102 |
| | | 係長・主任B | 50.4 | 12.2 | 9.2 | 3.8 | 10.7 | 13.7 | 131 | 12.3 | 8.6 | 38 |
| | | 計 | 47.3 | 15.7 | 8.6 | 5.9 | 11.9 | 10.7 | 421 | 12.9 | 7.8 | 140 |

・管理職調査 (%)

| | | | 配偶関係・末子年齢 | | | | | | | 末子年齢 | | |
| | | | 未婚 | 有配偶・子なし | 有配偶・末子7歳未満 | 有配偶・末子7-12歳 | 有配偶・子あり・その他 | 離死別 | 合計n | 平均値 | 標準偏差 | 有効n |
|---|---|---|---|---|---|---|---|---|---|---|---|---|
| 300人以上 | 男性 | 課長 | 9.8 | 9.2 | 16.6 | 20.7 | 40.4 | 3.3 | 1,964 | 13.4 | 7.6 | 1,558 |
| | | 部長 | 5.3 | 9.0 | 7.4 | 13.0 | 60.8 | 4.6 | 678 | 18.1 | 7.8 | 567 |
| | | 計 | 8.6 | 9.1 | 14.3 | 18.7 | 45.6 | 3.6 | 2,642 | 14.6 | 7.9 | 2,125 |
| | 女性 | 課長 | 44.1 | 14.5 | 3.3 | 7.5 | 19.4 | 11.2 | 510 | 16.8 | 8.0 | 184 |
| | | 部長 | 29.2 | 20.8 | 2.8 | 2.8 | 27.8 | 16.7 | 72 | 21.2 | 7.9 | 32 |
| | | 計 | 42.3 | 15.3 | 3.3 | 6.9 | 20.4 | 11.9 | 582 | 17.5 | 8.1 | 216 |
| 299〜100人 | 男性 | 課長 | 10.2 | 10.1 | 15.5 | 18.5 | 42.1 | 3.6 | 1,104 | 14.3 | 8.2 | 863 |
| | | 部長 | 6.5 | 6.5 | 6.1 | 12.5 | 64.2 | 4.2 | 570 | 18.6 | 7.8 | 489 |
| | | 計 | 9.0 | 8.8 | 12.3 | 16.4 | 49.6 | 3.8 | 1,674 | 15.9 | 8.3 | 1,352 |
| | 女性 | 課長 | 35.3 | 16.7 | 5.9 | 4.9 | 23.0 | 14.2 | 204 | 17.9 | 8.4 | 91 |
| | | 部長 | 25.5 | 27.7 | 4.3 | — | 25.5 | 17.0 | 47 | 25.1 | 9.5 | 20 |
| | | 計 | 33.5 | 18.7 | 5.6 | 4.0 | 23.5 | 14.7 | 251 | 19.2 | 9.0 | 111 |

出所：労働政策研究・研修機構（2014：10）。

と半数以上を占めた。管理職女性は，子どもの世話が必要ない層の割合が高い。反対に従業員規模300人以上において「有配偶・子あり」は，「末子が7歳未満」，「末子が7歳から12歳」，「その他」を合わせてみても，課長が30.2%，部長が33.4%となっていた[1]（図表5-7）。

第5章　ライフイベントと育児・介護休業法

このように，職務上，臨機応変な対応が求められる管理職は，未婚者か既婚者で子どものない女性が多いという事実が明確になった。言い換えれば，子どもがいると，家庭において子どもに関する役割を求められるため，職場での臨機応変な管理業務をこなすのが難しくなるからだ。

子どもを持ちながら，管理業務をこなすには，子どもが学校から帰宅した後の預け先の確保や子どもの面倒をみてくれる人の存在が無いと難しい。それは，祖父母の存在かもしれないし，近所のママ友かもしれないし，有償で依頼するベビーシッター等かもしれない。いずれにせよ，何らかの人的資源を使い，仕事と育児を両立する女性の姿が浮き彫りにされた。

調査結果が示すように，子どもがいることが管理業務の重荷にならない仕事，社内制度，設備が充実されることで，子どもを持ちながら働き続ける女性が，管理業務を行う女性が増加する社会の実現を目指していく。

## 2　育児・介護休業法の概要

### （1）育児・介護休業法成立までの経緯

本節では，「育児休業，介護休業等育児又は家族介護を行う労働者の福祉に関する法律」（以下，育児・介護休業法）の内容と利用状況を確認していこう。育児・介護休業法は1992（平成4）年に施行（当時は育児休業のみ）され，何回かの改正を経て，現在に至る。現在の状況・問題点を考える前に，それ以前の状況について解説する。

日本で初めての育児休業制度は，1967（昭和42）年に日本電信電話公社（現・NTT）が実施したものだといわれている。その後1972（昭和47）年施行の勤労婦人福祉法では，女性本人の申し出により育児休業を与えるという努力義務規定が設けられた。1976（昭和51）年には，「義務教育諸学校等の女子教育職員及び医療施設，社会福祉施設等の看護婦，保母等の育児休業に関する法律」（以下，特定職種育休法）が施行された。これは公立学校の先生や

第Ⅰ部　労働現場でのジェンダー問題

看護婦（当時），保母（当時）という特定の職業に就く女性向けのものだった。1986（昭和61）年に施行された男女雇用機会均等法では，勤労婦人福祉法と同様，企業に課せられたのは努力義務で，その対象は女性のみだった。

　1992（平成4）年になると，男女労働者を対象とした育児休業法が施行された。法律の目的は，育児を行う男女が仕事と家庭生活を両立しやすいように支援することである。法律施行当時は対象企業が限定されており，社会保険等から出る支給金も微々たるものだった。その後，1995（平成7）年には，介護規定を取り入れた形で育児・介護休業法に改正された。

　育児休業は施行年から1995（平成7）年まで，事業所規模が30人以下だと適用が除外されたが，1995（平成7）年からはすべての事業所が対象となり，介護規定も盛り込まれた。2005（平成17）年になると育児休業の取得はこれまで正規が対象だったが，非正規も対象になった。

　女性が家庭内において当然の役割とされてきた育児と介護について，仕事を持つ身ならば，公的な制度を利用して休業することが可能になったのだ。それも自身のことではなく，他者の世話，つまり「ケア」をする対象者のために，休みをとるというわけだ。

### （2）育児休業制度の概要

#### 1）対象者

　1歳未満の子どもを持つ男女労働者が利用を希望する場合，職場の担当者に申し出て利用することができる（利用申請は1カ月前の手続きが必要等）。

#### 2）利用期間

　1人の子どもが1歳になるまでの連続した期間（分割不可），原則1回である。だが，子どもが生まれてから8週間以内の最初の休業ならば何度でも取得可能である。育児休業を夫婦で取得する場合，プラス2カ月余分に取得できる（パパママ育休プラス）。

　子どもが保育所等に入所できない等の理由があれば，最大2歳まで延長で

きる。注意が必要なのは，保育所等とは「保育所に入所申し込みを行っているが当面入所できない場合，その場合は児童福祉法（第24条）による保育所を指す」（厚生労働省 2018e）ことである。つまり無認可保育所や株式会社が運営する保育所はこの部分に該当しない。

対象外者は，雇用期間が1年未満のもの，1年以内に退職予定のもの，1週間の労働日数が2日以内のものである。

### 3）所定労働時間の短縮措置——短時間勤務制度

3歳未満の子どもを持つ労働者が希望すれば，1日の所定労働時間を原則6時間とすることができる。対象外者は，日々雇用されるもの，1日の労働時間が6時間未満のもの，雇用期間が1年未満のもの，1週間の労働日数が2日以下のものである。

### 4）所定外労働（残業の免除）の制限

3歳未満の子どもを持つ労働者が申請することで，残業をせずに帰宅できる制度である。対象外者は，日々雇用されているもの，雇用期間が1年未満であるもの，1週間の労働日数が2日以下のものである。

### 5）子の看護休暇制度

この制度は2002（平成14）年に創設され，2005（平成17）年から義務化された。小学校入学前の子どもを持つ労働者が年次有給休暇とは別に，1年間のうち5日，2人以上の場合は10日間，子どもの病気やけがによる看護が必要だったり，子どもの予防接種や健康診断を受けさせることを目的に休暇を取得できるものである（1日単位または半日単位）。半日単位で取得できないものは，1日の労働時間が4時間以下，半日取得にするのが困難な業務のものである。対象外者は，雇用期間が6カ月未満のもの，1週間の労働日数が2日以下のものである。

### 6）時間外労働の制限・深夜業の制限

小学校入学前の子どもを持つ労働者が制度利用を請求した場合，企業は制限時間（1月24時間，1年150時間）を超えて時間外労働をさせてはならない。

第Ⅰ部　労働現場でのジェンダー問題

また，午後10時から午前5時（深夜）において，労働させてはならない。

　対象外者は雇用期間が日々雇用されるもの，雇用期間が1年未満であるもの，1週間の労働日数が2日以下のものである。

### （3）介護休業制度の概要

#### 1）対 象 者

　要介護状態（負傷，疾病または身体上，精神上の障害により，2週間以上の期間，常に介護を必要とする状態）にある対象家族（配偶者〔事実婚を含む〕，父母，子ども，配偶者の父母，祖父母，兄弟姉妹，孫）がいる男女労働者が利用を希望する場合，職場の担当者に申し出て利用することができる（利用には2週間前までの申請手続きが必要）（厚生労働省 2018e）。

#### 2）利用期間

　対象とする家族1人につき3回まで分割して取得可能であり，通算期間は93日である。対象外者は，雇用期間が1年未満であるもの，93日以内に退職予定のもの，1週間の労働日数が2日以下のものである。

#### 3）所定労働時間の短縮措置——短時間勤務制度

　要介護状態にある対象家族をもつ労働者が希望すれば，利用でき，利用開始から3年以上の間で2回以上利用できる（しやすい）制度（所定労働時間を短縮する〔短時間勤務〕，フレックスタイム制，始業・終業時刻の繰上げ，繰下げ〔時差出勤〕，労働者が利用する介護サービスの費用の助成等）である[2]。対象外者は，日々雇用されるもの，雇用期間が1年未満のもの，1週間の労働日数が2日以下のものである。

#### 4）所定外労働（残業の免除）の制限

　要介護状態にある対象家族をもつ労働者が申請することで，残業をせずに帰宅できる制度である。対象外者は，日々雇用されるもの，雇用期間が1年未満のもの，1週間の労働日数が2日以下のものである。

### 5）介護休暇制度

要介護状態にある対象家族の介護その他の世話を行う労働者は，年次有給休暇とは別に，1年間のうち5日，2人以上の場合は10日間，介護やその他の世話を行うために休暇を取得できる（1日単位または半日単位）。半日単位で取得できないものは，1日の労働時間が4時間以下，半日取得にするのが困難な業務のものである。対象外者は，雇用期間が6カ月未満のもの，1週間の労働日数が2日以下のものである。

### 6）時間外労働の制限，深夜業の制限

要介護状態にある対象家族の介護その他の世話を行う労働者が制度利用を請求した場合，企業は制限時間（1月24時間，1年150時間）を超えて時間外労働をさせてはならない。また，午後10時から午前5時（深夜）において労働させてはならない。対象外者は，日々雇用されるもの，雇用期間が1年未満のもの，1週間の労働日数が2日以下のものである。

## 3　育児・介護休業制度利用者の増加

本節では，育児休業の取得に関して毎年実施されている厚生労働省の「雇用均等基本調査」から，事業所側の制度の整備状況，全体としての取得率の推移を見ていこう。

### （1）男女別育児休業制度取得率の推移

女性の育児休業取得率は，2008（平成20）年の90.6％以降，80％台で推移しており，2015（平成27）年の81.5％を底に少しずつ上昇しはじめ，2018（平成30）年は82.2％であった。対して男性は2007（平成19）年の1.56％以降「1」を切ることなく上昇し，2018（平成30）年は，6.16％と過去最高値を記録した（図表5-8）。

次に育児休業の取得期間について確認する。厚生労働省（2019d）による

第Ⅰ部　労働現場でのジェンダー問題

図表5-8　育児休業取得率の推移

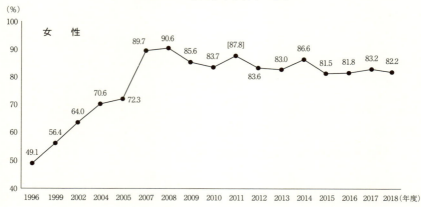

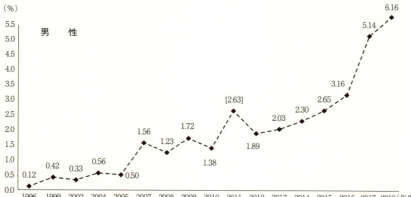

注：東日本大震災のため，2011年度の［　］内の割合は，岩手県，宮城県及び福島県を除く全国の結果。
出所：厚生労働省（2019d）を筆者改変。

と，2018（平成30）年度の女性の育児休業期間については，「10カ月～12カ月未満」が31.3％と最も多く，次が「12カ月～18カ月未満」の29.8％，「8カ月～10カ月未満」の10.9％となっている（図表5-9）。反対に，男性は「5日未満」が36.3％と最も多く，次が「5日～2週間未満」が35.1％，「1カ月～3カ月未満」が11.9％であった。3年度分の類値を比較すると，特に男性の育児休業期間の伸び（「5日～2週間未満」の倍増）が著しい。男女で

132

図表5-9　取得期間別育児休業後復職者割合

(%)

| | | 育児休業後復職者計 | 5日未満 | 5日～2週間未満 | 2週間～1か月未満 | 1か月～3か月未満 | 3か月～6か月未満 | 6か月～8か月未満 | 8か月～10か月未満 | 10か月～12か月未満 | 12か月～18か月未満 | 18か月～24か月未満 | 24か月～36か月未満 | 36か月以上 | 不明 |
|---|---|---|---|---|---|---|---|---|---|---|---|---|---|---|---|
| 女性 | 2012年度 | 100.0 | 0.3 | 0.9 | 1.6 | 4.8 | 6.9 | 8.2 | 13.7 | 33.8 | 22.4 | 4.9 | 1.6 | 0.7 | 0.3 |
| | 2015年度 | 100.0 | 0.8 | 0.3 | 0.6 | 2.2 | 7.8 | 10.2 | 12.7 | 31.1 | 27.6 | 4.0 | 2.0 | 0.6 | — |
| | 2018年度 | 100.0 | 0.5 | 0.3 | 0.1 | 2.8 | 7.0 | 8.8 | 10.9 | 31.3 | 29.8 | 4.8 | 3.3 | 0.5 | — |
| 男性 | 2012年度 | 100.0 | 41.3 | 19.4 | 14.8 | 17.9 | 2.2 | 1.4 | 0.4 | 2.1 | 0.3 | 0.2 | — | — | — |
| | 2015年度 | 100.0 | 56.9 | 17.8 | 8.4 | 12.1 | 1.6 | 0.2 | 0.7 | 0.1 | 2.0 | 0.0 | — | — | — |
| | 2018年度 | 100.0 | 36.3 | 35.1 | 9.6 | 11.9 | 3.0 | 0.9 | 0.4 | 0.9 | 1.7 | — | 0.1 | — | — |

注：「育児休業後復職者」は，調査前年度1年間に育児休業を終了し，復職した者をいう。
出所：厚生労働省（2019d）。

休業期間が大幅に異なることが理解できる。

## （2）男女別に見た介護休業制度の利用状況

　次に介護休業についてみてみよう。2017（平成29）年度のデータで，介護休業を「取得した」ものがいる事業所は2.0％，反対に「取得者なし」は98.0％であった。介護休業取得者がいた事業所の中で，男女ともに介護休業者がいたのは11.0％，女性のみが60.1％，男性のみが29.0％であった（図表5-10）。

　介護休業の取得期間は，「1カ月～3カ月未満」が24.5％と最も多く，次いで「1年以上」が21.2％，「2週間～1カ月未満」が20.4％であった。取得期間を男女別にみると，女性は「1カ月～3カ月未満」が31.6％，「2週間～1カ月未満」が29.7％，「3カ月～6カ月未満」が15.6％であった。反対に男性は，「1年以上」が46.3％，「3カ月～6カ月未満」が17.5％，「1カ月～3カ月未満」が14.5％であった（図表5-11）。

　次に取得期間を産業別に見ると差異が明らかであり，女性は高い方から「電気・ガス・熱供給・水道業」の「6カ月～1年未満」並びに「不動産業，物品賃貸業」の「1カ月～3カ月未満」が共に100％，次いで「運輸業，郵便業」の「2週間～1カ月未満」が55.0％であった。また男性は，「電気・ガス・熱供給・水道業」の「6カ月～1年未満」が100％，「金融業，保険

第Ⅰ部　労働現場でのジェンダー問題

**図表 5-10　介護休業取得状況別事業所割合（2017年度）**

（％）

| 事業所計 | 介護休業者あり | 男女とも介護休業者あり | 女性のみ介護休業者あり | 男性のみ介護休業者あり | 介護休業者なし | 不明 |
|---|---|---|---|---|---|---|
| 100.0 | 2.0<br>(100.0) | 0.2<br>(11.0) | 1.2<br>(60.1) | 0.6<br>(29.0) | 98.0 | － |

出所：厚生労働省（2018b：13）。

**図表 5-11　取得期間別介護休業後復職者割合（2017年度）**

（％）

| | 介護休業後復職者計 | 1週間未満 | 1週間～2週間未満 | 2週間～1か月未満 | 1か月～3か月未満 | 3か月～6か月未満 | 6か月～1年未満 | 1年以上 |
|---|---|---|---|---|---|---|---|---|
| 男女計 | 100.0 | 11.2 | 2.0 | 20.4 | 24.5 | 16.4 | 4.3 | 21.2 |
| 女　性 | 100.0 | 14.3 | 2.5 | 29.7 | 31.6 | 15.6 | 3.2 | 3.2 |
| 男　性 | 100.0 | 6.9 | 1.4 | 7.6 | 14.5 | 17.5 | 5.8 | 46.3 |

注：「介護休業後復職者」は，調査前年度1年間に介護休業を終了し，復職した者をいう。
出所：図表5-10と同じ。

業」の「3カ月～6カ月未満」が98.5％，「運輸業，郵便業」の「3カ月～6カ月未満」が85.5％，「情報通信業」の「1カ月～3カ月未満」が85.4％であった。同じ産業でも「運輸業，郵便業」のように，男女で取得期間が大きく異なっている業種もあった（図表5-12）。

## （3）育児・介護休業利用者からわかること

### 1）育　　児

　育児休業制度の利用者に関して，女性の利用者は8割前後で推移しており，対象となる女性はほぼ利用することが常態化している。利用期間は，法定期間に準じた1年前後が最も多く，半数以上を占めた。女性の育児休業期間に関して，企業側は長期間休業してキャリアロスが生じるよりも，早めに復帰することを奨励している。そのことを反映するように，図表5-9が示す3年度分の変化をみると，2018（平成30）年度においては，「1～3カ月未満」

## 図表5-12 男女の産業別取得期間別介護休業後復職者割合
### (上段：男女計・中段：女性・下段：男性)

(%)

| | 1週間未満 | 1週間～2週間未満 | 2週間～1か月未満 | 1か月～3か月未満 | 3か月～6か月未満 | 6か月～1年未満 | 1年以上 |
|---|---|---|---|---|---|---|---|
| 総　　数 | 11.2 | 2.0 | 20.4 | 24.5 | 16.4 | 4.3 | 21.2 |
| | 14.3 | 2.5 | 29.7 | 31.6 | 15.6 | 3.2 | 3.2 |
| | 6.9 | 1.4 | 7.6 | 14.5 | 17.5 | 5.8 | 46.3 |
| 鉱業, 採石業, 砂利採取業 | — | — | — | — | — | — | — |
| | — | — | — | — | — | — | — |
| | — | — | — | — | — | — | — |
| 建設業 | — | — | 30.6 | 0.3 | 6.7 | 1.4 | 61.0 |
| | — | — | 33.3 | 33.3 | 33.3 | — | — |
| | — | — | 30.6 | 0.2 | 6.6 | 1.4 | 61.2 |
| 製造業 | 19.5 | 3.1 | 42.0 | 8.1 | 21.8 | 2.7 | 2.7 |
| | 24.4 | — | 49.2 | 3.9 | 19.1 | 3.4 | — |
| | — | 15.4 | 13.6 | 24.7 | 32.7 | — | 13.6 |
| 電気・ガス・熱供給・水道業 | — | — | — | — | — | 100.0 | — |
| | — | — | — | — | — | *100.0 | — |
| | — | — | — | — | — | *100.0 | — |
| 情報通信業 | — | 1.7 | 2.5 | 79.8 | 8.9 | 1.7 | 5.5 |
| | — | 22.2 | 33.3 | 11.1 | 33.3 | — | — |
| | — | — | — | 85.4 | 6.9 | 1.8 | 6.0 |
| 運輸業, 郵便業 | — | 3.3 | 19.2 | 16.8 | 60.7 | — | — |
| | — | 11.3 | 55.0 | 33.8 | — | — | — |
| | — | — | 4.6 | 9.9 | 85.5 | — | — |
| 卸売業, 小売業 | 0.2 | 7.0 | 15.6 | 39.6 | 11.8 | 14.7 | 11.2 |
| | — | 9.5 | 19.0 | 37.9 | 16.1 | 2.5 | 15.0 |
| | 0.7 | — | 6.3 | 44.1 | — | 48.2 | 0.7 |
| 金融業, 保険業 | 1.8 | — | 0.5 | 32.2 | 65.1 | 0.5 | — |
| | 2.6 | — | 0.7 | 48.0 | 48.7 | — | — |
| | — | — | — | — | 98.5 | 1.5 | — |
| 不動産業, 物品賃貸業 | — | — | — | 97.4 | — | 2.6 | — |
| | — | — | — | 100.0 | — | — | — |
| | — | — | — | 89.8 | — | 10.2 | — |
| 学術研究, 専門・技術サービス業 | 26.9 | 26.9 | — | 21.0 | 8.4 | 8.4 | 8.4 |
| | 44.4 | — | — | 13.9 | 13.9 | 13.9 | 13.9 |
| | — | 68.1 | — | 31.9 | — | — | — |
| 宿泊業, 飲食サービス業 | 49.4 | — | 24.9 | 25.1 | 0.6 | — | — |
| | 32.9 | — | 33.2 | 33.4 | 0.5 | — | — |
| | 99.2 | — | — | — | 0.8 | — | — |
| 生活関連サービス業, 娯楽業 | — | — | 14.3 | 12.6 | 73.2 | — | — |
| | — | — | 50.0 | — | 50.0 | — | — |
| | — | — | 8.3 | 14.6 | 77.0 | — | — |
| 教育, 学習支援業 | 69.0 | 1.3 | 1.3 | 21.1 | 1.3 | 6.0 | — |
| | 77.3 | 1.4 | 1.4 | 18.3 | 1.4 | — | — |
| | — | — | — | 44.0 | — | 56.0 | — |
| 医療, 福祉 | 6.6 | 0.3 | 28.6 | 42.8 | 16.0 | 5.7 | — |
| | 6.4 | 0.3 | 28.5 | 42.9 | 16.1 | 5.7 | — |
| | 50.0 | — | 50.0 | — | — | — | — |
| 複合サービス事業 | 2.8 | 2.8 | — | 16.8 | 23.4 | 33.6 | 20.6 |
| | — | 3.9 | — | 15.6 | 24.7 | 31.2 | 24.7 |
| | 10.0 | — | — | 20.0 | 20.0 | 40.0 | 10.0 |
| サービス業（他に分類されないもの） | — | 0.3 | 4.2 | 2.8 | 6.1 | 0.3 | 86.2 |
| | — | — | 7.5 | 50.0 | 42.5 | — | — |
| | — | 0.3 | 4.1 | 0.7 | 4.4 | 0.3 | 90.1 |

注：(1)「介護休業後復職者」は，調査前年度1年間（2016年4月1日～2017年3月31日）に介護休業を終了し，復職した者をいう。
(2) 同一労働者が期間内に2回利用した場合は2人して計上し，同一労働者が期間を継続延長した場合は1人として計上した。
(3)「電気・ガス・熱供給・水道業」では男女ともにわずかな取得者が「6か月～1年未満」に集中したため，その期間の取得者が100％となった。
出所：厚生労働省（2018b）を筆者改変。

第Ⅰ部　労働現場でのジェンダー問題

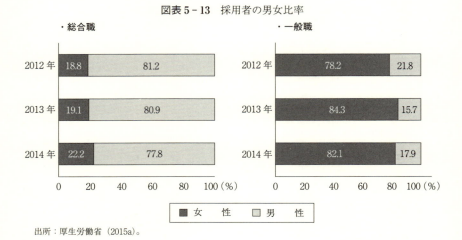

図表 5-13　採用者の男女比率

出所：厚生労働省（2015a）。

が若干増加したものの，それ以外の10カ月未満の期間の取得者は減少している。

反対に，2015（平成27）年度調査よりも2018（平成30）年度調査の方が，「10カ月～12カ月未満」「12カ月～18カ月未満」と「18カ月～24カ月未満」「24カ月～36カ月」の利用者割合が増加していた（図表5-9）。つまり，10～36カ月（3年）という長期間，休業できる女性と，早々に3カ月未満前後で復職する女性に二極化していることが想像できる。この結果が示すのは，女性の育児休業利用者には，総合職よりも一般職が多いことである。

女性労働者を採用コース別にみた採用割合をみると，総合職採用者に占める女性の割合は2014（平成26）年時点で22.2％，一般職採用者に占める女性の割合は82.1％であった（図表5-13）。このことから考えれば，大半の女性労働者は一般職であり，そうであるならば，育児休業利用者もその可能性が高い。一般職であると，総合職と比較して，キャリア形成が大きく滞る可能性は少ないため，1年強，取得することが可能である。

対して，男性の利用者は，年度を経るごとに利用者が増大しており，最新の調査では過去最高値を記録した（厚生労働省 2019d）。だが，利用期間を確

第5章　ライフイベントと育児・介護休業法

認すると，「5日未満」と「5日〜2週間未満」が大多数を占めていた（厚生労働省 2019d）。つまり2週間以内の休暇ということだ。2週間以内なら，職務の滞りを数日くらいで処理しやすい。あくまで1年近くという長期間取得するのはなく，職務遂行への影響が少ない短期間取得する姿勢であることが明らかになった。

### 2）介　　護

　介護休業制度利用者に関して特筆すべきことは，介護休業者の有無に関する事業所側の回答として，「休業者なし」が98.0％であることだ（図表5-10）。マスメディア等では，介護離職・ダブルケア・親の介護の苦労等が多く語られるが，「雇用均等基本調査」においては，その実態を表す数値が出ていない。そして，介護休業者の内訳を見ると，女性が多いが男性も女性の半数近くが取得しており，育児休業取得率が男女でかけ離れていたことと比べれば格段の違いがある。また，その休業期間も男女で大きな違いがあり，女性は3カ月未満が多いが，男性は1年以上が半数弱を占めていた。これらのことは何を意味するのか。

　そもそもこの調査が仕事を持つ男女を対象にしており，親の介護が必要になる40〜50代は，正規の男性，非正規（パート）の女性という雇用形態が多い。そのため介護の担い手となる女性は無職かパートが多く，雇用者を対象にした調査だと実数を捉えづらい。

　また取得期間も，非正規女性の場合は休業期間は無給になるし，雇用保険から支給される介護給付金もそれほど多くないため，収入減につながる。よって，休業期間をできるだけ短くする。反対に，男性は正規であるため，雇用保険から支給される介護給付金も基本給が非正規よりも高いため，それなりの額が支給される。そのため，休業することが，イコール大幅な収入減になりにくい。

　なお1年という長期間休むのは，建設業（61.2％），サービス業（他に分類されないもの）（90.1％）という特定の産業であり，男性の取得期間は働く産

第Ⅰ部　労働現場でのジェンダー問題

業により大きく異なっていた（図表5-12）。つまり職務内容により，短期間の取得が望まれるのか，あるいは長期間まとめて取得するのが可能なのかが異なるのである。特定の産業において，長期間介護休業が取得可能なのは，まず，（他産業と同様に）取得者の年齢が40～50代という管理職クラスである可能性が高く，そうすると自身の裁量で仕事量を調整しやすいからである。サービス業（他に分類されないもの）の場合，産業廃棄物処理，労働者派遣サービス，製造品の修理，小売店における販売商品の修理等が該当するが，それらの産業は，かなり短期間で完了する細切れの仕事が多いため，従業員が1人抜けたとしても，複数の従業員で仕事の穴埋めがしやすい。また，建設業の場合，1つの事業の施工期間を休むという形にすれば，中途半端に施工に関わるよりは，職場での1施工に関わる従業員の采配等，休業対応を行いやすい。このように，どのような職務であるのか，その職務の性質によって，取得期間が異なることが示された。

## 4　育児・介護休業法と関連する社会保険の概要

　本節では，育児・介護休業法と関連する社会保険の内容を整理する。一般的に社会保険制度を分類すると2つに分けられる。一つは狭義の社会保険としての医療保険（国民健康保険，健康保険），年金保険（国民年金，厚生年金保険），介護保険である。もう一つは労働保険としての雇用保険，労働者災害補償保険である。それぞれの保険に加入する被保険者（労働者）は，出産したり育児休業や介護休業を取得した場合，給付金を受けることができる。給付条件，給付金額は頻繁に変更されたため，育児休業法施行以降に焦点を絞って見ていこう。

### （1）医療保険──国民健康保険・健康保険

　まず，社会保険の中で医療保険に関するものを見ていこう。医療保険は，

138

第5章　ライフイベントと育児・介護休業法

1961（昭和36）年に国民皆保険制度の掛け声によって，国民すべてが加入する新しい国民保険制度として始まった。大きく分ければ，職域保険（被用者保険・自営業者保険）という働く職場・職域ごとに加入するものと地域保険（市区町村国民健康保険）といって市区町村単位で加入するもの，という2つに分けられる。

　医療保険の中では，出産に関連するものとして，被保険者（労働者），被扶養者が出産した時，子ども1人の出産に対して支払われる（双子の場合は2人分）①出産育児一時金（被扶養者は家族出産育児一時金）と②出産手当金（被保険者〔労働者〕のみ）がある。

　①は，被保険者（労働者）が出産した時に1児ごとに支給される制度であり，被保険者期間が継続して1年以上あり，資格喪失日（退職日の翌日）から6カ月以内であれば，請求することが可能である。ここでの出産とは妊娠4カ月以上の出産をいい，死産，流産（人工妊娠中絶），早産を含む。また婚姻の有無を問わない。

　また②は，被保険者（労働者）が出産する場合，産前・産後の期間の就業は労働基準法により禁止されているため，被保険者（労働者）が出産のために仕事を休み，その間の給与を受け取れないが，この期間の生活費補填のための制度である。出産日（実際の出産が予定日後の時は出産の予定日）以前42日（多胎妊娠の場合は98日目）から，出産の日の翌日以後56日目までの範囲内で仕事を休んだ期間が対象である。

　また企業側からの申し出によって，医療保険の本人負担分と企業負担分を子どもが3歳になるまで免除することができる。ただし，介護保険料にはこの免除制度がない。

## （2）年金保険──国民年金・厚生年金保険

　本項では，社会保険の中でも年金保険（国民年金・厚生年金保険）について解説する。前述したように，1959（昭和34）年に国民年金法が制定され，

第 I 部　労働現場でのジェンダー問題

1961（昭和36）年にすべての国民が何らかの年金に加入する国民皆年金制度が始まった。2005（平成17）年から，子どもが3歳になるまでの期間，企業側からの申し出によって，厚生年金保険の本人負担分と企業負担分を免除することができるようになった。年金保険は主に企業とそこで勤務する労働者を対象にしたものであり，政府（社会保険庁）が保険事業の運営主体であり，保険料は企業等の事業主と被保険者（労働者）が折半する。年金保険の中で育児休業法に関連するものとして，厚生年金保険の保険料納付に関する規定がある。それは被保険者（労働者）の育児休業期間中は保険料の支払いを免除され，この保険料免除期間は年金額等の計算に際して，保険料を負担した場合と同様に扱われる。具体的には，子どもの育児のために育児休業を請求し，休業中の給料の支払いが行われていない場合，育児休業をしている被保険者（労働者）を使用している事業主が社会保険庁長官に対して申し出た場合，休業を開始した月から終了する日の翌日の前の月までの期間について，被保険者負担分と事業主負担分が免除される。

　このような厚生年金保険の支払い免除制度は，1992（平成4）年に育児休業法が施行されてから3年後の1995（平成7）年に，1歳未満の子どもを持つ被保険者（労働者）の保険料負担分を免除する形で始まった。2000（平成12）年になると，1歳未満の子どもを持つ被保険者（労働者）負担分だけでなく，事業主負担分が免除になった。

　また2003（平成15）年には，これまで賞与に対しては免除の対象外だったが，その部分は子どもが1歳になるまで，被保険者（労働者）負担と事業主負担分が免除になった。2005（平成17）年になると，これまでは厚生年金保険の免除を申請する際，対象となる子どもの年齢が1歳未満だったが，3歳未満に延長された。ただし，この支払い免除制度は，厚生年金保険加入者を対象にしており，国民年金の対象者は該当しない。あくまで企業に雇用される労働者と事業主を中心にしたものである。また，介護保険料にはこの免除制度がない。

第5章　ライフイベントと育児・介護休業法

このように厚生年金保険の支払いに関して，育児休業中の無休期間，被保険者（労働者）と事業主に対して支払い免除が認められたことは，労使双方の負担を軽減する点で大きな意義があると考える。


（3）労働保険——雇用保険

本項では，労働保険の中の雇用保険について解説する。雇用保険は被保険者（労働者）が失業した場合に必要な給付を行う等，様々な給付がある。育[6]児・介護休業法に関連するものは，育児休業給付金と介護休業給付金である。育児休業給付には，1995（平成7）年から2009（平成21）年までの育児休業基本給付金と育児休業者職場復帰給付金，2010（平成22）年からはそれらを統合した形の育児休業給付金がある。

まず1995（平成7）年から2009（平成21）年までの育児休業基本給付金は，被保険者（労働者）が育児休業を取得しやすく，職場復帰を援助・促進することを目的に育児休業中に支給されるものである。育児休業者職場復帰給付金は，職場復帰後に支給されるものである。育児休業が終了した日以後，引き続いて6カ月以上同じ事業主に雇用されている場合には，育児休業基本給付金の給付を受けた月数分がまとめて支給される。支給額は休業開始時賃金日額×育児休業基本給付金を受けた月数である。

1995（平成7）年に2つの給付が始まり，育児休業基本給付金が20%と育児休業者職場復帰給付金が5%支給された。2001（平成13）年には両者ともに支給額が変更され，育児休業基本給付金が20%から30%，育児休業者職場復帰給付金が5%から10%に引き上げられた。2007（平成19）年になると，育児休業者職場復帰給付金が10%から20%に上がった。

その後，2010（平成22）年には，これまでの育児休業基本給付金と育児休業者職場復帰給付金を廃止し，新たに育児休業給付金として制度を開始した。新制度はこれまでのものと大きな変化はないが，育児休業給付の条件は1歳6カ月未満の子どもを育てるために育児休業をした被保険者（労働者）が，

141

第Ⅰ部　労働現場でのジェンダー問題

育児休業開始前 2 年間に賃金支払いの基礎となる日数が11日以上ある月が12
カ月以上ある場合に支給されることとした。

　育児休業給付金は，原則として「休業開始時賃金日額×支給日数×67％」
の額が支払われる。ただし，育児休業の開始から 6 カ月経過後には50％に減
率される。介護休業給付金も同様の給付額だが， 6 カ月を経過しても，67％
の支払い割合が変わらない点が育児休業給付金との違いである。

### （4）保険給付から明らかになること

　社会保険・労働保険からの給付金は，1992（平成 4 ）年の育児休業法の施
行当時は出産育児一時金と出産手当金のみであり，支給額もそれほど多くな
かった。1995（平成 7 ）年に介護休業規定が取り入れられたのと同時に，厚
生年金保険の支払い免除も制度化され，その後，子どもが 3 歳になるまで被
保険者（労働者）と企業側の支払いが免除されるようになった。また育児休
業給付金も，基本賃金の半分以上が支払われるようになり，休業期間中，給
与の支払いは無いが（企業独自の制度が無い限り），保険料給付という形で支
払われるようになった。

　このような支給金のすべてに共通するのは，年度を重ねるごとに支給額が
増加したことだ。また，社会保険制度という観点からみれば，出産・育児を
経て職場復帰後の数年間は，様々な制度からの支給金や支払免除制度がある
点もすべてに共通する点といえる。つまり育児休業を取得すれば，休業期間
中は原則無給であるものの，それを補填する形で支給金を受け取ることがで
きるのである。


　注
　(1)　管理職候補者は，課長以上への昇進希望の有無によって，属性，働き方等の異
　　　なり方の確認のために，役職が「係長・主任」相当職のうち，「係長・主任Ａ」
　　　は昇進可能性があるが管理職昇進を希望していない層，「係長・主任Ｂ」は昇進

第5章　ライフイベントと育児・介護休業法

を希望している層として集計している。

(2)　労働者が利用する介護サービスの費用の助成等は除く。

(3)　出産育児一時金と出産手当金は，育児休業法が施行された1992（平成4）年に両者ともに成立しており，出産育児一時金は24万円，出産手当金は報酬日額の6割が支給された。1996（平成8）年9月には，出産育児一時金の額が24万円から30万円に引き上げられた。その後，支給額に変更は無かったが，2006（平成18）年以降は金額が頻繁に変更された。2006（平成18）年10月には，出産育児一時金の額が30万円から35万円に増額された。そして2007（平成19）年には1992（平成4）年以来，1度も変更されなかった出産手当金が報酬日額6割から3分の2になった。また，2009（平成21）年には出産育児一時金の額が2度変更になり，1月には38万円（産科医療保障制度掛け金3万円を加えて），同年10月には42万円（産科医療保障制度掛け金3万円を加えて）に引き上げられた。

(4)　共済年金は，厚生年金保険と育児休業に関わる給付規定がほぼ同じなので割愛した。

(5)　当時，サラリーマンの妻や昼間部学生等は任意加入であり，1986（昭和61）年に基礎年金制度が確立されたことで，サラリーマンの妻が強制加入になり，1991（平成3）年には昼間部学生も強制加入になった。

(6)　政府（厚生労働省）が保険事業の運営主体であり，公共職業安定所（ハローワーク）が窓口になる。雇用保険の給付には，失業の際の求職者給付，早期退職の際の就職促進給付，能力開発に向けた教育訓練給付，雇用を継続するための雇用継続給付がある。雇用継続給付には，育児休業給付，高年齢雇用継続給付，介護休業給付がある。

143

第Ⅱ部　Society 5.0とジェンダー格差

| 第6章 | ダイバーシティ社会とLGBT |
| --- | --- |

## 1 ダイバーシティ社会実現に向けて

グローバル社会の到来とともに，各企業，大学等では「ダイバーシティ」をキーワードに，事業展開している所が多い。本章では，ダイバーシティの由来とLGBTについて整理していこう。

### （1）ダイバーシティとは何か

ダイバーシティという言葉は，企業の公式ホームページやパンフレット等を見れば目にする可能性が高い。場合によっては，「ダイバーシティ推進室」「ダイバーシティ推進課」という部署が企業内に設けられていることもあろう。

ところで，ダイバーシティとは何だろうか。ダイバーシティとは多様性を意味しており，それは年齢・性別・国籍・人種・障がい等という個々の違いを受け入れ，尊重し，個性と能力を発揮できるようにすることだと解釈されている（谷口 2008）。

ダイバーシティ概念の普及に拍車をかけた出来事は2つあり，1つ目はアメリカにおいて労働省とHudson Instituteが1987年に"Workforce 2000"を発表した際，今後の労働者は，高齢化・女性化が進むことを論点の一つとして提示したことである。また，この時にサービス産業における新たな仕事は，より高度なスキルが必要になり，高スキルの労働者は仕事を得やすく，それ以外の労働者は仕事を失う可能性が高い事も示唆した。

第6章　ダイバーシティ社会とLGBT

　このレポートでは，グローバル化・サービス経済化・技術革命・労働力人口の構成比の変化を予想し，女性・マイノリティ・移民が労働者として参入する割合が高くなることを予想したのだった（谷口 2005）。

　2つ目は，日本社会において，少子高齢化の進行，1990年代前半のバブル経済崩壊後，経済成長が鈍化していること等，社会的課題が山積みであったことである。2000年代に入ってからは，ITバブルの崩壊や労働者派遣法の大幅改正（第2章参照）等の影響から，非正規労働者が大幅に増加し，消費活動も活発ではなくなった。こういった状況を改善するための1案として，グローバル化が進む中，ダイバーシティという考えを企業戦略，人事戦略に取り入れることであった。ただし，ここでの多様性とは，女性・高齢者・障がい者・外国人が中心であり，ライフスタイルにあわせた多様な働き方として，正規，非正規（パート・派遣等）もその中に該当していることだ。背景には，これまでの日本社会におけるスタンダードな働き方，男性が企業の中心的労働者として正規で長時間働き，家庭生活は，女性に任せるものではなく，希望すれば誰もが労働市場で働き，賃金を得て，非正規であっても働くことが個人の幸せにつながり，仕事だけでなく，生活とのバランスをとることが企業にとっては成長を促し，個人にとっては幸せにつながるという考えがある。この事を象徴するのは，日本経営者団体連盟（2002〔平成14〕年に経済団体連合会と統合して日本経済団体連合会となる）が「日経連ダイバーシティ・ワーク・ルール研究会」を立ち上げ，「ダイバーシティとは多様な人材を活かす戦略」との観点から次の4点を提案した事だった（日経連ダイバーシティ・ワーク・ルール研究会 2001；2002）。

①　ダイバーシティとは「多様な人材を活かす戦略」である。
　　従来の企業内や社会におけるスタンダードにとらわれず，多様な属性（性別，年齢，国籍など）や価値・発想をとり入れることで，ビジネス環境の変化に迅速かつ柔軟に対応し，企業の成長と個人のしあわせにつな

147

第Ⅱ部　Society 5.0とジェンダー格差

げようとする戦略。

②　ダイバーシティは，企業の成長と個人のしあわせをもたらす。

　新たな価値・発想の導入によって，企業にとっては，優秀な人材の確保，変動するマーケットへの対応力強化，グローバル化への対応，他社との差別化を図ることができ，個人にとっては，自らの価値によって働き方，ひいては生き方を選択し，決定できる。

③　人事の原点に立ち戻る施策を考える。

　人は本来，多様であり，また変化に対応できる存在である。人材活用についても，このことに立ち戻り，多様な属性や価値・発想を取り入れていくという施策が必要となる。具体的には，新しい人材ポートフォリオの形成，多様性を高めるトライアル雇用の導入，特定のライフスタイルに偏重しない視点から福利厚生施策を見直すこと，従来以上にコミュニケーションを図ること，などが考えられる。

④　経営トップは意識を変えダイバーシティにより「攻めの戦略」を行う。

　打ち出す戦略が後手にならないように，不確実な時代に対応するための“先行投資”として捉える意識が必要である。そのためには，経営トップ自らが意識を変え，リーダーシップを発揮する必要がある。


　このような流れの中で，日本社会においてダイバーシティは，企業が効率よく利益を上げるための方策の一つとしてのみ捉えられていたのが現状であった。


## （2）求められていたダイバーシティ

　日本企業の特徴であり戦後の経済成長を支えたものに，終身雇用・年功序列賃金・企業別組合という「3種の神器」といわれるものがある。これはマサチューセッツ工科大学のアベグレン（J.C. Abegglen）が『日本の経営』で

第6章　ダイバーシティ社会とLGBT

指摘したことである。彼は，日本の工場における給与は教育・年齢・勤続年数に重要性が与えられ，永年の勤続に対して高い報酬が与えられるシステムであり，また労働組合も歴史が浅いこともあり，ストライキ以外はあまり機能していないことを指摘した（アベグレン　1958）。

　現在，これらのことは，あらゆる産業において強固に機能しているわけではないが，ある程度深く根づいている。日本企業が，戦後，1968（昭和43）年に GDP（国内総生産）世界第２位というポジションにまで復興したのは，前述の「３種の神器」といわれる日本企業の家族主義的な企業姿勢も大きな要因といわれている。

　その象徴となる働き方は，谷口（2008）が指摘するように，総合職として採用される男性社員を中心にした人材の多様性である。それは多能工的な人材育成であり，多くの部署・地域で勤務し，様々な仕事を学び，複数の勤務地で勤務させ，その人自身の中に多くの仕事・考え方・人間関係等のバリエーションを作り上げることである。たとえば，専門職の技術系社員として入社して，一定期間だけ技術系の仕事に携われても，その後の人事異動で人事関係の仕事をしたり，さらには専門的な技術の知識を活かして営業に回される等は，従業員自身の多様性を促進させる取組である。

　このような人材のダイバーシティは，育成に時間がかかる。もちろん，一人の人間が社内で多様なことができることには，人材不足の場合，必要な人材の社内異動だけで済むというメリットがあるが，現在のようなパラダイム変革の激しい時代においては，これだけでは対応しきれない局面が出てきた。

　活用できる人材を育てるには，多くの時間が必要となる。しかし，IT 化が進み人工知能（AI）がもてはやされている現代において，のんびりと人材育成を進めるのは時代錯誤のように思われる。そこで，即戦力となる人材を採用し，適材適所に配して対応していく事がますます必要になってくるのである。たとえば，中国人の観光客が増加しているホテルならば，中国語を話せる人材を一定数雇用したり，それも現場で対応するだけでなく，企業の上

149

第Ⅱ部　Society 5.0とジェンダー格差

層部に採用し，会社の方針に関して提言できるポストを与えれば，より中国人の観光客の来館が増えそうなプランや取組を行える可能性が高い。

### （3）ダイバーシティを進める際の問題点

　ダイバーシティの訳は「多様性」が最もポピュラーだが，日本社会において，この多様性を推進するためには何が必要なのか。

　ダイバーシティ社会実現に向けた取組は2000年代以降に始まったが，企業では何から手を付けたらよいのかわからず，まずは新たに推進チームをつくり，そこで議論を始める等，模索しながら進めている状況だった。ほぼ単一民族で構成される日本では，多様な人種といわれてもピンとこないだろうし，理解しやすいのは性別だろうということで，職場では少数派の性である，同じ職場で働く女性に対する取組に着手する企業が現れ始めた。

　当時，国は2003（平成15）年に次世代育成支援対策推進法を施行し，従業員規模が301人以上の企業に行動計画の策定を義務づけた。その内容は，従業員が仕事と育児を両立しやすいように社内規則を整え，実際の動向を報告するというものである。そのため多くの企業は育児や介護に関する社内規則を整備し，まずは女性社員の中でも，一般職等の職務遂行に支障が少ないものに育児休業を取得してもらい，実績作りを進めた。なぜなら，育児休業を取得すると，数カ月から1年間，休業するものが多く，そうなると総合職の場合，業務に支障が生じやすいからである。

　次世代育成支援対策推進法では，働く男女が仕事と育児・介護を両立しやすいように法律を整備したものの，実際に育児休業を取得するのは圧倒的に女性が多かった。

　このような事態が背景にあるため，ダイバーシティに対する取組は，女性に対する取組と置き換えられて進んだ。このことは「資生堂ショック[(1)]」に象徴されるように，育児期間中の女性に対する過度な優遇措置・対応が職場内に不協和音を招いたり，マミートラックといわれる女性向きの職種・部門に

異動させられたり，キャリアを中断または減速させる状況を一方では招いたのである。その後，少しずつ改善する方向に進み，近年では育児休業期間をできるだけ短くし，早く職場に復帰する対策をとる企業が増え始めている。

　つまり当時の日本企業では，女性に対する支援，つまり育児に対する支援をしていればダイバーシティであると自負する企業が多く，女性に焦点を絞って多様性の受け入れを積極的に進めていたのだ。だが，それ以外の人種・国籍・性のダイバーシティまでは考えが至っておらず，今後の重要な取組課題となっている。

## 2　ダイバーシティから見た問題点

### （1）多様な人材を受け入れる基盤の整備

　日本では，これまで「男性，異性愛者，日本人，健常者」が中心となって，企業社会を構成してきたが，後述するように，グローバル化が進む中で，性別でいえば男性だけでなく女性やLGBTも，国籍・障がい者にかかわらず皆が仕事を担うことが通常である社会を目指していくことになる。

　また新規採用時は，あらかじめ企業側が採用計画を練る際に，ポジティブ・アクションとして，女性，外国人，LGBT，障がい者を一定数確保しようと考えなければ難しい。そこまで企業はダイバーシティ推進に向けた取組を行えるのか，企業の本気度が問われるところである。

### （2）意識の変革

　私たちは日常生活を送る中で，様々な情報を得る。現代社会は，新聞・テレビ・雑誌・インターネット等の様々な媒体から多数の情報が得られる「情報過多」の状態にあり，何が真実で何がフェイクニュースなのかわかりづらい。

　このような時代を生きる私たちは，ダイバーシティという考えを受け入れ，

第Ⅱ部　Society 5.0とジェンダー格差

認識するためにどうすればよいのか。

　たとえば，私たちは初対面の人と会う際，それが一時的であれ長期的な関係性であれ，一見してわかる属性（性別，年齢等）から判断しがちである。それは瞬時に相手をどのような人物か判断し，行動するためである。長期的な関係性が必要な場合はお互いに話をしながら，相手の価値観・考え方を理解し，親交を深めていく。このようなプロセスを踏むには時間がかかるが，相互理解を進める上で必要不可欠である。

　だが一時的な関係性，すなわち親密度が低く親交が浅い関係性の場合，その属性の持つステレオタイプを基に，様々なことを判断しがちである。そうなると判断される側からすれば，不本意な判断をされることが多々あろう。

　現代社会では，性別等の属性という一目しただけでわかる特徴で判断したり，偏見の目で見ることはいけないことであるという認識が少しずつ浸透している。だが，実際にはどうだろうか。私たちは頭の中で理解ができても，行動や感情がその思考内容と合致するには，ある程度の時間，つまりタイムラグが生じやすい。そのため，たとえば性別でいえば，「女性」というだけで，この社会の中で生きていく上で，多くの偏見，差別を受けることも多い。ではどうすればよいのか。聞き流すしかないのか。人間の思想を変えるのは難しいし，時間がかかるので，地道に社会に対して啓発活動を継続するしかないのである。

## 3　LGBT に対する社会の取組

### （1）LGBT の定義

　ここ数年，大学の講義をはじめメディア等の様々な所で，「LGBT」という言葉を目にする機会があるのではないだろうか。

　LGBT とは，L（レズビアン），G（ゲイ），B（バイセクシュアル），T（トランスジェンダー）という英語表記の頭文字であり，それらをまとめてLGBT

という。Lとは女性同士の同性愛，Gとは男性同士の同性愛，Bとは男女ともに性愛の対象になる，Tとは，いわゆる性同一性障害（身体の性と心の性が異なること）のことを指す。性的マイノリティである人たちをまとめて，このように表現することに抵抗感がある人もあろう。だがグローバル社会においては，すでに，この用語は認知されている。LGBTの中で，同性愛については，かつてよりよく知られていたが，しばしば偏見を伴っていたため，特に学童期には同性愛的な行動はからかいの対象となり，いじめの対象になりやすかった。

### （2）精神障害から医療的行為の対象へ

　日本における同性愛の歴史について，戦後からの状況を述べていく。戦後，特に1960年代になってから，男性から女性に性転換した女性が「ブルー・ボーイ」と呼ばれ，ショービジネスの世界でもてはやされた。からかいの意味も込めて，「おかま」「オネエ」といわれていた。オネエビジネスの基盤を作ったカルーセル麻紀等をはじめとしたダンサーによるショーが隆盛を極めた。当時の日本は，性転換手術が合法的に行われていなかったので，手術を希望するなら海外（モロッコ・タイ等）に行くしか方法がなかった。

　ところが，1995（平成7）年に，埼玉医科大学の原科孝雄は，性同一性障害が医療的行為の対象になり外科的性転換が治療行為になるとして，同大学の倫理委員会に性別適合手術の実施を申請した。日本精神神経学会が承認し，1997（平成9）年には診断と治療のためのガイドラインを作成し，1998（平成10）年に日本初の性転換手術が埼玉医科大学にて行われたのである。その後，日本では，外科的な手術だけでなく，カウンセリングやホルモン療法によって，心と体の違和を解消することが可能になった。

　だが，このような経緯を経て，医療行為として性別適合手術を受けた後に，大きな問題が生じてきた。それは外見上つまり身体上の性別と戸籍上の性別が異なり，公的な手続・証明等で必要になる場合，それが合致しないことに

第Ⅱ部　Society 5.0とジェンダー格差

よる問題である。

　この問題を解決するために，2004（平成16）年，議員立法により成立した「性同一性障害者の性別の取り扱い特例に関する法律」が施行された。ただし，①20歳以上，②結婚していない，③未成年の子どもがいない，④生殖能力が無い，⑤変更後の性別の性器に近似する外観を備えるという条件が付いたものであった。そのため，それらを満たして初めて，戸籍上の性別の変更が可能となった。

### （3）自治体・企業・学校等での取組
### 1）自　治　体

　日本社会において，法律上は同性婚をいまだに認めていない。全国の各自治体の中で先駆けて，東京都渋谷区では「渋谷区男女平等及び多様性を尊重する社会を推進する条例」を制定し，主な取組項目の中に「パートナーシップ証明」を掲げている。記載内容は以下の通りである。

　　　「法律上の婚姻とは異なるものとして，男女の婚姻関係と異ならない
　　　程度の実質を備えた，戸籍上の性別が同じ二者間の社会生活における関
　　　係を『パートナーシップ』と定義し，一定の条件を満たした場合にパー
　　　トナーの関係であることを証明するもの。」

また証明を希望する際の条件は，以下の通りである。

　①　渋谷区に居住し，かつ，住民登録があること
　②　20歳以上であること
　③　配偶者がいないこと及び相手方当事者以外のパートナーがいないこと。
　④　近親者でないこと。

第6章　ダイバーシティ社会とLGBT

　そして，2015（平成27）年4月，条例の施行と同時に全国で初めての「パートナーシップ証明書」が発行された。その後，東京都世田谷区・兵庫県宝塚市・三重県伊賀市・大阪府大阪市・北海道札幌市・福岡県福岡市等のように，同様の制度を整備する自治体が増えだした。

　特定非営利活動法人虹色ダイバーシティが実施した調査によれば，地方自治体の同性パートナーシップ認知件数（2020〔令和2〕年4月20日時点）は，大阪府大阪市の192組が最も多く，次いで東京都世田谷区の117組，北海道札幌市の92組，神奈川県横浜市の80組と続く。合計で946組が登録されている。つまり戸籍上の婚姻は難しいが，自治体は条例で同性同士をパートナーとして認める方向に進んでいる。

### 2）企　業

　次に，企業における取組について取り上げる。LGBTに対する取組は，企業において，少しずつ進められている。労働政策研究・研修機構は，企業10社に対して，LGBT施策を行う背景・人事労務管理・福利厚生制度・社内研修等について調査した（労働政策研究・研修機構 2017b）。

　たとえば，「大阪ガス株式会社」は，2014（平成26）年（2018〔平成30〕年改定）に「Daigasグループダイバーシティ推進方針」を定め，その中に「性的指向，性自認に関する差別禁止」を盛り込んだ。ダイバーシティを推進する背景には，エネルギー事業の自由化があり，多様な価値観・選択肢を持つ顧客のニーズに答えられるように従業員自身もそれらを理解し，実践できることが必要になるからである。

　就業規則においては，「性的指向・性自認に関する差別禁止」が明示されている訳ではないが，企業人としての行動基準の中に「人権尊重」として，あらゆる差別を禁止するとしており，LGBTへの差別の禁止もその中に含まれるという解釈だ。その他に，性自認（自分自身を男性と思うか女性と思うかということ）に関する通称について，社内での使用を認めたり，採用面接マニュアルの中で，LGBTへの配慮を記載している等の制度を整備してい

155

第Ⅱ部　Society 5.0とジェンダー格差

る。

　また日本航空株式会社では，2011（平成23）年に「グループマネジメント制度」を導入し，女性・障がい者等に対する理解を促進し，多様な人財の活躍推進を目指している。就業規則には明記していないが，CSR の「人権啓発への誓い」の中で，性的指向や性自認に関する差別禁止を明文化している。またグループ会社の中で，同性のパートナーを配偶者と認めていることもあって，（異性間の）法律上の結婚をしている社員に適用する制度を，企業が定める同性パートナー登録を行った社員に適用している。顧客に対しては，マイレージバンク制度に関しては公的機関が発行する証明書等を示すことで，同性パートナーに対しても異性パートナーと同様のサービスを提供している。

### 3）学　　校

　最後に，学校生活については，どうなのだろうか。前述した「性同一性障害者の性別の取り扱い特例に関する法律」が2004（平成16）年に施行されたことを受け，学校における児童生徒への対応を求められるようになってきた。2010（平成22）年に，文部科学省は「児童生徒が抱える問題に対しての教育相談の徹底について」という通知を出し，その後，2014（平成26）年には「学校における性同一性障害に係る対応に関する状況調査」を実施した。その結果から明らかになったのは，性同一性障害に関する教育相談が606件（男：237件，女：366件，無回答：3件）あり，そのうち特別な配慮があったのは，62.2％であったことだ。配慮された内容は（複数選択），トイレ，更衣室の利用（職員用を利用すること），服装（制服有），宿泊研修（修学旅行含む），等であった。

　この調査結果を踏まえ，文部科学省は，2015（平成27）年に「性同一性障害に係る児童生徒に対するきめ細かな対応の実施等について」という通知を出し（児童生徒課長通知），学校での支援体制（サポートチームを形成等）や服装，修学旅行等での対応について提案した。ほぼ時期を同じくして，2016（平成28）年に学校に勤務する教職員に対して「性同一性障害や性的指向・

性自認に係る，児童生徒に対するきめ細かな対応等の実施について」を配布した。教育現場において児童生徒と直に接する教員自身が，性同一性障害についての理解が無いと，児童生徒が学校に行きづらくなったり，また相談もしづらくなる。それを避けるために，細やかな対応を求めるべく，冊子を配布したのだ。

## 4　LGBT 当事者が求めること

### （1）何が必要なのか

　前節では，自治体・企業・学校それぞれがLGBT 当事者に対する理解・支援を進めるための取組を紹介した。行政では，日本の法律では認められていない同性婚を補うような形でパートナーシップ制度を整備し，公的な手続きを踏んで，お互いをパートナーとして認められることは，当事者にとって非常に喜ばしいことである。

　企業では，大企業を中心に少しずつではあるが，LGBT への理解，そのための啓発講座等を実施し，従業員への理解の促進等を進めている。だが，大企業であっても，当事者からカミングアウトされたという事例は，紹介した企業ではほぼ無い。裏返せば，おそらくLGBT 当事者は企業の中に存在するが，あえてカミングアウトする必要性がないと考えているのか，あるいは，相談窓口への相談でさえ，ためらっているのではないかということだ。

　学校では，前述の調査結果より，LGBT 当事者はその事を他人に言い辛いが，学校生活では不備が多いため，教員にLGBT であることが告げざるを得ない者がいることが明らかになった。

### （2）専門家に相談できるシステムの構築——問題解決のために

　これら３機関の中でも特に企業と学校において，真に求められる取組とは，相談窓口・サポート体制の充実であると考えられる。このことは，あまりに

第Ⅱ部　Society 5.0とジェンダー格差

も言い尽くされたことではあるが，筆者は，相談窓口（企業・学校の場合は兼任が多い）に深い知識が無く，当事者の気持ちに寄り添うのが難しい人員を配置して，「相談体制を整えた」というのは問題があると考えている。

　この問題を解決するためには，LGBT相談については，専門知識を持つ大学教員やLGBT当事者団体等の専門家に相談できるシステムを構築すべきである。中途半端な理解しかない，ましてや相談員が同じ職場内の人間ならば，相談員に守秘義務があるとはいえ，どこかで話が広まるのではないかという心配，懸念が生じるだろう。

　相談システムとして，企業の場合，相談室や特別室等で話しはじめるのではなく，まず，メールにて相談内容等を相談の担当者に連絡し，その後，たとえば，人事課内の別室，別室が無いならば，来客向けの部屋等を活用し相談場所を確保し相談するという方法が考えられる。相談時間は各企業の就業規則によるが，勤務時間中が難しい場合，休憩時間を利用したり業務終了後に行う。他の従業員の目に留まりにくい時間で相談に対応できるように，相談員の対応，配置時間を考慮する必要がある。

　また，大学の場合，保健センター，学生相談室，心の相談センター等に対応可能な窓口を設置し，相談員を配置していることが多い。先の企業の場合と同様に，まずはメールでコンタクトをとり，その後，空いてる時間を利用して相談する。

　専門の相談員に相談することは，特にLGBTにおいて，その社会的状況，企業や大学における人間関係，カミングアウトのリスク等を十分考慮して，どのようにすればよいのかをアドバイスしてくれる可能性が高い。近年，企業・学校では，LGBTに関する取組・配慮を積極的に進めているため，より確かな問題解決の糸口が見つかりやすいだろう。

第6章　ダイバーシティ社会とLGBT

注
(1)　石塚（2016）によると，社会的な話題とされたのは，ビューティコンサルタント（BC）の働き方改革のことであり，当時，「資生堂ショック」と表現されていたという。資生堂は，育児・介護休業法が施行された1990年代から子育て支援に力を入れてきた。一例でいえば，法的以上の取組（育児休業期間は最長３年間取得可能，短時間勤務は小学校３年生終了時まで可能等）を行っていることだ。また，2000年代には事業所内保育施設「カンガルーム」を開設した。そのため，出産，子育てを理由とする退職はほぼ無くなった。また，2014（平成26）年３月まで，子育て期のものは，早番勤務し，遅番，休日勤務は免除されていた。資生堂のように，女性社員比率が高い企業であると，このような制度を使用するものとしないものの間で不平等感，軋轢が生じやすい。それらの解消もあり，育児期の女性のみが利用する制度を徐々に廃止し，子育て期でも遅番，休日勤務を行うこととした。つまり，育児を聖域にせず，子どもの有無にかかわらず，女性の活躍を進める取組を行ったのである。

159

|第7章|科学技術の発展とジェンダー格差の解消|
|---|---|
||——科学技術基本法がもたらす効果|

## 1　科学技術基本法

　本章では，科学技術基本法が施行された意義と，それに伴う科学技術政策及び人材育成のあり方を中心に解説する。

### （1）法律施行の背景

　1995（平成7）年に，科学技術基本法が施行された（科学技術・イノベーション基本法に変更〔2021（令和3）年4月施行〕）。この法律は，議員立法という国会議員による法律案の発議によって成立したものである。法律案はほとんどが政府案であり，国民の代表者である国会議員の尾見幸次等の尽力で国民の意思を反映する形で提案され成立した法律である。この法律によって，5年ごとに「科学技術基本計画」を策定することが義務づけられた。その内容は，科学技術イノベーションを常に意識しつつ，その時期に応じた科学技術政策を反映した形になっている。

　法律が施行された1995（平成7）年前後の日本社会は，1990（平成2）年に前年度の合計特殊出生率が1.57に落ち込んだことが判明し，経済成長の骨幹である労働者人口の減少が再認識させられ，国力衰退につながる社会的課題が露呈した時期でもあった。1991（平成3）年にはバブル経済が崩壊し，従業員のリストラを実施する企業が増加するなど経済成長が鈍化し，先行き不透明な混沌とした社会状況になっていた。第2次世界大戦後からの右肩上がりの経済成長から一転した社会では，今後どういった方向に進めばよいの

160

第7章　科学技術の発展とジェンダー格差の解消

か，試行錯誤している時期でもあった。

　戦後の産業界おける日本社会の状況を概観すると，日々，欧米諸国に追い
つき追い越せと懸命に働いた結果，短期間で復興し経済発展を成し遂げた。
その結果，世界のフロントランナーの一員となった日本は，一転して追われ
る立場になった。だが前述したバブル経済の崩壊等により，日本の経済成長
は徐々に鈍化し，2011（平成23）年にはGDPが世界第2位から第3位へと
転落した。長期間続いたGDP世界第2位の地位を中国に奪われて以降も，
日本経済の低迷は続いている。

　このような背景の中で，日本社会が持続的な発展を成し遂げ，豊かな生活
を実現し，経済活動を活性化させる一方，超高齢社会の中でよりよい生活を
実現するには，科学技術イノベーションを創出し，「科学技術創造立国」を
目指すことが必要である。そのためには知識基盤社会の構築，すなわち新し
い知識・情報・技術があらゆる領域での活動の基盤として重要視される社会
の構築が不可欠である。

### （2）法律施行の意義と科学技術基本計画

　科学技術基本法は，国及び自治体が，科学技術を積極的に推進していく責
務を負うことを明確にし，科学技術創造立国に向けて国の基本姿勢を示すも
のである。また，科学技術の振興が国の最重要課題の一つであることを国民
に対して示した法律でもある。

　科学技術基本法成立以前は，日本の科学技術政策の基本は，閣議決定によ
る「科学技術政策大綱」によって示されていたが，科学技術基本法成立以降
は，科学技術基本計画に基づいて示されることになった。図表7-1は，こ
の概要図である。

　この法律では，前述したように5年ごとに科学技術基本計画の策定を義務
づけるとともに，さらに基本計画を実施するために必要な資金を確保するよ
うに努めると明記しているのが大きなポイントである。また，科学技術基本

161

## 図表7-1 科学技術基本計画の概要

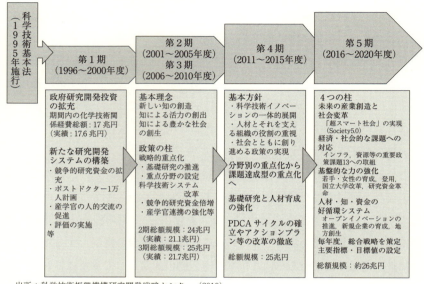

出所：科学技術振興機構研究開発戦略センター（2019）。

計画は5年ごとに見直され，その時々の社会，科学技術の発展状況，社会的要請，課題等も踏まえ，期間内であっても必要に応じて変更していくことが可能である。以下では，これまでの5期にわたる科学技術基本計画について，①主な特徴，②主な施策，③政府研究開発投資目標，④女性研究者への言及という4つの観点から見ていこう。

### 1）第1期科学技術基本計画――1996～2000年度

① 主な特徴

法律施行直後の策定であったため，国として重点的に取り組む課題について，明確に示さなかった。ただし，新たな研究開発システムの構築として，「ポストドクター等1万人支援計画」や研究者の流動化の促進のため，公的研究機関に対して，永年雇用ではなく任期付で採用する制度を導入したのは，この時である。

第7章　科学技術の発展とジェンダー格差の解消

②　主な施策

産学官の連携や交流等を促進するために，国立大学と民間との共同研究を積極的に推進する。また，競争的資金が研究資金において占める比率が高まるようにするため，特殊法人等を活用した新たな基礎研究推進のための経費，科学研究費補助金，科学技術振興調整費等の多様な競争的資金の大幅な拡充を図る。また，研究開発の効果的推進を図るため，厳正な評価を実施する。研究開発課題，研究開発機関，研究者の評価を実施し，効果的なものにするため，「国の研究開発全般に共通する評価の実施方法の在り方についての大綱的指針」を策定した。

③　政府研究開発投資

政府研究開発投資の総額規模は，約17兆円であった。

④　女性研究者

「国立大学等及び国立試験研究機関において，優秀な研究マネージャー及び研究リーダーの養成・確保を図るとともに，女性の研究者及び研究支援者への採用機会等の確保及び勤務環境の充実を推進する」という文言が提示された。

### 2）第2期科学技術基本計画——2001〜2005年度

①　主な特徴

競争的資金の倍増や，競争的資金への間接経費30％の導入，研究者採用における任期の任用期間を3年から5年へと延長したのが，この計画の特徴である。

②　主な施策

この第2期科学技術基本計画から，基礎研究を重視し，幅広く，着実に，持続的に推進し，重点分野を定め，積極的，戦略的に投資を行い，研究開発の推進を図ることとした。国が必要とする科学技術分野の中から，①少子高齢社会における疾病の予防・治療や食料問題の解決に寄与する「ライフサイエンス分野」，②急速に進展し，高度情報通信社会の構築と情報通信産業や

163

第Ⅱ部　Society 5.0とジェンダー格差

ハイテク産業の拡大に直結する「情報通信分野」，③人の健康の維持や生活環境の保全に加え，人類の生存基盤の維持に不可欠な「環境分野」，④広範な分野に大きな波及効果を及ぼす基盤であり，わが国が優勢である「ナノテクノロジー・材料分野」という4分野を重点化し，優先的に研究開発資源を配分することとした。他に，公的研究機関が保有する特許等の機関管理の促進も図ることとした。

③　政府研究開発投資

政府研究開発投資の総額規模は，約24兆円であった。

④　女性研究者

「女性研究者の環境改善として，男女共同参画の観点から，女性の研究者への採用機会等の確保及び勤務環境の充実を促進する。特に，女性研究者が継続的に研究開発活動に従事できるよう，出産後職場に復帰するまでの期間の研究能力の維持を図るため，研究にかかわる在宅での活動を支援するとともに，期限を限ってポストや研究費を手当するなど，出産後の研究開発活動への復帰を促進する方法を整備する」という文言が提示され，研究と育児が両立できる環境の整備に向けて取り組むことが示された。

### 3）第3期科学技術基本計画——2006～2010年度

①　主な特徴

第1期の科学技術基本計画では，社会的・経済的ニーズに対応した研究開発と知的資産を生み出す基礎研究の振興を図った。第2期の科学技術基本計画では，目指すべき国の姿として「知の創造と活用により世界に貢献できる国」「国際競争力があり持続的発展ができる国」「安心・安全で質の高い生活のできる国」を「3つの基本理念」として示した。さらに政府研究開発投資の総額を上げ，基礎研究の推進と科学技術の戦略的重点化と科学技術システム改革を実施した。

第3期の科学技術基本計画では，政策課題対応型研究開発における重点化として，第2期で優先的に資源を配分するとされた重点推進4分野（ライフ

164

第7章 科学技術の発展とジェンダー格差の解消

サイエンス, 情報通信, 環境, ナノテクノロジー・材料) について, 引き続き優先的に資源配分を行っていく。また推進4分野 (エネルギー・ものづくり技術・社会基盤・フロンティア[(1)]) も同様に, 国の存続に不可欠な研究課題であるとして, 適切な資源配分を行うこととした。また, 競争的資金の拡充[(2)], 競争的資金の間接経費30%の徹底等を図ることが盛り込まれた。

② 主な施策

総合科学技術会議では, 重点推進4分野 (ライフサイエンス, 情報通信, 環境, ナノテクノロジー・材料) と推進4分野 (エネルギー・ものづくり技術・社会基盤・フロンティア) において, 次のような重要な研究開発課題を選定した。

① 科学技術予測調査等により科学的, 経済的, 社会的インパクトを軸とした将来的な波及効果を客観的に評価すること。

② 国の国際的な科学技術の位置・水準を明確に認識した上で投資の必要性を明確化すること (強みを活かし競争優位を確実にする研究開発課題なのか, 強い社会ニーズがあり課題解決すべき研究開発課題なのか, パラダイムシフトを先導する研究開発課題なのか等)。

③ 知の創造から社会・国民への成果還元に至る研究開発の各段階に応じて, 基本計画で設定された政策目標達成への貢献度, 達成までの道筋等の観点から, 投資の必要性を明確化すること。

④ 官民の役割を踏まえ, 研究開発リスク, 官民の補完性, 公共性等の観点から, 投資の必要性を明確化すること。

さらに同会議では, 各分野内において基本計画期間中に重点投資する対象を「戦略重点科学技術」として選定し, 最終的に分野別推進戦略を作成し, 次の3点を戦略重点科学技術とした。

第Ⅱ部　Society 5.0とジェンダー格差

① 社会的課題を早急に解決するために選定されるもの

　該当する科学技術は，世界的にみて安全と安心を脅かしている国際テロ，大量破壊兵器の拡散，地震・台風等による大規模自然災害・事故，情報セキュリティに対する脅威，SARS・鳥インフルエンザ等の新興・再興感染症などの社会的な重要課題に対して迅速・的確に解決策を提供するものである。その研究開発の実施に当たっては，国が明確な目標の下で，専門化・細分化されてきている知を，人文・社会科学も含めて横断的に統合しつつ進めることが必要であり，総合科学技術会議は，このような社会的な技術について，分野横断的な課題解決のための研究開発への取組に配慮する。

② 国際的な科学技術競争を勝ち抜くために選定されるもの

　該当する科学技術については，既存の知の体系の根源的な変革や飛躍的な進化に向けた研究競争が激化しているもの，わが国固有の強みを活かして追随が困難な高付加価値化を一刻も早く確立すべき段階にあるもの，大きな付加価値獲得に波及する限界突破を狙う国際競争をリードする好機に至っているものなど，的確な国際的ベンチマーキングを踏まえた競争戦略に基づき，揺るぎない国際競争力を築くための研究開発へ選択・集中することに配慮する。

③ 国家的な基幹技術として選定されるもの

　該当する科学技術に対しては，国家的な大規模プロジェクトとして基本計画期間中に集中的に投資すべき国家基幹技術の育成を国家的な目標と長期戦略を明確にして取り組むものであり，次世代スーパーコンピューティング技術，宇宙輸送システム技術などが考えられる。これらの技術を含め総合科学技術会議は，国家的な長期戦略の視点に配慮して，戦略重点科学技術を選定していく中で国家基幹技術を精選する。また，国家基幹技術を具現化するための研究開発の実施に当たっては，総合科学技術会議が予め厳正な評価等を実施することとした。

③　政府研究開発投資

政府研究開発投資の総額規模は，前期（第 2 期）とほぼ変わらない約25兆円であった。

④　女性研究者

この第 3 期から数値目標が明示され，女性研究者の研究環境の整備，育児と両立しやすいような支援，次世代の女子に理数系分野に興味をもってもらえるような取組を進めることを趣旨とした以下のような次世代育成に向けた方針が示された。

　　「女性研究者がその能力を最大限に発揮できるように，競争的資金等の受給において出産・育児等に伴う一定期間の中断や期間延長を認めるなど，研究と出産・育児等の両立に配慮した措置を拡充する。大学や公的研究機関等においては，次世代育成支援対策推進法に基づき策定・実施する行動計画に，研究と出産・育児等の両立支援を規定し，環境整備のみならず意識改革を含めた取組を実施することを求める。また，大学や公的研究機関は，男女共同参画の視点から業績等が男女同等なら，女性研究者を積極的に採用することが望まれる。昇進・昇格や意思決定機関等への参画においても，女性研究者を積極的に登用することが望ましい。女性研究者の割合は，博士課程（後期）における女性の割合等を踏まえ，組織ごとに女性の採用の数値目標を設定し，達成状況を公開するなど，女性研究者の積極的採用を進めるための取組がなされることが期待される。現在の博士課程（後期）における女性の割合に鑑みると，期待される女性研究者の採用目標は，自然科学系全体としては25％（理学系20％，工学系15％，農学系30％，保健系30％）である。さらに，理数好きの子どもの裾野を広げる取組の中で，女子の興味・関心の喚起・向上につながる取組を強化し，女性が科学技術分野に進む上での参考となるロールモデル等の情報提供を推進する。」

第Ⅱ部　Society 5.0とジェンダー格差

## ４）第４期科学技術基本計画──2011〜2015年度

### ①　主な特徴

東日本大震災の発生を踏まえ，震災からの復興，再生と持続的な成長と社会の発展の実現に向けた科学技術イノベーションを推進することとした。

### ②　主な施策

前期（第３期）で示された分野別の重点戦略から，課題解決型の研究開発の推進に方針を転換し，取り組むべき課題として「震災からの復興，再生」「グリーンイノベーションの推進」「ライフイノベーションの推進」等に重点が置かれることになった。そして，情報通信，ナノテクノロジー・材料分野を，光・量子科学技術や数理科学等とともに領域横断的な科学技術として扱うこととした。また，政策の企画立案や推進への国民の参画，研究開発法人の改革等も盛り込まれた。

### ③　政府研究開発投資

政府研究開発投資の総額規模は，前期と同じ総額約25兆円であった。

### ④　女性研究者

この件については，前期（第３期）と同様に，女性研究者の活躍の促進のために数値目標が掲げられた。女性研究者の採用割合に関する数値目標を早期に達成するとともに，さらに30％まで高めることを目指し，関連する取組を促進する事が明示された。特に，理学系20％，工学系15％，農学系30％の早期達成及び医学・歯学・薬学系合わせて30％の達成が目的として設定された。

また，女性研究者が出産，育児と研究を両立できるよう，研究サポート体制の整備等を行う大学や公的研究機関を支援する事が明示されるとともに，大学及び公的研究機関が，目標の達成に向けて，女性研究者の活躍促進に関する取組状況，女性研究者に関する数値目標について具体的な計画を策定し，積極的な登用を図り，部局毎に女性研究者の職階別の在籍割合を公表する旨の要望が盛り込まれた。

さらに，次世代への言及として，教育委員会と大学や産業界とも連携し，研究所や工場の見学，出前型の実験や授業，デジタル教材の活用など，実践的でわかりやすい学習機会を充実するとともに，次代を担う科学技術関係人材の育成を目指すスーパーサイエンスハイスクールへの支援を充実し，その成果を広く他の学校に普及するための取組を進める事も盛り込まれた。加えて，国際科学技術コンテストに参加する児童生徒を増やす取組や，このような児童生徒の才能を伸ばす取組を進め，「科学の甲子園」や「サイエンス・インカレ」の実施など，科学技術に対する関心を高める取組を強化する事も明記された。

### 5）第5期科学技術基本計画──2016～2020年度

① 主な特徴

情報通信技術の進化等で，社会や経済状況が大きく変化する「大変革時代」が到来し，さらにグローバル社会の到来を受けて，国内外の課題が増大，複雑化している。科学技術イノベーション推進の必要性が増大していることもあり，基本方針として，先を見通し戦略的に手を打っていく力（先見性と戦略性）とどのような変化にも的確に対応していく力（多様性と柔軟性）の両面を重視したのが，特徴である。

② 主な施策

第5期では，以下の4つを政策の柱としている。

1つ目は，未来の産業創造と社会変革に向けた新たな価値創出の取組である。自ら大きな変化を起こし，大変革時代を先導していくため，非連続なイノベーションを生み出す研究開発を強化し，新しい価値やサービスが次々と創出される「超スマート社会」を世界に先駆けて実現するための一連の取組をさらに深化させ，Society 5.0（第9章参照）の実現に向けた取組を強力に推進する。

2つ目は，経済・社会的課題への対応である。国内または地球規模で顕在化している課題に先手を打って対応するため，国が重要な政策課題を設定し，

第Ⅱ部　Society 5.0とジェンダー格差

課題解決に向けた科学技術イノベーションの取組を進める。

　3つ目は，科学技術イノベーションの基盤的な力の強化である。今後，起こり得る様々な変化に対して柔軟かつ的確に対応するため，若手人材の育成・活促進と大学の改革・機能強化を中心に，科学技術イノベーションの基盤的な力の抜本的強化に向けた取組を進める。

　最後の4つ目は，イノベーション創出に向けた人材，知，資金の好循環システムの構築である。

　企業・大学・公的研究機関の間の連携・交流が活発に行われ，持続的にイノベーションを生み出す環境作りのために，産学官の人材，知，資金を結集させ，共創を誘発する「場」の形成が重要である。国は，大企業や中小・ベンチャー企業のニーズ等を踏まえつつ，大学及び公的研究機関等を中核とした場の形成と活用を推進する。

　③　政府研究開発投資

　政府研究開発投資の総額規模は，前期より少し増え総額約26兆円であった。

　④　女性研究者

　前期（第4期）に掲げた女性研究者の新規採用割合に関する目標値（自然科学系全体で30％，理学系20％，工学系15％，農学系30％，保健系30％）が達成されていないため，女性が，研究者等科学技術イノベーションを担う人材として，より活躍できる取組を産学官の総力を結集して総合的に推進する事になった。また，女性が，研究等とライフイベントとの両立を図るための支援や環境整備を行うとともに，ロールモデルや好事例を周知し，情報共有を図る。さらに，組織の意思決定を行うマネジメント層等への女性リーダーの育成と登用に積極的に取り組む大学及び公的研究機関等への支援をさらに強化する。これらを通じて，組織のマネジメント層を中心とした意識改革等を図る等の取組が，この第5期では計画に盛り込まれた。

　また，次世代支援として，女性が科学技術イノベーションに関連して将来活躍できるよう，女子中高生やその保護者への科学技術系の進路に対する興

第7章　科学技術の発展とジェンダー格差の解消

味関心や理解を深める取組を推進するとともに，関係府省や産業界，学界，民間団体など産学官の連携を強化し，理工系分野での女性の活躍に関する社会一般からの理解の獲得に向けた取組を促進していく事になった。

## 2　ジェンダー格差解消のための事業

### （1）女性研究者の活躍推進

　科学技術創造立国を目指すべく施行された科学技術基本法の根幹には，立役者である尾見幸次も述べているように，グローバル化する社会において，資源が乏しく国の面積も小さい日本が生き残りをかけるためには，「頭脳で勝負する国づくり以外に生きる道はない」（尾見 2003）ことがある。

　そうした中で女性研究者の活躍が推進されているが，これは企業における取組とはやや勝手が違う。企業では，採用段階での選抜（コース別採用〔一般職か総合職か〕）や勤続年数の長さ等が，昇進・昇格に影響を及ぼしかねない。だが，研究者の場合，コース別採用もなく，大学ならば，勤続年数の長さが影響するのは名誉教授の授与に関する時ぐらいであり，その他に大きな影響はない。反対に，実力，つまり研究業績をどれくらい積むかが重視される。研究業績の蓄積には，性別が大きく関係することはほぼ無いため，研究者は女性が活躍しやすい職業だともいわれるが，諸外国と比較して，研究者になる女性はまだ少ないのが現状である。

　前述した科学技術基本計画では，5年ごとに取組目標を掲げているが，その中で，女性研究者の増加を第1期から述べている。計画が言及するのは自然科学系の女性研究者に限っているが，日本における女性研究者の置かれた状況について，国が行った事業によってどのような変化があったのか，以下で確認していこう。

171

第Ⅱ部　Society 5.0とジェンダー格差

## （2）国立研究開発法人科学技術振興機構の取組事業

　まず，女性研究者数の推移を見ていこう（図表7-2）。1992（平成4）年には4.9％だった研究者は少しずつ増加し，2018（平成30）年には15.1％と，30年弱で約3倍になった。前述したように，科学技術基本計画では，第1期計画時より女性研究者数の増加に向けて言及されているが，「第3期科学技術基本計画」からは数値目標を掲げている。この時期から，文部科学省所管の独立行政法人科学技術振興機構（現・国立研究開発法人科学技術振興機構）が主体となって，理工系の女性研究者に対する支援事業を立ち上げ，継続して実施している。その取組の効果もあろうが，少しずつ女性研究者数は増加している。

　では，どのような事業を展開したのだろうか。まず，事業主体である国立研究開発法人科学技術振興機構について確認しておこう。

　日本社会が戦後の焼け野原から復興し，高度経済成長が始まった1957（昭和32）年に，科学技術庁（当時）が所管し，国内外の科学技術情報の収集や分類・提供を目的に「日本科学技術情報センター（JICST）」が設立された。また，ほぼ同時期の1961（昭和36）年に大学や国立研究所等の優れた研究成果を発掘し，その企業化を目的に「新技術開発事業団（JRDC）」が設立された。その後，1989（平成元）年に「新技術開発事業団（JRDC）」は，「新技術事業団」へと名称を変更した。日本科学技術情報センターと新技術事業団は，1995（平成7）年に施行された科学技術基本法における施策を強力に推進し日本における科学技術を振興する事を目的に，1996（平成8）年に「科学技術振興事業団（JST）」として統合された。その後，2003（平成15）年に「独立行政法人科学技術振興機構（JST）」，2015（平成27）年には「国立研究開発法人科学技術振興機構（JST）」となった。国立研究開発法人科学技術振興機構（JST）は国が示す目標に基づいて計画を立て，様々な事業を展開している。

　ここからは，具体的な事業を見ていこう。まず，科学技術振興調整費とは，

172

第7章　科学技術の発展とジェンダー格差の解消

図表7-2　女性研究者数及び研究者に占める女性割合の推移

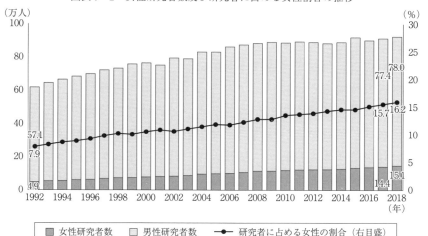

注：(1)　総務省「科学技術研究調査」より作成。
　　(2)　2001年までは各年4月1日、2002年以降は各年3月31日現在。
　　(3)　1995年、2001年及び2002年に調査対象や標本設計等が変更されている。
　　(4)　1997年までの研究者数は、企業及び非営利団体・公的機関については実際に研究開発業務に従事した割合で按分して算出した人数とし、大学等は実数を計上。平成14年以降は全機関について実数で計上されていることから、時系列比較には留意を要する。
　　(5)　研究者数は、自然科学系の研究者だけでなく、人文・社会科学系等の研究者も含まれている。
出所：内閣府男女共同参画局編（2019）。

(1981〔昭和56〕年）に、日本の科学技術振興に必要な重要研究業務の総合推進調整を行う制度として創設された。その後、2011（平成23）年に科学技術戦略推進費を創設後に、科学技術振興調整費を基に開始したプログラムは、科学技術戦略推進費において継続実施されることとなった。

　女性研究者が活躍できる環境を整備したり、女性研究者を採用、養成するシステムの構築を目指して、以下に述べる事業を展開するが、各採択機関における事業実施期間は、3年間が多く、その期間が終了するまでに、事業遂行の申請をした際の数値目標（女性研究者を何割にするか等）を達成しなければならない。

　「女性研究者支援モデル育成」（2006〔平成18〕年〜2012〔平成24〕年)、と「女性研究者養成システム改革加速」（2009〔平成21〕年〜2014〔平成26〕年）

第Ⅱ部　Society 5.0とジェンダー格差

という事業は，科学技術振興調整費の事業の一つとして実施された。その後，「女性研究者研究活動支援事業」（2011〔平成23〕年〜2016〔平成28〕年），「ダイバーシティ研究環境実現イニシアティブ」（2015〔平成27〕年〜現在）という4つの事業になるが，事業名が異なるだけであって，女性研究者への支援を継続して実施している。

　具体的な内容を簡単に確認しておこう。「女性研究者支援モデル育成」では，大学や公的研究機関を対象に，女性研究者が出産・育児等を両立しながらその能力を十分に発揮しつつ研究活動を行える仕組み等を構築するための優れたモデル事業を支援するものである。

　「女性研究者養成システム改革加速」では，女性研究者の採用割合が低い分野（理・工・農学系）に女性研究者を採用することで，女性研究者の採用・養成システムの構築・改革を目指す大学等を支援した。

　「女性研究者研究活動支援事業」では，研究とライフイベント（出産・子育て・介護）との両立に配慮した研究環境の整備及び研究力向上のための取組を行う研究機関を支援する形で行われた。

　「ダイバーシティ研究環境実現イニシアティブ」では，研究とライフイベントとの両立や女性研究者の研究力向上に向けたリーダーの育成等，女性研究者の活躍促進を通じた研究環境のダイバーシティ実現に取り組む研究機関等を支援した。

　女性研究者に対する支援の一つにライフイベント支援があるのは，女性が研究職を継続しづらい理由として「家庭（家事・育児・介護）と仕事の両立が困難」が63.2％と最も多く，次いで「職場環境」と「育児・介護期間後の復帰が困難」が41.6％で挙げられている事からも首肯できる（図表7-3）。

　職場環境がよくない場合，職場を変えれば解決する問題もあるが，育児・介護の問題は，本人自身というよりもケアの対象者となる他者が存在する事が原因である。そして，そのケア労働のために，仕事，つまり研究等との両立が困難な状態に陥っているケースが多い点が問題である。この点をフォロ

第7章　科学技術の発展とジェンダー格差の解消

図表7-3　女性研究者が少ない理由（複数回答）

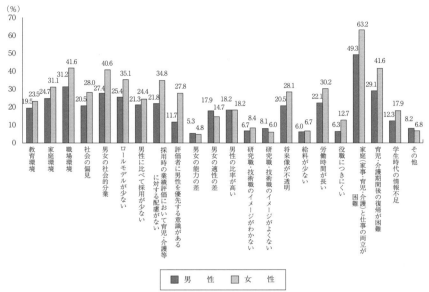

資料：男女共同参画学協会連絡会「第四回　科学技術系専門職の男女共同参画実態調査（平成29年8月）」
　　　を基に文部科学省作成。
出所：文部科学省（2018c）。

ーするために，前述の国立研究開発法人科学技術振興機構（JST）の女性研究者向け支援事業は，「研究支援」を行い研究業績向上につなげている。

このような取組の成果は着実に現れており，たとえば，研究支援員制度があるが，これは，ライフイベント期間中の女性研究者に対して，研究を支援する研究支援員を配置し，研究者の研究が滞ったり，中断したりすることを少なくするための制度である。ライフイベント期間中は，自身の時間を子育てや介護のために使う事が多くなるので，研究に専念する時間の確保が難しくなる。そういった時間を補う形で研究者の研究を支援する支援員を配置するのである。その効果は図表7-4から明らかで，研究支援員の配置を受けた女性研究者の論文発表数は，そうではない一般の研究者と比較して3.7倍に増加している。同様に，研究支援員の配置を受けた女性研究者は，そうで

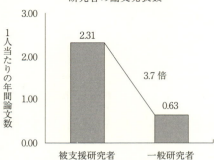

図表7-4 研究支援員配置を受けた女性研究者の論文発表数

出所:科学技術・学術審議会研究計画・評価分科会研究開発評価部会（2012）。

はない一般の研究者と比較して特許の登録が1.5倍，同様に研究支援員の配置を受けた女性研究者は，そうではない一般の研究者と比較して外部研究資金獲得状況が3.2倍になっている。いずれも研究支援員を配置されたことで目にみえる研究成果が現れていた。

このように取組の効果は現れているものの，依然として日本における女性研究者の数は少ない。増えているとはいえ，諸外国と比較すると格段に低い。図表7-5を見れば一目瞭然だが，アメリカ・イギリスの女性研究者の占める割合は，日本の倍以上である。

科学技術基本法の施行に伴い，国は，予算を確保し，科学技術の発展とそれを担う人材育成に対して支援をするというスタンスをとっている。

これまで科学技術の発展には，男性が貢献することが多かったが，人口減少社会では女性の活躍が不可欠である。本節では人材育成に論点を絞ったが，女性の活躍を促進するために女性の貢献を阻害する要因を洗い出し，育児・介護によって研究継続が困難に陥るのを防ぐための支援が求められる。図表7-6を見れば明らかなように，国を挙げた取組もあって，女性研究者は少しずつだが増加している。

## 3 大学進学時からの支援——女性の理工系進学者を増やすために

### （1）女子学生の進路選択

前述したように，女性研究者の数は決して多くはない。では，入口としての大学の各学部における女子学生の状況はどうなのだろうか。

第7章 科学技術の発展とジェンダー格差の解消

図表7-5 諸外国における女性研究者の割合の推移

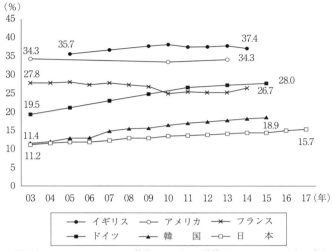

注：(1) アメリカのデータは，科学・エンジニア職種（S&E Occupations）のうちScientistであり，学士以上の学位を取得し，雇用されている者における女性の割合。
(2) 科学職種は，生物学・生命科学者，コンピュータ・情報科学者，数学科学者，物理化学者，心理学者，社会科学者を含む。エンジニア職種は，航空エンジニア，科学エンジニア，土木エンジニア，電気エンジニア，産業エンジニア，機械エンジニア，その他エンジニア，高等教育の教育者を含む（高等教育の教育）。
資料：総務省統計局「科学技術研究調査報告」，OECD "Main Science and Technology Indicators"，NSF "Science and Engineering Indicators 2016" を基に文部科学省作成。
出所：図表7-3と同じ。

　女子学生の入学者がどのような学部に入学したのかの比率を見ると，最も多いのは社会科学の25.2％，次いで，人文科学の20.2％，保健の16.2％と続いている（文部科学省 2018a）。理系に限ってみれば，保健16.2％，工学4.9％，農学2.8％である。科学技術基本法施行以降，理系への女子学生への進学を促す事業が複数実施されているが，入学者の中における理系学部への入学者割合は25.7％であり，次世代の人材は人文科学系を中心に大学へ進学している傾向が顕著である。

第Ⅱ部　Society 5.0とジェンダー格差

図表7-6　日本の女性研究者数の推移

（百人）

| （平成） | 8 | 9 | 10 | 11 | 12 | 13 | 14 | 15 | 16 | 17 | 18 | 19 | 20 | 21 | 22 | 23 | 24 | 25 | 26 | 27 | 28 | 29 (年) |
|---|---|---|---|---|---|---|---|---|---|---|---|---|---|---|---|---|---|---|---|---|---|---|
| | 649 | 705 | 742 | 761 | 807 | 820 | 852 | 887 | 961 | 987 | 1,029 | 1,085 | 1,149 | 1,161 | 1,211 | 1,232 | 1,247 | 1,278 | 1,306 | 1,362 | 1,384 | 1,441 |

注：本調査における研究者は，短期大学を除く大学の課程を修了した者，又は，これと同等以上の専門的知識を有する者で，特定のテーマをもって研究を行っている者としており，大学の他，公的機関や企業等における研究者も調査対象。大学における研究者には，教員（教授，准教授，講師及び助教）の他，医局員や大学院博士課程の在籍者数も含めて調査・集計している。

資料：総務省統計局「科学技術研究調査報告」を基に文部科学省作成。

出所：図表7-3と同じ。

## （2）進路選択における母親の影響

　前述したように，第3期科学技術基本計画の枠組みの中では，2009（平成21）年度から，独立行政法人科学技術振興機構（当時）が，女子中高生の科学技術分野に対する興味・関心を喚起し，理系への進路選択を支援するために，「女子中高生の理系進路選択支援事業」を行っている。

　また，内閣府においても，「リコチャレ」（理工チャレンジ）として，医歯薬等の保健系ではなく，理工系分野に興味がある女子中高生の進路選択を積極的に支援する事業を展開している。科学技術基本計画にもあるように，産業界にイノベーションを生むためには，理工系学部卒業者の知識が必要なのだ。

　では，なぜ理工系に重点を置いた支援を展開しているのだろうか。理系全体でもよいのではないかと考えるが，それは，女子学生が理系に進学する場合，医歯薬等の保健系が多数を占めるからである。保健系（特に看護学）へ

第7章　科学技術の発展とジェンダー格差の解消

の進学は，国家資格を取得し，看護師として働く姿が誰の目から見てもわかりやすいこと，資格取得後の就職率がかなり高いこと，超高齢社会の日本では，医療福祉系の仕事は常に人材不足であり仕事を探しやすいこと等が，想定される理由である。資格取得後にその資格を活かした仕事をしやすい保健系は，大学で学んだことと就職が結びつきやすいこともあり，入学者を増やしている。

　関係学科別入学者数を2008（平成20）年・2013（平成25）年・2018（平成30）年の3年を比較して見ると，理系学部への女子学生の入学者数は増えており，独立行政法人科学技術振興機構や内閣府の取組の効果が現れていることが一目瞭然である。具体的な数値を見ると，保健は2008年の3.1万人から2018年の4.7万人へ，工学では2008年の1万人から2018年が1.4万人と，各々大きく上昇している。反対に人文科学は，2008年の6.3万人から2018年の5.8万人へと入学者の減少が顕著であった（図表7-7，概数）。

　また林裕子らは，女子学生の進路選択のキーパーソンである母親の属性に基づいた調査を行い，それによれば，明らかに理系出身の母親の方が，女子学生の理系進路選択について，優位な状況を生み出しているという。そして，次のように論点を整理している（林ら　2015）。

① 　理系の母親の子どもが理系に進みやすい傾向から，日常で科学の機会に触れることが少ない文系の母親の子どもに対して，学校のプログラムや地域のプログラムを通じて理科に触れる機会を提供していく必要がある。

② 　母親が文系の場合は，理系の母親の子どもに比べて理科に触れる機会が少なく，苦手な分野で子どもに「関わらず」が増える傾向から，ある程度関わりが放棄されると推測できる。子どもの理科への興味の喚起にもっと父親が関わっていくことにより子どもの進路にも変化が起こる可能性が考えられる。従って，父親の子どもへの関わりを増加

179

第Ⅱ部　Society 5.0とジェンダー格差

図表7-7　大学学科別入学数

（万人）

| 年　度 | 2008 | 2013 | 2018 |
|---|---|---|---|
| 合　　計 | 60.7(58：42) | 61.4(55：45) | 62.9(54：46) |
| 人文科学 | 9.3(32：68) | 9.0(33：67) | 8.8(34：66) |
| 社会科学 | 21.3(68：32) | 20.2(65：35) | 20.3(64：36) |
| 理　　学 | 1.9(73：27) | 1.9(73：27) | 1.8(70：30) |
| 工　　学 | 9.4(89：11) | 9.1(86：14) | 8.9(84：16) |
| 農　　学 | 1.8(59：41) | 1.7(55：45) | 1.8(54：46) |
| 保　　健 | 5.3(41：59) | 6.5(38：62) | 7.1(34：66) |
| 　　医　　学 | 0.8(69：31) | 0.9(66：34) | 0.9(65：35) |
| 　　歯　　学 | 0.3(63：37) | 2.3(58：42) | 2.3(56：44) |
| 　　薬　　学 | 1.3(46：54) | 1.4(42：58) | 1.2(40：60) |
| 　　看 護 学 | 1.2(11：89) | 1.8(11：89) | 2.3 (9：91) |
| 　　その他 | 1.7(42：58) | 2.3(44：56) | 2.5(42：58) |
| 商　　船 | ― | ― | ― |
| 　　商 船 学 | ― | | ― |
| 家　　政 | 1.7(10：90) | 1.8 (9：91) | 1.8(10：90) |
| 教　　育 | 4.0(40：60) | 4.7(41：59) | 4.7(41：59) |
| 芸　　術 | 1.8(29：71) | 1.7(29：71) | 1.9(31：69) |
| その他 | 4.3(53：47) | 4.8(54：46) | 5.8(54：46) |

注：(1)　入学者数には，各年の5月1日現在在籍しない者は含まない。
　　(2)　表中の（　）は男女の比率を示したものである。
出所：文部科学省（2008・2013・2018a）を基に筆者作成。

させる必要がある。

③　理系の母親の子どもは，文系の母親の子どもより理系の学部に進学する傾向が強かった。

④　文系の母親は理系の母親に比べて，「理系」と聞いた時に，具体的なイメージが少ない可能性がある。資格や免許がとれ，仕事がわかりやすい医学部や薬学部に比べて，工学部や理学部に対するイメージが少ない可能性が考えられた。

第7章　科学技術の発展とジェンダー格差の解消

⑤　理系に関する情報を提供していくこと，特に情報量が少ない文系の
　　母親に関連情報を提供していくことが望まれる。
⑥　薬学部や医学部に比べて仕事の内容が見えにくい工学部，理学部に
　　関して，卒業後のキャリアパスを紹介する，ロールモデルのデータを
　　整備し紹介する等，学校説明会や配布資料や web を通じて情報を広
　　めていく必要がある。


　同様に内閣府が委託した調査によれば，保護者の最終学歴が文系か理系か
によって，女子学生の進路に差異があることを見出した。特に顕著なのは，
母親が理系の場合，男子学生はそれほど影響を受けないが，女子の場合，理
系進路選択が多くなることだった（図表 7-8）。また図表 7-9 を見ると明ら
かだが，保護者が進学について子と話す機会が「週に 1 回以上」が，女性保
護者の場合，女子が17.3%，男子が14.7%であった。それに対して男性保護
者の場合，女子が7.1%，男子が7.8%となっていた。このように学生の性別
を問わず，家庭での進路に関する相談相手は主として「母」が多い。

　他に特筆すべき点は，幼年期に科学に触れる機会を持つことは，特に女子
生徒について，その後の理科への得意意識や学習意欲獲得につながっている
可能性がある点である（内閣府 2018a）。

　要するに，女子学生が進路選択する際の相談相手となるのは母親の場合が
多く，特に高校生の子どもをもつ母親に理系進学に関する知識があるのと無
いのとでは，相談内容が大きく異なってくる。文系出身である母親が多い中，
理系大学で何を学び，将来どのような職業に就くことが可能なのかは，漠然
としかわからない状態にある子どもが多数いると考えられる。卒業後の進路
などが比較的わかりやすいのは，資格取得後その資格が仕事につながりやす
いものであり，そのせいか理系の進学先としては保健系の看護学・薬学が多
数を占めることになる。

　反対に就職後，企業において，大学，大学院での学びが活かせるのは，も

第Ⅱ部　Society 5.0とジェンダー格差

**図表7-8　女性保護者の最終学歴別に見た進路意向（n＝604）**

・女　子

| | | 小　　計 | 文　系 | どちらかといえば文系 | どちらかといえば理系 | 理　　系 | どちらでもない | わからない・まだ決めていない（迷っている） |
|---|---|---|---|---|---|---|---|---|
| 小　計 | | 315<br>(100.0%) | 35<br>(11.1%) | 44<br>(14.0%) | 29<br>(9.2%) | 54<br>(17.1%) | 31<br>(9.8%) | 122<br>(38.7%) |
| 理　系 | | 63<br>(100.0%) | 6<br>(9.5%) | 7<br>(11.1%) | 9<br>(14.3%) | 18<br>(28.6%) | 1<br>(1.6%) | 22<br>(34.9%) |
| 文　系 | | 252<br>(100.0%) | 29<br>(11.5%) | 37<br>(14.7%) | 20<br>(7.9%) | 36<br>(14.3%) | 30<br>(11.9%) | 100<br>(39.7%) |

・男　子

| | | 小　　計 | 文　系 | どちらかといえば文系 | どちらかといえば理系 | 理　　系 | どちらでもない | わからない・まだ決めていない（迷っている） |
|---|---|---|---|---|---|---|---|---|
| 小　計 | | 289<br>(100.0%) | 20<br>(6.9%) | 22<br>(7.6%) | 49<br>(17.0%) | 71<br>(24.6%) | 17<br>(5.9%) | 110<br>(38.1%) |
| 理　系 | | 48<br>(100.0%) | 3<br>(6.3%) | 3<br>(6.3%) | 7<br>(14.6%) | 13<br>(27.1%) | 3<br>(6.3%) | 19<br>(39.6%) |
| 文　系 | | 241<br>(100.0%) | 17<br>(7.1%) | 19<br>(7.9%) | 42<br>(17.4%) | 58<br>(24.1%) | 14<br>(5.8%) | 91<br>(37.8%) |

出所：内閣府（2018a）。

のづくりに関わる工学系である。図表7-10を見ると明らかだが，日本における研究者は工学系で半数程度を占め，さらに理学系も含めると大部分が理工系で構成されている。そして，そのほとんどは，大学ではなく企業で活躍しているのが現状だ。

　つまり，大学での学びを活かし企業で働きたいならば，理工系へそれも大学院の修士課程に進学して就職するのがよい。反対に，大学で公的な資格（薬剤師・看護師・医師等）を取得し，その資格を活かし，全国どこでも働くきたいのであれば，薬学部・看護学部等へ進学するのがよいだろう。

第7章 科学技術の発展とジェンダー格差の解消

図表7-9 子と進学について話す機会（保護者・生徒の性別, n=970）

| | 週に1回以上 | 2週間〜3週間に1回 | 1か月〜半年に1回 | 半年に1回未満 | まったく話をしていない | 進学予定なし |
|---|---|---|---|---|---|---|
| 保護者-女 生徒-女(254) | 17.3 | 28.7 | 37.4 | 14.2 | 2.4 | 0.0 |
| 保護者-男 生徒-女(254) | 7.1 | 13.8 | 35.8 | 26.4 | 16.9 | 0.0 |
| 保護者-女 生徒-男(231) | 14.7 | 26.0 | 42.4 | 13.4 | 2.6 | 0.9 |
| 保護者-男 生徒-男(231) | 7.8 | 15.2 | 34.6 | 26.8 | 15.6 | 0.0 |

- □ 週に1回以上, 話をしている
- ■ 2週間〜3週間に1回程度, 話をしている
- ■ 1か月〜半年に1回程度, 話をしている
- ■ 話をしているが, 半年に1回未満
- ■ まったく話をしていない
- ■ 進学する予定がない

出所：図表7-8と同じ。

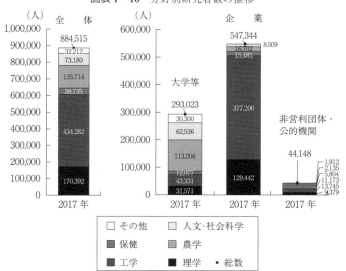

図表7-10 分野別研究者数の推移

注：(1) 各年3月31日時点の研究者数である。
(2) 研究者数全体は, 大学等の研究本務者数と企業の研究者総数, 非営利団体・公的機関の研究者総数の合計数である。2017年の研究者数91.8万人と, 本研究者数全体88.5万人との差分は, 大学等において外部に本務をもつ研究者となる兼務者数による。

資料：総務省統計局（2017）「科学技術研究調査」を基に文部科学省作成。
出所：図表7-3と同じ, 筆者修正。

第Ⅱ部　Society 5.0とジェンダー格差

# 注

(1) エネルギー分野では，エネルギー供給不安に備えて，主力である化石燃料依存から，地球温暖化防止等に対応したエネルギー需給構造の実現を目指す。具体的には，燃料電池，太陽光発電，原子力安全技術等である。製造技術分野は，日本経済の源であり，高精度加工技術等の高度な技術を基にして，革新的な技術の開発を行う。具体的には，高精度技術，精密部品加工技術等の高付加価値極限技術，先進的ものづくり技術（特に情報通信技術・生物原理に立脚したものづくり革新に資する次世代技術），医療・福祉機器技術等である。社会基盤分野は，防災科学技術，自動車・鉄道等の輸送機器，地理情報システム等，生活を支える分野であり，国民の利便性を向上させ，質の高い生活を実現するための研究開発を推進する。具体的には，地震防災科学技術，ITS（高度道路交通システム）等である。フロンティア分野としては，宇宙，海洋等のフロンティア開拓型の研究開発に取り組み，人工衛星による通信・地球観測等の宇宙利用等により，国民生活の質の向上を目指す。具体的には，宇宙開発，新たな有用資源の利用を目的とする海洋開発である。

(2) 優先化する特徴は次の4点である。①科学技術面，経済面，社会面での寄与度が総合的に見て大きい分野であること。②国民の意識調査から見て期待や関心の高い分野であること。③各国の科学技術戦略の趨勢を踏まえたものであること。④戦略の継続性，研究現場への定着等実際的な観点からも適切であること。

| 第8章 | 人工知能が仕事を奪う !? |
|---|---|

## 1 人工知能の定義と歴史

　本章では，人工知能（Artificial Intelligence：AI）の概要と人工知能によって，人間の仕事は，どのように変わると考えられるのかを具体的に見ていこう。

### （1）人工知能の定義

　人工知能という言葉は，近年，マスメディア等においてよく取り上げられている。NHK のEテレでは，2017（平成29）年から「人間ってナンだ？超 AI 入門」をシリーズ化して放送している。

　人工知能という言葉を聞くと，どのようなイメージを持つだろうか。おそらく人間の外見に似せたロボットが，人間のような頭脳を持ち，私たちの生活に入り込み，手足を動かしながら人間の代わりに仕事をする姿を想像するだろう。最近では，人間だけではなくロボットが介護や家事の補助をする姿が取り上げられている。では，人工知能とはどのような概念であり，使われはじめたのはいつ頃からだろうか。

　1956年，アメリカのニューハンプシャー州にあるダートマス大学で開催されたダートマス会議（The Dartmouth Summer Research Project on Artificial Intelligence〔人工知能に関する初の研究集会〕）において，人工知能という言葉が使われ出した。この研究集会を提案したのは，ジョン・マッカーシー（J. McCarthy）であり，その後の人工知能発展に向けた指導的役割であった

185

第Ⅱ部　Society 5.0とジェンダー格差

マービン・ミンスキー（M. Minsky）等も参加した（人工知能学会編 2017）。
その時，人工知能は「知性を持つ機械を作る科学技術」と定義された。一言
でいえば，人間のように考える機械ということだ。

　では，人工知能とは何なのか。明確な定義があるわけではないが，人工知
能学会の定義によれば，人工知能とは，推論，認識，判断など，人間と同じ
知的な処理能力を持つコンピュータシステムであるという（人工知能学会編
2017）。また，岩本（2018）の見解では，「学習」「認識」「推論」という3つ
の機能をもつ「アプリケーション（応用）ソフトウエア」だと定義している。
端的にいえば，コンピュータに従って，複雑な計算を自動的に行う機械が，
プログラミング言語で記述したものを分析し，その結果，表れたものである。
コンピュータ・機械等といわれれば，特別なもののように感じるが，実はあ
らゆる分野のものに人工知能技術が搭載されているのだ。たとえば，家電製
品の場合，一つの家電製品にマイコン（マイクロコントローラ〔microcontrol-
ler〕。一つの半導体チップにコンピュータシステム全体を集積したLSI製品のこと。
CPU，メモリ，入出力回路，タイマー回路などを1つの集積回路に格納した製品
で，単体でコンピュータとしての一通りの機能をもつ）が備え付けられている
ことがある。人工知能エアコン等は，マイコンのソフトウエアに簡単な予測
や音声合成など人工知能技術を組み込み，家電製品や電子機器の制御などに
使われている。

　たとえば，簡単な家電（日立ビッグドラム，2019〔令和元〕年発売）の例を
紹介しよう。人工知能洗濯機の場合，人工知能が洗濯物の素材，汚れの量，
洗剤の種類，水の硬度，水温等から，洗い方や運転時間を自動で判断して，
運転を開始する。この例以外にも，人工知能機能が内蔵された目覚まし時計
やポット等，身近な製品への人工知能の導入が急速に進められている。

　松尾豊によれば，人工知能とは，状況に応じてどのように操作すればよい
かを考え，より「賢い」振る舞いをするという。つまり入力（人間の五感に
相当するセンサーにより観測した周囲の環境や状況）に応じて，出力（生物でい

第8章　人工知能が仕事を奪う⁉

う運動器官に相当するアクチュエーターによる動作）が変わることである（松尾
2015）。

　考えてみよう。確かに，私たちは何か行動する際，見たもの，聞いたもの
を基にして，次にどのように行動するかを判断し行動する。それもいつも同
じパターンで行動するのではなくて，たとえば，朝起きて，今日は何をしよ
うかと考えた場合，空を見て晴れていた場合に，洗濯しようと考えたり，キ
ャンプに行こうと考えたり，買い物に行こうと考えるなど，その時々に応じ
て判断し行動する。

　このように，置かれた状況に応じて適切に判断し，人間のように行動を取
捨選択できるのが，人工知能であるといえる。


## （2）人工知能の歴史

　人工知能には，これまで何度となくブームがあった。ここでは松尾豊の分
析を踏まえて，この点について見ていこう。人工知能には，これまで主とし
て次のような3回のブームがあった（松尾 2015）（図表8-1）。


　①　第1次人工知能ブーム…推論・探索の時代。1950年代後半〜1960年
　　　代。
　②　第2次人工知能ブーム…知識の時代。1980年代〜1995年頃。
　③　第3次人工知能ブーム…機械学習と特徴表現学習の時代。2010年〜
　　　現在。


　以下，順に3回のブームを概観していく。

### 1）第1次人工知能ブーム

　人間の頭脳はコンピュータで代替可能であると期待された事で，人工知能
ブームが始まった。だが，人工知能の処理能力の限界により10年ほどでブー
ムが終了した。

187

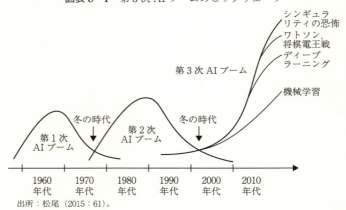

図表8-1　第3次AIブームのビッグウェーブ

出所：松尾（2015：61）。

## 2）第2次人工知能ブーム

　エキスパートシステム（特定の分野の専門家の知識をデータ化し，専門家のように推論や判断ができるようにするコンピュータシステムのこと）が誕生したことで，たとえば，医療分野の場合，医師が診断する際に，用いる知識を人工知能に取り込み，それに基づき，診断結果を出すことが可能となった。だが，いくつかの問題が露呈した。コンピュータが正確な判断を下すには，大量のデータを読み込む必要があること，矛盾する事例や例外的な事例には対応が難しいことだった。そのため，ブームは再び下火になってしまった。

## 3）第3次人工知能ブーム

　2006年にジェフリー・ヒントンらが提案したディープラーニング（深層学習）により，人工知能研究は新たな段階を迎えた。この頃になるとIT技術が普及し，ネット上に大量のデータが集まるようになった。そこから規則性やルール等を学習することで，人工知能の情報処理精度がかなり高くなった。現在，ディープラーニング（深層学習）システムを利用した研究開発が盛んである。

　ここで見たように，人工知能の歴史は比較的新しい。近年の人工知能の進

化には，ディープラーニングの影響が大きい。そのことも含め，次節では，人工知能の概念について見ていこう。

## 2　人工知能の概念

人工知能は，機械学習とディープラーニング（深層学習）をも含めたものである（図表8-2）。本節では，その機械学習とディープラーニング（深層学習）について簡単に触れていく。

### （1）機械学習

機械学習とは人工知能分野の中の一つであり，与えられたデータを基に，人工知能が自らルールや知識を学習することである。学習することは分けることであり，機械学習によって，データの分け方や線引きの仕方をコンピュータが自ら見つけることで，未知のものに対して判断・識別，予測ができるようになる。要は「パターン認識」である。

機械学習にはいくつかの手法があり，強化学習・ニューラルネットワーク・サポートベクターマシン等である。日常生活では，その手法が早い段階から活用されており，たとえば，パソコン使用時の検索ソフトやスパム対策等である。また機械学習には，認識モデルのある「教師あり学習」と認識モデルのない「教師なし学習」という2種類の識別方法がある（山崎 2018）。

#### 1）教師あり学習

初めに要因となるデータとその結果となる特徴を学習させ，予測モデル・識別モデルを構築する。モデルができると正解がわからない要因を入力し，正しく判断できるようにする。事前に学習するデータが多いほど，予測データの精度があがる。以下は，この学習形態の例である。

例：天気予報，スパムメール，鳥の中からセキセイインコを識別するこ

図表8-2　人工知能・機械学習・ディープラーニングの関係

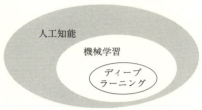

出所：我妻（2018：4）。

と。

### 2）教師なし学習

要因となるデータのみを入力し、結果となる特徴をあらかじめ学習させない。その代わりに機械がデータをもとに特徴を洗い出し、共通するカテゴリーモデルをつくる。以下は、この学習形態の例である。

> 例：全顧客の購買データから購入者数が多いものとして婦人靴、化粧品を抽出すると休日、午後が多いことがわかり、その時間帯に販促活動をする等。

その他に強化学習というものがある。これは望ましい結果に対して報酬を設定するもので、人工知能は試行錯誤しながら行動する中で、どのような行動をとれば報酬を多く得ることができるのかを学習し、それによって、さらにその行動が強化されるという方法である。有名なものは、IBMが開発した「Watson（ワトソン）」である。Watsonは、2011年にアメリカのクイズ番組「ジョバディ！」に出演し、歴代のチャンピオンと対戦して、勝利したことで注目された。また、2016年に韓国のトップレベルの囲碁棋士が「AlphaGo」（コンピュータ囲碁プログラムのことであり、強化学習という手法で作られたもの）と対戦し敗退したことも、代表的な例である。

### （2）ディープラーニング（深層学習）

ディープラーニング（深層学習）とは、複数の層からなるネットワークを持ち、人間の脳に近い高度な学習を行う手法のことである（図表8-3）。こ

第8章 人工知能が仕事を奪う!?

図表8-3 多層ネットワークの例

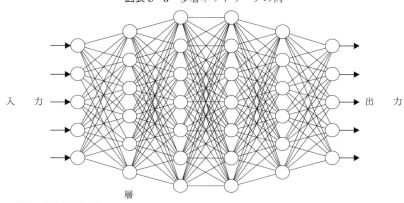

出所：我妻（2018：9）。

の方法を採れば，大量のデータを統計的に処理することで，コンピュータ自身がそのデータの特徴をつくり出すことが可能である。つまり，人間がコンピュータにデータの特徴を与えるのではなく，コンピュータ自身が高度な特徴をつくり出す仕組みである。データは，画像，映像，文字，音声等など様々な情報を含んでおり，そこから規則性や特徴（パターン）を選別して抽出する。

ディープラーニングは処理するデータが多いほど，そのデータに含まれる規則性や特徴を捉えやすくなり，学習してパターンの精度が増す。つまり，「パターン認識」に優れているといえる。

ディープラーニングには様々な方法があるが，代表的なものは，「畳み込みニューラルネットワーク（Convolutional Neural Network）といわれるものがある。岡田陽介（2018）によれば，画像認識においては，多くの実績があり，それは入力層，中間層，出力層からなり，中間層では畳み込み層とプーリング層からなっている。畳み込み層で特徴量を抽出し，プーリング層でデータを圧縮する。

どのような流れになるのかといえば，まず，入力時には，識別したいもの

191

第Ⅱ部　Society 5.0とジェンダー格差

のデータ（例として鳥の画像）を大量に用意し，大量に読み込ませることで，特徴を自動的に把握し，結果として出力時には，これは，鳥だと識別できるようになる。だが，出力時に鳥の特徴を把握できていないと正しい情報を認識させるために，後ろの方から順に調整していく。これをバックプロポケーション（誤差逆電波法）という。

　前述したように，ディープラーニングは機械学習の一部である。ディープラーニングは，真ん中の層が複数あり，そこにデータを学ばせ，そのデータの特徴を機械が自律的に，言い換えれば人間が手を加えずに，学習するのが大きな特徴だ。ディープラーニングの研究は現在，画像を読み込んで特徴量を抽出するところまでは実現しており，50年来のブレイクスルーだと表現するものが多数いる。

## 3　事務系作業の人工知能

### （1）RPAの登場

　「人工知能が人間の仕事を奪う」というフレーズを，近頃よく聞く。ただし実態を知る人はあまり多くなく，これから就職する大学生の間では，言葉だけが一人歩きしているきらいがある。第1章でも確認したが，日本の労働者が多く働く職種は「事務職」であり，特に女性においてはその傾向が強い。事務仕事は，1990年代後半〜2000年代初頭にかけて，IT化やそれに伴う事務職の非正規化，業務の縮小等が重なり，最近は人員過剰気味である。ここにきて，さらに拍車をかけるような事態が待ち受けているのだ。つまり，「ロボットによる業務自動化（Robotic Process Automation，以下，RPA）」というパソコンによる事務作業を自動化・効率化するためのソフトウェアが普及しはじめているのだ。

　RPAは事務仕事をするロボットではなく，人工知能技術等の認知技術を活用したものであり，各企業の要望に合わせてプログラムを組み立て，活用

していくものである。日本では，主に大企業を中心に導入が進んでいる。RPA は，これまで人間が行ってきた命令するルールが明確な「定型業務」を自動化できる。具体的に挙げると，次の通りである（総務省）。

① キーボードやマウス等のパソコン操作。
② ディスプレイ画面の文字・図形・色の判別。
③ 別システムのアプリケーション間のデータの受け渡し。
④ 社内システムと業務アプリケーションのデータ連携。
⑤ 業種，職種などに合わせた柔軟なカスタマイズ。
⑥ ID やパスワードなどの自動入力。
⑦ アプリケーションの起動や終了。
⑧ スケジュールの設定と自動実行。
⑨ 蓄積されたデータの整理や分析（顧客データの管理等）。
⑩ 帳簿入力や伝票作成（経費チェック）
⑪ 経費チェック，顧客データの管理。

　以上のような業務を行うことができる。松林光男らは，RPA 浸透の理由について次のように分析しており，徐々に中小企業にも普及するだろうと考えている（松林監修 2018）。

① 技術的なハードルが低い
　記録であり，プログラミングする必要がないため，エンジニアでなくても習得が可能である。
② 経営効果が最大化できるうえ即効性がある
　サービスレベル，品質，コストにおいて，人間の労働力と比較して圧倒的なパフォーマンスを創出できる。
③ 労務問題がない

第Ⅱ部　Society 5.0とジェンダー格差

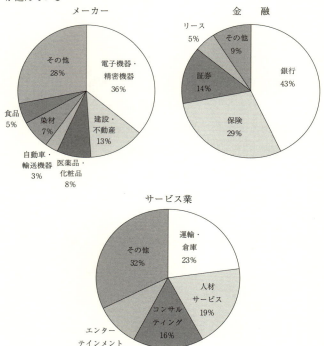

図表8-4　RPA導入企業のトップ3業種

銀行・保険から，電子機器・精密機械，運輸・倉庫まで幅広い業種で導入が進んでいる

資料：日本RPA協会，RPAテクノロジーズ，アビームコンサルティングが2018年1月～6月に実施した調査「RPA導入企業の実態把握」より。
出所：安部ら（2019：22）。

　人間の労働と比較して，休むことなく働き続け，文句も言わないため，離職防止や勤怠管理，リストラなどの労務問題から解放される。
④　生産労働人口減少の対策となる
　少子化による生産人口が減少するなか，少しの人手ですむ。

では，どのような企業が導入しているのだろうか。具体的に見てみよう。まず挙げられるのが，RPAを導入する業種は，金融・メーカー・サービ

第8章 人工知能が仕事を奪う!?

図表8-5 RPA導入による業務工数の削減効果

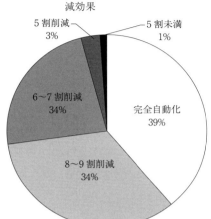

資料：日本RPA協会，RPAテクノロジーズ，アビームコンサルティングが2018年1月〜6月に実施した調査「RPA導入企業の実態把握」より。
出所：安部ら（2019：23）。

図表8-6 RPAの導入と業務改革を併せて実施する例

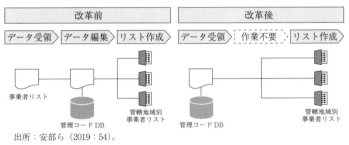

出所：安部ら（2019：54）。

ス業が多い点である（図表8-4）。さらに，RPAを導入した際の効果は，ほとんどが6割以上の業務を減らしている（図表8-5）。どのような形で人間の仕事がいらなくなるかというと，一例として図表8-6を見てほしい。図表8-5の中央に掲載された人間が行っていた作業（データ編集）がいらなくなるのだ。従来はこの部分は人間が行っていたが，それが自動化されると，必然的にその部分の人間の労働力がいらなくなる。

第Ⅱ部　Society 5.0とジェンダー格差

## （2）RPA導入に求められる環境の分類——サーバー型とデスクトップ型

では，このように便利なRPAを導入するには，どうすればよいのか。
RPAを動かす環境を，以下，紹介する（小佐井 2018）。

### 1）サーバー型

ロボットのプログラムはサーバー側にあり，サーバーからの命令でクライ
アント側のパソコンを操作する。中央で稼働スケジュール・運用監視等を一
元管理できる。これは，組織が一体となって完全自動化を促進している企業
向けである。サブスクリプション（製品，サービスの使用ついて，一定期間の
使用に対して代金を払う仕組み：年間契約使用料）契約だと，年額500万円以上
かかる場合が多い。

### 2）デスクトップ型

ロボットのプログラムは，クライアントのパソコンにインストールされて
おり，デスクトップ上で作動する。完全自動化ではないため，操作を実行中
にファイル指定・ダイアログの選択等，人間の判断や処理を取り入れること
が可能である。そのため，サブスクリプション契約だと，年額100万円程度
かかる場合が多い。

## （3）RPAツールの例

具体的なRPAツールの例を，図表8-7を基に紹介する。これらをみて
も明らかだが，導入コストがかかることと，あくまでも新規プログラムをそ
の業務に導入することになるため，それを実行するためには，事前に新たな
作業が必要になる。

まず，業務内容を洗い出し，その後，自動化する案件を決める。プログラ
ムが読みやすいように，案件をデータ化する必要がある。たとえば顧客デー
タなら，性別，地域別にわけた住所，購入品，来店日等である。こういった
洗い出し作業をしてから始めてRPAの導入に進めるため，日々，仕事に追
われ，人手不足である中小企業は二の足を踏みがちである。

196

第8章　人工知能が仕事を奪う!?

図表 8-7　RPA ツールの例

・Blue Prism

| 提供元 | 英 Blue Prism | | | | |
|---|---|---|---|---|---|
| 動作環境 | サーバー | | | | |
| 認識方式 | 座標指定 | ○ | 画像認識 | ○ | 画像要素認識 | ○ |
| 概　　要 | 2001年に設立された英 Blue Prism は RPA ツールの老舗的存在。2017年に東京に進出している。エンタープライズ向けの大規模ロボット集中管理ができるサーバー型RPA。RPA を導入するための確固とした管理基盤を構築した上でソフトウェアロボットを展開することを原則としている。<br>ロードバランシングや暗号化，監視等の機能を備え，堅牢で高いスケーラビリティ，セキュリティ，信頼性を念頭に設計されている。<br>ロボットの開発手順は Web サイトやアプリごとに操作用ソフト部品や，一連の処理をフローチャート形式で設定していく。専用の管理サーバーがロボットを VDI（仮想デスクトップ基盤）上に配置して動かす。画像認識では OCR を使って，画面上の文字をフォントも含めて識別できる。ロボットが入力した文字列など詳細なロボットの動作ログを自動収集できる。 | | | | |
| 価　　格 | 1,200万円（10ロボット）〜 | | | | |

・WinActor/WinDirector

| 提供元 | NTT データ | | | | |
|---|---|---|---|---|---|
| 動作環境 | サーバー，PC | | | | |
| 認識方式 | 画面要素認識 | ○ | 画像認識 | ○ | 座標指定 | ○ |
| 概　　要 | 純国産の RPA ツールである。NTT アクセスサービスシステム研究所が技術開発し，NTT アドバンステクノロジが製品化した。NTT データが製品の販売や導入支援を行っている。<br>デスクトップ型の RPA であり，各クライアントにインストールし実行される。Windows 搭載 PC での PC 操作と実行に特化している。手順は，録画形式による設定に加えて，あらかじめ用意された約300種類のコマンドによる設定も可能。記録した手順はフローチャートとして自動保存される。2017年9月に，「WinDirector」という管理・統制用のソフトウェアロボットが加わり，サーバー管理できるようになった。デスクトップ型 RPA で小規模スタートして，その後，規模を拡大するというステップが実現できる。 | | | | |
| 価　　格 | 年額90万8,000円 | | | | |

出所：小佐井（2018）。

　また小佐井宏之によれば，メディアの大々的な宣伝とは裏腹に，次のような理由から，活用がうまくできないことも多いという（小佐井 2018）。

第Ⅱ部　Society 5.0とジェンダー格差

① 最低限のプログラム知識が無いと活用が難しく，現場で働くものからすれば，業務が煩雑ななか，新たなRPAツールの操作を覚えるのは，抵抗感のあるものが大半である。

② 24時間稼働させるためには，中央運用監視機能が必要になるが，非常に高価であり，導入には二の足が踏まれる。

③ パソコン環境が変わったり，アプリケーションが不具合を起こす等のトラブルは発生する。

　まだ課題は山積みである。だが導入企業が増えコストが下がり，さらにRPA事態の技術進歩によって，かなりの低価格で高度な仕事を代替できるようになれば，普及が加速化されるだろう。

## 4　人工知能を基盤とした近未来の働き方

　前節では，人工知能技術の紹介をした。ここでは，人工知能にどのような仕事ができるのか，私たちの仕事はどうなるのか見ていこう。

### （1）人工知能にどんな仕事をさせたいのか

　日を追うごとに人工知能によって，私たちの生活が少しずつではあるが，便利になっていく。もちろん，ビジネスレベルと生活レベルでは人工知能を取り入れるかどうかは，大きく異なる。まずは，ビジネス，仕事の世界での実情を考える。

　人工知能を業務に取り入れるためには，何をすればよいのか。何を始めればよいのか。初めに決めておいた方がよいのは，人工知能に何をさせたいのかを考えることだ。人工知能は前述したように，コンピュータのプログラムである。そのプログラムは，何を目的にするのかによってプログラムの組み方が異なる。多くのアプリケーションが必要であったり，ソフトウエアを開

発したりして，それらを組み合わせて業務に適用できるように調整しなければならない。業務によっては，実用化するための資金や難易度が異なるため，開発を少しずつ，段階を経て進める方がリスクが少なくて済む。

最適なものを開発するには，投じてもよい資金，元となる社内のデータの整備等が必要になる。そのため，大野治は自身の経験から，「社内のコード体系の統一と基幹システムの実質的な統合が不可欠であり，これを推進するためには，力量をもったCIO（Chief Information Officer：最高情報責任者）が必要になる。人工知能の適用を成功させるためには，人工知能の継続的な育成が必要であり，それを担う人材を社内に確保し，彼らも併せて育成していかねばならない」と述べている（大野 2019）。

### （2）どのような人材が求められるのか

2013年にオックスフォード大学のマイケル・A・オズボーンが「雇用の未来（"The Future of Employment"）」という論文を発表し，将来，アメリカの労働人口の約47％，イギリスの35％，日本は49％が人工知能に置き換えられるという試算を出し，世界的に衝撃が走った。野村総合研究所は，オズボーンとカール・ベネディクト・フレイとの共同研究によって，国内601種類の職業について，人工知能やロボット等で代替される可能性を検討した。オズボーンと共同研究をした寺田知太らによれば，人工知能やデジタル労働力において，自動化・代替が難しい職業には，次の3つの特徴があるという（寺田ら 2017）。

#### 1）創造性が必要なもの

芸術，歴史学・考古学，哲学・神学など抽象的な概念を整理・創造するための知識を必要とする仕事である。人工知能は，大量の知識の整理が得意だが，新たに抽象概念を造り出したり，創造することは難しい。模倣することはできても，独創的な芸術性を習得することは不得手である。

第Ⅱ部　Society 5.0とジェンダー格差

### ２）社会的知性・コミュニケーション・協調性等のソーシャルインテリジェンス

次に挙げられるのが，他者との協調や，他者の理解，説得，交渉やサービス志向性のある対応等が求められる仕事である。人間同士の信頼が必要とされる場所や，顧客の表情や言い淀んだ様子を考慮しながら対応を変えるような高度なコミュニケーションが必要とされるものが該当する。

### ３）非定型的な業務

職務内容が体系化されておらず，作業プロセスをまとめることが難しく複雑で，臨機応変な対応や，状況判断が常に求められるもの。

### ４）新規雇用創生をどのように捉えるのか──岩本晃一による見解

① 仕事はなくなるのか

先に見たオズボーンの論文は衝撃的な数字であり，日本のマスコミ等がこの数値を紹介したことで，社会の中では，「人工知能によって仕事が奪われる」という言葉が一人歩きしたのが現状である。

だが岩本晃一が述べるように，この試算には，「新規雇用創出」を考慮していない。つまり，機械化によって，該当する仕事すべてが機械化されるわけではないということだ。たとえば，新たな職業として考えられるのは，データサイエンティスト，iOS開発者等である。これらの職業に就く人が少なく，また，これらの職業や人工知能技術等を学ぶ大学自体も多くない。そのため，これらを学ぶことが可能な大学の学部の志願者がかなり増加したとの報告がある。たとえば，近年の人工知能ブームを反映して，2019年度入学者の入試では，データサイエンスを学べる学部の志願者数が上昇していることだ（AERA編集部 2019）。人工知能技術を搭載した機械が増えることで，減る仕事がある一方，増える仕事もあるわけで，そのあたりを岩本は，以下のように整理している（岩本編著 2018）。

① 日本は，OECDの試算によれば，他国と比較して，職務が機械に代替されるリスクが少ない。なぜならば，アメリカ等が情報に関する

200

分野へ投資し，大型機械を購入し，定型業務を機械に代替させるためのシステム作りを進めていた頃，日本では，定型業務を機械化するのではなく，パートや派遣等の非正規を増やし，定型業務を行わせていた。そのため，2000年代あたりから，現在（2019年）まで，男女ともに非正規は正規以上に増加している。

② 日本的雇用慣行の一つである「新卒一括採用」で「総合職」として採用されたものの人事方針は，基本的に，数年間ごとにローテーションしながら，企業内の多様な職務，複数の勤務地域を経験することで，企業のゼネラリストとして機能させることである。そのため，1つのポストに長期間いるわけでなく，数年の移動が前提となっている。したがって，前任者と同じ仕事を数年間，無難にこなすことが最優先になる。新たに社内設備を人工知能等で情報化させるために，大量の時間と労力を割くよりも，労働力が必要な部分を非正規で置き換える方が失敗が少なくてすむ。派遣社員は，そういった企業側が求める労働力を，早急に必要な時期だけ雇用されている。


このように，オズボーンの見解を日本の雇用状況を加味した現状を報告している。

② 岩本晃一による日本の労働市場分析

岩本は，世界にオズボーン以上に大きな影響を与えたのは，マサチューセッツ工科大学のデイビット・オーター（David H. Autor）であるとして，オーターの見解（1979～2012年におけるアメリカでのスキル別職業割合の変化）を紹介している。具体的には，以下の通りである（岩本編著 2018）。


① 高スキルの職業の労働者は，継続的に増加しているが，上昇スピードが減速している。

② 中スキル（ルーティン業務の事務職等）の職業の労働者は，継続的に

第Ⅱ部　Society 5.0とジェンダー格差

仕事を失い，大部分の人は低スキルの仕事に落ちていく。同じ中スキルでも，「人と人とのコミュニケーションや対人能力を必要とする職業は増加した。

③　低スキルの職業の労働者は，継続的に増加し，上昇スピードが加速している。また，低スキルの労働者数が増加したのは，清掃作業を例にすれば，床掃除等は機械で代替できるが，すべてが機械化されているわけではないので，経済の発展とともにビルやトイレの数が増え，それに伴い労働者が増加した。

④　情報技術の進歩による経済格差（低スキル労働者の拡大と高スキル労働者）が拡大した。

また，その他にアメリカ，イギリス，日本のスキル別の職業ごとの労働者比率の変化から，次のように分析している（岩本編著 2018）。

①　アメリカ，イギリスは中スキルの労働者（ルーティン業務）を解雇してきた。アメリカのみ非ルーティン業務につく者も解雇してきた。

②　アメリカ，イギリスは，高スキルの労働者を自社内で養成，または新規採用してきた。

③　日本は，ルーティン業務の雇用者をほとんど解雇せず，非正規を中心とする人で置き換えた。

④　日本は，高スキルの労働者の養成，採用をほとんど行っていない。

⑤　日本は，雇用の現状維持の傾向が強いため，機械で置き換えることが可能な部分も人が働いており，結果として，生産性が落ち，グローバル化の波に取り残された。

日本の経済成長率が鈍化している要因の一つに，本来ならば，機械で置き換えることができる仕事を，雇用維持という従来からの慣習に従い，そちら

を優先していたことである。ただし私見を述べれば，機械との代替という点
では，製造ラインを中心に少しずつではあるが，進んでいるが，先に見た事
務労働，たとえばRPAによる仕事の置き換えは，始まったばかりであり，
そのあたりの労働の大部分が代替されると，その仕事に必要な人数は減少す
ると考える。

③　女性労働者の行方

　横山美和は世界経済フォーラムの見解を基に，女性の雇用状況について，
以下の見解を示している（横山 2018）。雇用減少が予想されるのは，先に見
たオズボーンの見解と同様に，ほとんどが事務職であり，逆に必要とされる
のがコンピュータ・数学，建築・工学等の関連分野になる。そのため，これ
から増える IT 関係やコンピュータの仕事につくことを進め，さらに次世代
に向けては理工系学部への進学や非定型業務のスキルを身に付けることを勧
めている。アメリカの事例を基に，今後，取るべき方向性を見極めることが
重要だとしている。

　これらの指摘からわかるように，これまで人間が行っていた仕事は部分的
に人工知能に置き換えられる可能性が高い。職務内容が変更され，人数も減
らされるだろう。

　人工知能やロボット等に代替される可能性が高い職業・低い職業の具体例
は，図表 8-8・9 の通りである。これらを見ると明らかだが，代替されにく
いものには人と直接関わる仕事が多く，反対に代替可能性が高いものは，機
械を相手にした単純で定型的な仕事が多い。では，どのような人材が必要に
なるかといえば，筆者は次のような者を考えている。


①　対人コミュニケーション能力が高い者。

②　その場，その場で相対する人に合わせた，臨機応変な対応ができる
　　者。

③　職務に対する専門性が高い者。

第Ⅱ部　Society 5.0とジェンダー格差

図表 8-8　人工知能やロボット等による代替可能性が低い100種の職業

| | | |
|---|---|---|
| ・アートディレクター | ・歯科医師 | ・内科医 |
| ・アウトドア | ・児童厚生員 | ・日本語教師 |
| 　インストラクター | ・シナリオライター | ・ネイル・アーティスト |
| ・アナウンサー | ・社会学研究者 | ・バーテンダー |
| ・アロマセラピスト | ・社会教育主事 | ・俳優 |
| ・犬訓練士 | ・社会福祉施設介護職員 | ・はり師・きゅう師 |
| ・医療ソーシャルワーカー | ・社会福祉施設指導員 | ・美容師 |
| ・インテリア | ・獣医師 | ・評論家 |
| 　コーディネーター | ・柔道整復師 | ・ファッションデザイナー |
| ・映画カメラマン | ・ジュエリーデザイナー | ・フードコーディネーター |
| ・映画監督 | ・小学校教員 | ・舞台演出家 |
| ・エコノミスト | ・商業カメラマン | ・舞台美術家 |
| ・音楽教室講師 | ・小児科医 | ・フラワーデザイナー |
| ・学芸員 | ・商品開発部員 | ・フリーライター |
| ・学校カウンセラー | ・助産師 | ・プロデューサー |
| ・観光バスガイド | ・心理学研究者 | ・ペンション経営者 |
| ・教育カウンセラー | ・人類学者 | ・保育士 |
| ・クラシック演奏家 | ・スタイリスト | ・放送記者 |
| ・グラフィックデザイナー | ・スポーツ | ・放送ディレクター |
| ・ケアマネージャー | 　インストラクター | ・報道カメラマン |
| ・経営コンサルタント | ・スポーツライター | ・法務教官 |
| ・芸能マネージャー | ・声楽家 | ・マーケティング・ |
| ・ゲームクリエーター | ・精神科医 | 　リサーチャー |
| ・外科医 | ・ソムリエ | ・マンガ家 |
| ・言語聴覚士 | ・大学・短期大学教員 | ・ミュージシャン |
| ・工業デザイナー | ・中学校教員 | ・メイクアップ |
| ・広告ディレクター | ・中小企業診断士 | 　アーティスト |
| ・国際協力専門家 | ・ツアーコンダクター | ・盲・ろう・養護学校教員 |
| ・コピーライター | ・ディスクジョッキー | ・幼稚園教員 |
| ・作業療法士 | ・ディスプレイ | ・理学療法士 |
| ・作詞家 | 　デザイナー | ・料理研究家 |
| ・作曲家 | ・デスク | ・旅行会社カウンター係 |
| ・雑誌編集者 | ・テレビカメラマン | ・レコードプロデューサー |
| ・産業カウンセラー | ・テレビタレント | ・レストラン支配人 |
| ・産婦人科医 | ・図書編集者 | ・録音エンジニア |

注：50音順，並びは代替可能性確率とは無関係。
出所：寺田ら（2017）。

第8章　人工知能が仕事を奪う⁉

図表8-9　人工知能やロボット等による代替可能性が高い100種の職業

| | | |
|---|---|---|
| ・IC 生産オペレーター | ・こん包工 | ・電算写植オペレーター |
| ・一般事務員 | ・サッシ工 | ・電子計算機保守員 |
| ・鋳物工 | ・産業廃棄物収集運搬 | 　（IT 保守員） |
| ・医療事務員 | 　作業員 | ・電子部品製造工 |
| ・受付係 | ・紙器製造工 | ・電車運転士 |
| ・AV・通信機器組立・修理工 | ・自動車組立工 | ・道路パトロール隊員 |
| ・駅務員 | ・自動車塗装工 | ・日用品修理ショップ店員 |
| ・NC 研削盤工 | ・出荷・発送係員 | ・バイク便配達員 |
| ・NC 施盤工 | ・じんかい収集作業員 | ・発電員 |
| ・会計監査係員 | ・人事係事務員 | ・非破壊検査員 |
| ・加工紙製造工 | ・新聞配達員 | ・ビル施設管理技術者 |
| ・貸付係事務員 | ・診療情報管理士 | ・ビル清掃員 |
| ・学校事務員 | ・水産ねり製品製造工 | ・物品購買事務員 |
| ・カメラ組立工 | ・スーパー店員 | ・プラスチック製品成形工 |
| ・機械木工 | ・生産現場事務員 | ・プロセス製版 |
| ・寄宿舎・寮・マンション | ・製パン工 | 　オペレーター |
| 　管理人 | ・製粉工 | ・ボイラーオペレーター |
| ・CAD オペレーター | ・製本作業員 | ・貿易事務員 |
| ・給食調理人 | ・清涼飲料ルート | ・包装作業員 |
| ・教育・研修事務員 | 　セールス員 | ・保管・管理係員 |
| ・行政事務員（国） | ・石油精製オペレーター | ・保険事務員 |
| ・行政事務員（県市町村） | ・セメント生産 | ・ホテル客室係 |
| ・銀行窓口係 | 　オペレーター | ・マシニングセンター・ |
| ・金属加工・金属製品検査工 | ・繊維製品検査工 | 　オペレーター |
| ・金属研磨工 | ・倉庫作業員 | ・ミシン縫製工 |
| ・金属材料製造検査工 | ・惣菜製造工 | ・めっき工 |
| ・金属熱処理工 | ・測量士 | ・めん類製造工 |
| ・金属プレス工 | ・宝くじ販売人 | ・郵便外務員 |
| ・クリーニング取次店員 | ・タクシー運転者 | ・郵便事務員 |
| ・計器組立工 | ・宅配便配達員 | ・有料道路料金収受員 |
| ・警備員 | ・鍛造工 | ・レジ係 |
| ・経理事務員 | ・駐車場管理人 | ・列車清掃員 |
| ・検収・検品係員 | ・通関士 | ・レンタカー営業所員 |
| ・検針員 | ・通信販売受付事務員 | ・路線バス運転者 |
| ・建設作業員 | ・積卸作業員 | |
| ・ゴム製品成形工 | ・データ入力係 | |
| 　（タイヤ成形を除く） | ・電気通信技術者 | |

注：50音順，並びは代替可能性確率とは無関係。
出所：図表8-8と同じ。

205

第Ⅱ部　Society 5.0とジェンダー格差

　これらの①から③の能力は，求められれば，すぐに身に付くことではない。

　①の場合，学齢期から始まる義務教育期間で学ぶ集団教育の中において，（幼児教育は義務ではないため），他者との関わりの中で身に付ける。様々な家庭環境の中で育つ児童が，教員の指示により，一斉に同じ行動を行うスタイルの中で，他者と話し合いながら，いかにして自身の意見を的確に伝えることが可能なのか，また，他者との付き合いの中で得手不得手をあまり作らず，学校生活を送ることで，対人コミュニケーション力が磨かれていくと考える。

　②の場合も同様に，学齢期からの義務教育で学ぶことである。学齢期において，身に付けた対人コミュニケーション力で，高等学校や大学等へ進学した際，さらに多様な環境の下で育った学友とコミュニケーションを図ることで，多様な価値観，多様な選択肢の中で，その場に応じた臨機応変な対応ができるようになる可能性が高い。

　③について，主に，その基礎は高等学校，大学等で身に付けることが多いが，仕事を得た後も，習得する機会は多々ある。専門知識を深く身に付け，経験を積むのは，短期間では難しいため，職種により異なるが一定の期間が必要となる。


## （3）企業はどのように対応するのか

### 1）業務のデータ化

　今まで人間がしていた仕事を機械が行うことを「デジタル労働力（デジタルレイバー）」というが，デジタル労働力が業務をこなすには，本章でも何度か指摘したように，業務内容をあらゆる手段を使って「データ化」することが必須である。画像認識，音声認識，センサー等，様々な手段を使って人間や機械の状態をデータ化しなければならない。

### 2）組織構造の変化

　企業にRPA等の人工知能を導入し，持続化させるには，業務のデジタル化を先導する部署やデジタルテクノロジーに精通した人材を一定数確保する

第8章　人工知能が仕事を奪う⁉

必要がある。また，業務をデジタル化することで，人工知能が業務すべてを
行うのではなく，人間がする仕事と人工知能がする仕事を分け，共存する形
で進めていくことが不可欠である。

### （4）職種により異なる人工知能の影響

#### 1）野村総合研究所の調査結果

　野村総合研究所の研究では，具体的な産業，職種が提示されている。具体
的に確認してみよう。

　まず職種ごとのコンピュータ化可能確率と雇用者数の分布を見ると，総合
事務員，その他の一般事務従事者，会計事務従事者，配達員，ビル・建物清
掃員，食料品製造従事者，電気機械器具組立従事者等は，コンピュータ化可
能確率が高い。反対に，その他の運搬・清掃・包装等従事者，介護職員（医
療・福祉施設等），看護師（准看護師），その他の営業職従事者等は，コンピュ
ータ化可能確率が低い（図表8‐10）。

　また，複雑で高度な仕事である弁理士，司法書士，公認会計士，鉄道運転
従事者はコンピュータ化可能確率が高い。反対に，医師，大学教員，裁判官，
検察官，弁護士，航空機操縦士はコンピュータ化可能確率が低いという結果
が出ている（図表8‐11）。

　だが，この調査結果からは，その職種に就く人たちの，雇用形態，年齢階
級，性別がわからない。そこで筆者が第1章で取り上げた「労働力調査」か
ら，どのような人たちがその職種に該当するのか，確認していこう。

#### 2）「労働力調査」（総務省）による筆者の予想値

　「労働力調査」（総務省）によれば，女性は，事務従事者，サービス職業従
事者，専門的・技術的職業従事者という職種で働くものが多い（図表8‐12）。
女性の事務従事者は，正規が404万人，非正規が318万人でその内パート・ア
ルバイトは199万人である。その他の119万人には，派遣や嘱託等の雇用期間
の短いものが該当する。女性の事務従事者の特徴は，35〜54歳の層の正規・

207

第Ⅱ部 Society 5.0とジェンダー格差

図表8-10 職種ごとのコンピュータ化可能確率と雇用者数の分布

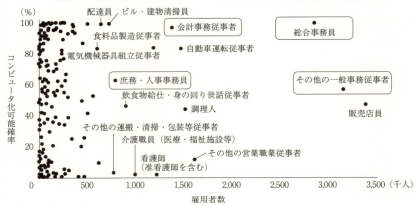

出所:図表8-8と同じ。

図表8-11 職種ごとのコンピュータ化可能確率と平均賃金の分布

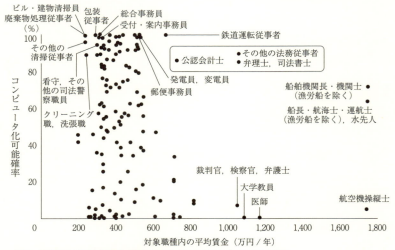

資料:平均賃金は厚生労働省「賃金構造基本統計調査」を基にNRI推計。
出所:図表8-8と同じ。

非正規が共に最も多いことである。まず,デジタル労働力に代替されるのは派遣や嘱託等であり,このような人々が担ってきた仕事はすでに金融関係を中心に,RPAの導入によりデジタル労働力に置き換えられはじめている。

208

第8章　人工知能が仕事を奪う⁉

図表 8-12　職業別年齢別雇用者数（上段：男女計・中段：女性・下段：男性）

(万人)

| | 総　数 | 15～24歳 | うち在学中 | 25～34歳 | 35～44歳 | 45～54歳 | 55～64歳 | 65歳以上 |
|---|---|---|---|---|---|---|---|---|
| 雇用者 | 男女計　5,859<br>女　性　2,639<br>男　性　3,220 | 540<br>272<br>269 | 179<br>90<br>89 | 1,058<br>479<br>579 | 1,321<br>589<br>732 | 1,389<br>637<br>752 | 991<br>433<br>558 | 560<br>230<br>330 |
| 管理的職業従事者 | 男女計　133<br>女　性　19<br>男　性　114 | 0<br>—<br>0 | —<br>—<br>— | 3<br>1<br>2 | 14<br>2<br>12 | 28<br>3<br>25 | 44<br>5<br>38 | 45<br>8<br>37 |
| 専門的・技術的職業従事者 | 男女計　1,140<br>女　性　547<br>男　性　593 | 75<br>46<br>29 | 15<br>5<br>9 | 248<br>126<br>122 | 282<br>137<br>145 | 274<br>129<br>145 | 183<br>81<br>102 | 78<br>28<br>49 |
| 事務従事者 | 男女計　1,297<br>女　性　787<br>男　性　509 | 68<br>47<br>21 | 9<br>4<br>4 | 229<br>153<br>76 | 317<br>203<br>115 | 364<br>216<br>148 | 231<br>117<br>114 | 87<br>52<br>35 |
| 販売従事者 | 男女計　860<br>女　性　380<br>男　性　480 | 108<br>61<br>48 | 55<br>30<br>24 | 153<br>68<br>85 | 185<br>72<br>113 | 197<br>83<br>115 | 129<br>57<br>72 | 87<br>40<br>48 |
| サービス職業従事者 | 男女計　841<br>女　性　575<br>男　性　266 | 138<br>82<br>56 | 81<br>44<br>37 | 129<br>81<br>48 | 156<br>106<br>50 | 157<br>120<br>38 | 134<br>101<br>33 | 127<br>84<br>43 |
| 保安職業従事者 | 男女計　118<br>女　性　8<br>男　性　110 | 7<br>1<br>6 | 1<br>0<br>1 | 24<br>2<br>22 | 26<br>2<br>24 | 22<br>2<br>21 | 20<br>1<br>19 | 19<br>0<br>19 |
| 農林漁業従事者 | 男女計　230<br>女　性　82<br>男　性　148 | 5<br>1<br>5 | 1<br>0<br>0 | 16<br>4<br>13 | 22<br>6<br>16 | 28<br>10<br>17 | 46<br>19<br>28 | 112<br>42<br>70 |
| 生産工程従事者 | 男女計　946<br>女　性　278<br>男　性　668 | 85<br>23<br>62 | 4<br>2<br>2 | 179<br>40<br>139 | 217<br>56<br>161 | 217<br>69<br>148 | 148<br>56<br>92 | 100<br>34<br>65 |
| 輸送・機械運転従事者 | 男女計　219<br>女　性　5<br>男　性　214 | 4<br>0<br>4 | —<br>—<br>— | 21<br>1<br>20 | 41<br>1<br>40 | 62<br>2<br>60 | 49<br>1<br>49 | 42<br>1<br>42 |
| 建設・採掘従事者 | 男女計　307<br>女　性　6<br>男　性　301 | 21<br>1<br>20 | 1<br>0<br>1 | 44<br>1<br>43 | 71<br>1<br>70 | 70<br>2<br>69 | 57<br>1<br>56 | 44<br>1<br>43 |
| 運搬・清掃・包装等従事者 | 男女計　477<br>女　性　218<br>男　性　259 | 34<br>10<br>24 | 12<br>2<br>9 | 56<br>38<br>18 | 86<br>37<br>49 | 98<br>48<br>50 | 94<br>51<br>43 | 109<br>55<br>54 |
| 分類不能の職業 | 男女計　88<br>女　性　41<br>男　性　47 | 12<br>7<br>6 | 4<br>2<br>2 | 16<br>7<br>9 | 17<br>8<br>9 | 17<br>7<br>10 | 12<br>5<br>6 | 12<br>6<br>6 |

出所：総務省（2018）「労働力調査」を基に筆者作成。

　次のサービス職業従事者では，正規が154万人，非正規が358万人でその内パート・アルバイトは315万人，その他は43万人と少ない。女性のサービス職業従事者の特徴は，正規では年齢階級による差異があまりなく，非正規では，35歳以降が多いことである。だが，サービス職業従事者とは，具体的には介護職員（医療・福祉施設等），訪問介護従事者，看護助手，飲食店店員等のことで，これらの仕事はデジタル労働力には置き換えられにくい。つまり，

第Ⅱ部　Society 5.0とジェンダー格差

女性でサービス職業に従事するのは，正規・非正規を問わず，人工知能による脅威が少ないと考えられる。

　最後に専門的・技術的職業従事者では，正規が341万人，非正規が159万人でその内107万人がパート・アルバイト，その他が52万人であった。正規が中心であり，非正規，それも派遣や嘱託等が少ないのが特徴である。

　正規は25〜54歳の層に集中しており，55歳を過ぎると徐々に少なくなる。だが，どのような産業であろうとも，専門職は必要であるため，非正規を多少減らすだけになると考える。

　一方男性は，生産工程従事者，専門的・技術的職業従事者，事務従事者という職種で働くものが多い。男性の生産工程従事者では，正規が485万人，非正規が98万人でその内37万人がパート・アルバイト，残り61万人は派遣社員か期間雇用者であり，まず，その部分から仕事の代替が始まる。パート・アルバイトでは，65歳以上の労働者が最も多い。正規は55歳を過ぎると，従業員の数が減少しはじめるのと同時に，非正規は55歳から増えはじめる。これは，正規を退職後，そのまま同じ職種で非正規で働くためと考えられる。

　生産工程従事者が働く製造現場では，人工知能を搭載した機械やシステムの導入が始まっており，機械導入に向けたハードル（社内システムの整備の進展，機械購入費の低価格化等）が低くなれば，中小企業も次々に導入すると考えられ，その結果，大幅に人間の労働力が必要なくなるだろう。

　専門的・技術的職業従事者では，正規が426万人，非正規が62万人でその内パート・アルバイトが21万人，その他の派遣社員，期間雇用者が41万人である。

　派遣社員等の比率が，パート・アルバイトよりも多いが，これは，必要な期間だけ雇用関係を結び，それが終わると契約期間の雇用を終了するという形で，企業が対応しているためと考えられる。また専門的・技術的職業従事者では，パート・アルバイトの65歳以上の人数が多い。ここのパート・アルバイトのみ，未婚の労働者が多いのが特徴である。

210

事務従事者は，正規が413万人，非正規が82万人でその内パート・アルバイトが23万人で，残りの59万人は派遣等の期間雇用者である。男性事務従事者の特徴は，非正規で65歳を過ぎると，派遣等その他の労働者が多くなることである。

### ３）２つの調査が示すこと

野村総合研究所の調査と労働力調査の結果を踏まえて考えると，男女合わせて現在約1,200万人いる事務職で働くものは，RPAの導入等により，徐々に仕事が人工知能に置き換わる可能性が高い。事務職は男女ともに正規が多く，年齢層別に見ても，働き盛り世代である30〜40代が中心である。まずは非正規の仕事が無くなるが，正規の仕事も徐々に無くなり，その正規のものは，別の部署に異動になる可能性が大いに考えられる。

次に専門職の男女についてだが，こちらも男女とも正規が中心であり，特に女性にその傾向が強い。専門職の場合，公認会計士や司法書士等の法律関係であれば，デジタル労働力に置き換わる可能性が高いが，大学教員，医師，看護師，介護職員，保育士等の福祉関係の専門職の場合，デジタル労働力に置き換わる可能性はかなり低い。女性の場合，医療，福祉関係で働く専門職が多いことは前述した通りである。言い換えれば，女性の専門職は今後の社会においても，人間が行う仕事として重要視されることは間違いない。

最後に，男性労働者が多い生産工程で働くものは，すでに大型の機械それも人工知能を搭載したものが導入されつつある。そうなると，この部分に導入する労働力は別の部分に置き換えられる可能性が高くなる。女性のサービス職業は非正規が多いが，人工知能に置き換わる可能性が低い分野なので，デジタル労働力の脅威とはほど遠い。

2015（平成27）年前後あたりから，人工知能が人間の仕事を奪うとマスコミは騒ぎ立てており，実際に大企業を中心にRPAの導入等が少しずつ進められていた。その矛先となる労働者が，男性の正規が多い分野に集中していたことが，ここで紹介した調査から明確になった。だからこそ，マスコミ等

第Ⅱ部　Society 5.0とジェンダー格差

は，大々的に騒ぎ立てていたことが明らかになったのと同時に，大学生等は，この調査結果を踏まえ今後の職業選択を考えた方がよいだろう。

第 **9** 章　「便利な社会」がもたらす変容
　　　　　——IoT を基盤とした Society 5.0での
　　　　　　　生活と仕事

## 1　インターネット社会の到来

### （1）インターネットとは何か

　インターネットとは，TCP／IP（transmission control protocol／internet protocol）という通信機能を標準装備し，デジタル化した情報をパケットという小荷物のような塊に分け，宛先に番号を付け空いている回線を利用して，相互に接続し情報を送信するコンピュータネットワークのことである。

　インターネットが私たちの生活にとって，なくてはならないものになってから日は浅い。2019（令和元）年時点においても，総人口の中では，インターネットの無い生活を経験した人の方が多い。インターネットの無い生活を経験した世代にとっては，ボタン1つでグローバルな世界，すなわち国境を越えたコミュニティや組織とつながること自体，夢のようなことである。インターネットの存在が，生活世界を変化させ，私たちの利便性を向上させたのだ。またインターネットには，①グローバル，②透明性，③多様なカルチャー，④自由と匿名性，⑤公平ではなく公正，⑥コモンズ，⑦機会の提供という7つの維持すべき特徴がある（江崎 2016）。

　江崎浩によれば，インターネットは「グローバル」な空間をもっており，国境を越えたコミュニティや組織を任意に作ることができる。そしてこれらのコミュニティや組織は，特色を持った「多様なカルチャー」を形成し，発展させることもできる。インターネット上では，個人が「自由」な情報発信を行うことを「匿名性」によって確保され，さらに情報の加工が途中の通信

第Ⅱ部　Society 5.0とジェンダー格差

経路で行われない。つまり通信の「透明性」が前提条件になっている。イン
ターネットの利用は，「コモンズ」の考え方に基づき，他人に悪影響を与え
ない範囲で，自由な活動を可能とする環境が提供される。その上で，すべて
の個人・組織に同一のサービスを提供する「公平ではなく公正」な条件の下，
誰でも新しい取り組みや競争に参画する「機会の提供」が行われると述べて
いる（江崎 2016）。

　また江崎は，このようなインターネットを経由して，産業や社会のシステ
ムを構築することを「インターネット・バイ・デザイン」と呼んでいる。そ
して，この特徴として，次の7つ挙げている（江崎 2016）。


①　グローバルで唯一のネットワーク

　インターネットは，国境などの境界を意識せずに「グローバル」に相
互接続されており，地球で「唯一のネットワーク」である。

②　選択肢の提供

　インターネットの本質は「選択肢の提供」であるため，部品等の共通
化が必要となり，技術が標準化されることで，協調して新しい市場を創
造し，そこで公正で自由な競争が行われるようになる。

③　動くものの尊重

　選択肢の提供を助けるためには，技術の最適化を意図的に行わず，
様々な部品等を導入できる環境が保持されなければならない。動くもの
を尊重しながら，システムのイノベーションを継続することを意識した
設計が重要になる。そのため，初めからシステム全体を精緻に設計する
のではなく，動きながら・動かしながら順次修正を加えて，環境の変化
に柔軟に対応させていく必要がある。

④　最大限の努力（ベストエフォート）とエンド・ツー・エンド

　最大限の努力に基づいたサービスを提供することで，品質の向上が継
続的に達成されるエコシステムが実現される。最終的には，サービスの

品質と機能を達成することは，ネットワークの端（エンド）にいるユーザーのコンピュータの責任で行われる（エンド・ツー・エンド）。

⑤　透明性

インターネットでは，情報を自由に発信することが匿名性によって確保され，その中味の加工も経路上で行われないため，透明性を持った方法が維持される。これによって利用者と利用法（アプリケーション）を制限しないインフラが登場し，持続的な進化，非常時の耐性，マルチカルチャーの創成が実現される。

⑥　社会性と協調

誰もが自由に利用して，新しい活動（イノベーション）を行える。この特質は，社会性と呼ばれており，ユーザーとアプリケーションを制限しないことで，新しい要因がシステムに継続的に投入され，その結果，個人の自律的投資が社会全体のシステムを向上させることに貢献し，さらに個人が享受できる機能・サービスが増大する。このような協調（相互支援）が個人かつ社会の利益の実現につながる。

⑦　自立性・自律性・分散性

インターネットには，情報を一時的に保存するバッファ機能（蓄電機能）が導入されたため，自身のシステムが外部のシステムに影響されない自立性，自身のシステムの構成や制御を決められる自律性，各々のシステムが広い範囲に存在しながら，自由に相互接続が可能となる分散性である。


## （2）コンピュータとは何か

では，インターネットに接続するための機器であるコンピュータとは何か。コンピュータとは情報処理の機械であり，情報処理とは，処理の目的，こうしたいという人の意図，その意図を実現するための手順がプログラム（利用者が望む情報処理の手順を記述したもの。目的とする処理を行わせるために命令

第Ⅱ部　Society 5.0とジェンダー格差

図表9-1　コンピュータの5大要素

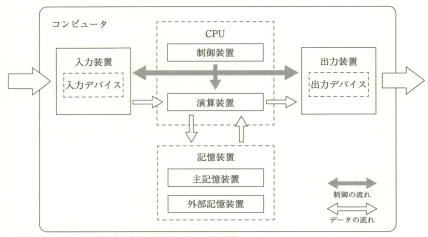

出所：組込み技術者育成委員会編（2008）を基に筆者改変。

〔機械語〕を組み合わせる）の形で具体化し，複雑な計算を自動的に行うものである（図表9-1）。コンピュータには，次のような5つの機能がある（組込み技術者育成委員会編（2008）・小泉（2000）・デイビッドら（2014）を基に筆者改変）。

① 入力装置…コンピュータに情報や命令を取り込むための装置（キーボード）。
② 出力装置…計算処理の結果をユーザーに伝えるための装置（ディスプレイ，プリンタ）。
③ 記憶装置…データを記録し保存する機能（主記憶装置：一時的な記憶に用いる・外部記憶装置：永続的な記録に用いる）。
④ 制御装置…コンピュータ全体の各装置の状態を制御する装置（人間の脳や中枢神経）。
⑤ 演算装置…入力されたデータに対してソフトウエアの命令により計算や加工を行う装置。

第9章 「便利な社会」がもたらす変容

　また，中央処理装置（Central Processing Unit：CPU）は，プログラムにより指示された命令を実行する。計算手順はデータとして記録して与える方式（プログラム内蔵方式）になっている。

　越塚登によれば，コンピュータの中でも，特定の機能を専門的に行うために，機械や機器に組み込まれたコンピュータ，またはその機械全体を組込みシステムといい，たとえば，パソコンや家電製品，携帯電話，AV機器等がそうである。特徴は，センサー（機械や環境の状態〔温度・湿度・圧力・明るさ・音の大きさ等〕を電気などの信号に変換する装置）とアクチュエーター（コンピュータが出力する信号に応じて，電気回路のスイッチの入切を制御したり，モーターを回すといった制御を行う機械）を介して，現実の世界とコンピュータをつなぐ点である。

　このシステムは，センサーの出力を組込みコンピュータが受け取り，その出力されたデータを使って，計算を行い何らかの判断を行う。その判断に応じてアクチュエーターを制御する。この一連の流れをあらかじめ，プログラム化しておき，コンピュータに組み込んでおくことで，ハードウエアだけではできない複雑な動作ができるようになるという（越塚 2015）。

## 2　IoTがもたらす社会・生活の変化

### （1）IoTとは何か

　IoTとは何だろうか。IoTとは「Internet of Things」の略語であり，「モノのインターネット」と訳される。モノのインターネットといってもピンとこないだろうが，2015（平成27）年頃から，国や産業界では，IoT化を進めるために様々な施策が実施されている。

　坂村健によれば，IoTという言葉が初めて使われたのは，1999年にアメリカのプロダクター＆ギャンブル社のアシスタント・ブランド・マネージャーであったケビン・アシュトンが同社の重役に対して「RFID（Radio

217

第Ⅱ部　Society 5.0とジェンダー格差

Frequency IDentification）という電子ダグがサプライチェーンを変革する」
ことを説得するためのプレゼンテーションタイトルとして使用したのが最初
である（坂村 2016）。

　インターネットは主にウェブやメール等の人間同士のコミュニケーション
手段であるが，IoT はコンピュータに組込まれたモノ同士が企業・組織・ビ
ル・住宅等所有者の枠を超えてつながるネットワークであり，オープンなイ
ンフラを目指すものである。モノとモノをつなげるためには，「場所に情報
をくくりつける」（例：ラップされたみかんについている QR コードをスマート
フォン等で読みこむと生産者，流通ルートがわかる）ことが重要である。モノ
をネットワーク，たとえばインターネットにつなぐ必要があるのだが，それ
には，①パソコン（スマートフォン，タブレット等），②機械類，③その他と
いう３つの手段がある。

　IoT 実現のためには，モノをインターネットにつなぐ必要があり，その際，
インターネットを経由して私たちの生活状況を認識させねばならない。荻原
裕らによれば，モノ，ヒト，環境等，現実世界の状態や変化をセンサー搭載
機器によってデータ化し，ネットワークを通じてサーバー等にそのデータを
収集し，その分析結果を現実世界にフィードバックすることで価値を生み出
す仕組みなのだという（荻原・白井 2016）。

　また根来龍之が指摘するように，IoT 化が進むことで，産業のソフトウエ
ア化，ネットワーク化，モジュール化が進む。そして IoT は，製造業ビジ
ネスについて，これまでの「モノ」の提供だけでなく，「モノ」プラス「サ
ービス」へと変化させつつあるという。最近の消費傾向は，モノの消費より
もコトの消費へシフトしつつあり，どのようなサービスがプラスアルファと
してついてくるのかで（例：購入者限定の配信サービス利用で商品の CM に出
ているアイドルのライブに招待），モノの購入の有無が変わる，そういう時代
に変化しつつあるのが現状である（根来 2017）。

第❾章 「便利な社会」がもたらす変容

図表9-2 社会のあらゆるシーンに広がり浸透してゆく IoT から
　　　　膨大なデータが生み出される

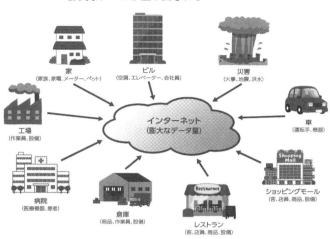

出所：吉澤ら（2017）。

### （2）IoT が注目される技術的背景

前述したように，IoT という言葉は1999（平成11）年頃から使われ始めた。当時からある RFID や IC タグは，小さな IC，マイクロチップ（小さな半導体の板に複数の電子部品を埋め込んだもの）をモノに埋め込み，そこからセンサーを発してモノを識別するのだが，それらの急速な普及も IoT 社会の実現に向けて拍車をかけている。こういった技術的な進歩も含めた背景として，吉澤穂積らは次の6点を挙げている（吉澤ら 2017）。

① センサーデバイスの低価格化・小型化・省電力化。
② センサー種類の多様化。
③ キャリア回線の低コスト化。
④ 無線ネットワークの普及。
⑤ クラウドの普及。
⑥ 人工知能の進化。

第Ⅱ部　Society 5.0とジェンダー格差

　これらの進化によって，IoT 社会の実現が難しくなく，あらゆるものがインターネットにつなぎやすくなり，簡単に大量のデータを集め，それを分析することが可能となった。そうすることで新たなサービス，新たな産業，ビジネスが生まれやすくなったのだ。図表9－2はそのイメージ図である。

## 3　IoT 社会の実現と Society 5.0

### （1）IoT と Society 5.0との関係性

　近年，人工知能の発達，IoT 社会実現に向けたインターネット環境の整備等，科学技術はスピードを上げて変化し，かつグローバル化が進んでいる。

　グローバル規模で変化が加速する中，日本社会では，IoT 社会の実現，つまり生活世界の中でモノがインターネットにつながることで実現する社会をSociety 5.0（次項参照）とし，その社会の実現を目指して，様々な方策を実施している。その際，インターネットでつながる世界を「仮想空間（サイバー空間）」とし，生活世界における現実の世界を現実空間（フィジカル空間）と表現する。インターネットへの接続に関しても，世帯別に主な情報通信機器の保有状況をみると，スマートフォン（79.2%），パソコン（74.0%），固定電話（64.5%）となっており，今やスマートフォンの保有率が最も高い（図表9－3）。

　スマートフォンは，モノをインターネットにつなぐための，最も身近で最適な手段である。保有率の増加は，IoT 社会実現に向けたスピードを加速化させるだろう。第8章でも取り上げたいわゆる「スマート家電」や「スマート〇〇」の急速な普及が象徴するように，私たちの生活の中に少しずつだが，人工知能技術やスマートフォンを介した生活の利便性を向上させるものが同居しはじめているのだ。

220

第❾章 「便利な社会」がもたらす変容

図表 9 - 3 　主な情報通信機器の保有状況の推移

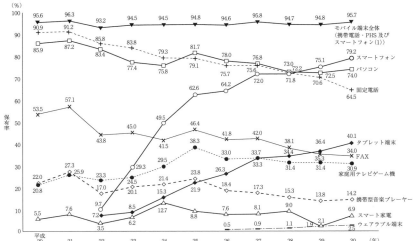

注：(1) 「モバイル端末全体」には携帯電話・PHS と，平成21年から平成24年までは携帯情報端末（PDA），平成22年以降はスマートフォンを含む。
　　(2) 経年比較のため，この図表は無回答を含む形で集計。
出所：総務省「通信利用動向調査 平成30年度」。

## （2）Society 5.0とは何か

　Society 5.0という言葉は，近年，よく耳にすることがあるかもしれない。だが，その概要や，今後，日本社会がいつ頃，どのようになっていくのかはあまり知られていないようである。筆者も大学において，講義の中でSociety 5.0を取り上げると，言葉を知っている学生は多少なりともいるが，その内容についてはわからないという学生が大半である。

　では，Society 5.0とは具体的に何を指すのか。図表 9 - 4 を見てほしい。Society 5.0とは，狩猟社会（Society 1.0），農耕社会（Society 2.0），工業社会（Society 3.0），情報社会（Society 4.0）に続く新たな社会であり，これは前述した科学技術基本法に基づく第 5 期科学技術基本計画において提案されているものである。

　現在，国のあらゆる省庁を横断する形で，Society 5.0の実現に向けた取組

221

図表 9-4　Society 5.0の概要

サイバー空間とフィジカル（現実）空間を高度に融合させたシステムにより、経済発展と社会的課題の解決を両立する、人間中心の社会（Society）

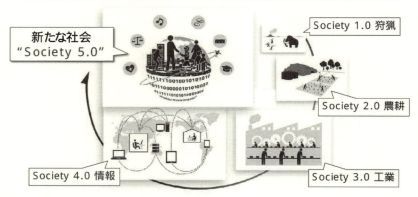

出所：内閣府資料。

を進めており，内閣府は，このSociety 5.0を「サイバー空間（仮想空間）とフィジカル空間（現実空間）を高度に融合させたシステムにより，経済発展と社会的課題の解決を両立する，人間中心の社会（Society）のこと」と定義している。要は，インターネットを経由して，私たちの生活をより豊かに，便利にしていこうというものである。

私たちの生活の中で，手間暇がかかり面倒だと思うこと，こういったことがあれば便利だと思うことがインターネットを経由して，遠隔操作されると考えればわかりやすい。たとえば帰宅時間が遅い場合，帰宅するまで自身の部屋の照明は消灯したままである。だが，今やあらかじめ点灯時間を設定しておけば，指定した時間になると灯りがつくという操作は，スマートフォンからの操作で可能な時代なのだ。

### （3）Society 5.0が目指す社会

Society 5.0が目指す社会は，私たちの生活をより快適に，より便利にする

社会である。その実現に向けて，日本の技術的な側面では問題ないが，生活者としての私たち自身やそのシステム作ったり，動かしたりするモノづくりの企業等が，これまでの社会のしくみや企業の仕組み，そして考え方を変えないと，この社会に適合するのは難しい。高度な技術と人材，それを融合させる人材の登用が必要不可欠である。

　では，何を進めていけばよいのか。Society 5.0の基本は，いうまでもなく，「インターネットを経由する」ということだ。そういった観点で私たちの生活空間をみると，どうだろうか。2019（令和元）年の時点でも，公衆の場面ではインターネットにつながりやすい環境が着々と進んでいるのを実感しないだろうか。

　国は2020年の東京オリンピック・パラリンピック開催に向けて，訪日する外国人に対して，日本で世界最高水準のICTを「サクサク」利用できるように，選べて（Selectable），使いやすく（Accessible），高品質な（Quality），ICT利用環境を実現することを目指したアクションプラン「サクサクジャパンプロジェクト SAQ2 JAPAN Project」を2014（平成26）年6月に公表した。このプランでは，特に公衆無線LANを整備し，フリーで手軽にWi-Fi環境につなげるようにすることが目的である。つまり生活の中でインターネットを経由するということが容易になり，それを基盤としてより便利な生活，社会を目指していくのである。そういった社会は，IoT，つまりモノとモノがインターネット経由でつながり，多くの知識や情報が常に共有できる状態を生み出すことになる。

　前述したように，これまでの情報社会（Society 4.0）では，インターネットに接続後，データベースにアクセスし情報を得ていたが，Society 5.0では，人工知能による大量のデータ解析の結果から，より的確な方向性を示すことを目指している。今後の社会は，IoT化が進むことで，すべてのヒトとモノがつながり知識と情報が共有され，より快適で幸せな生活を送ることが可能となる。たとえば，人工知能の発達で，自動運転，ロボット介護，農作業の

第Ⅱ部　Society 5.0とジェンダー格差

**図表 9-5　Society 5.0が可能にすること――経済発展と社会的課題の解決の両立**
イノベーションで創出される新たな価値により、格差なくニーズに対応したモノやサービスを提供することで、経済発展と社会的課題を解決を両立

出所：図表9-4と同じ。

自動化，人工知能による調理等が可能となるだろう（図表9-5）。

### （4）私たちの生活はどのような方向に向かうのか
#### 1）社会・集団から個人へ――IoT化の影響

　日常生活を行う上で何か変わるのだろうか。山﨑弘郎は，これまでの社会，つまり社会が提示したスケジュールに合わせて，個人が動くことを「スケジュール駆動の事象」と呼び，反対に個人の意思で社会のスケジュールに参加できることを「イベント駆動の事象」と定義している（山﨑 2018）。

　生活のすべてがそうではないものの，これまでは社会・企業・学校等の都合が最優先で物事のスケジュールが決められ，私たちは，そのスケジュールに合わせて，行動するのが当然の生活をしていた。だが，IoT化が進むと，「個人」という視点で物事を進めることが増えると考える。それもコストをあまりかけずにできるとなれば，非常に快適なことではないのか。

　取組が意欲的に進められているのは，少子高齢化社会化が進む中，医療の

224

分野と日本経済の骨幹である製造業というものづくりの現場である。また第8章で前述したように，近年は，人間の労働力の代替として人工知能によるデジタル労働力（デジタルレイバー）が注目されている。IoT化が進むと，個人という視点で物事を進めやすくなるだろう。以下では，医療・製造業等の今後，そしてどのような人材が求められるのかについて，そして，IoT社会での未来像について考える。

### 2）医　　療

医療分野では，個人のニーズにあった医療サービスの基盤となるデータを整備する。現在の状態では，各個人の医療情報は各病院が管理しており，たとえば，風邪をひいた際，会社近くのA病院を利用し，医師の診断を受け，処方箋を受け取った。また，数カ月後に風邪をひいた際，自宅近くのB病院を利用したら，別の医師が診断し薬を出してもらった。

これでは，医療機関ごとに自身のこれまでの病歴や症状を毎回説明することになり，医師・患者ともに手間がかかる。それを個人の健診・診療・投薬情報が，医療機関等の間で共有できる全国的な保健医療情報ネットワークを構築し利用できるようになれば，情報が共有され，患者自身も何度も同じ手間をかけずに済む。その他，健康状態や服薬履歴等を本人や家族が随時確認できる仕組み（Personal Health Record：PHR）の本格的稼働，自宅で在宅ケアを受けられる「オンラインでの医療」の実現等，インターネット環境の整備とそれを実現するために医師，薬剤師，看護師等が連携すれば，可能になると考えられる。

### 3）製　　造

製造業をはじめとするサプライチェーン（製造業において，原材料調達・生産管理・物流・販売までを一つの連続したシステムとして捉えた時の名称）では，人手不足が深刻化している。そのため，人工知能を利用した製造機械を導入することで人手不足を補ったり，顧客ニーズの変化により，モノだけではなく，新たな付加価値を付けたサービスを提供すること等が重要な鍵となって

第Ⅱ部　Society 5.0とジェンダー格差

いる。

　だが人工知能を最大限に活かすためには，課題が山積みである。IoT 化するには，各部品・商品等のデータが連携・連動する必要があり，それには，大変な時間とコストがかかるのに加え，企業の役員クラスのものがトップダウンで指揮をとり，進めていかないと一筋縄ではいかない。ものづくりの生産工程全般において生じるデータの活用・流通を促すためには，各企業がそれぞれに独自に構築しているデータを共有化し，連携する必要がある。そのために，各部品，商品につける電子タグから得られる情報を共有化するためのフォーマットや共通ルールの整備が必要である。

### 4）人　　材
### ①　仕　　事

　第8章でも前述したように，これまで人間が行ってきた労働の中でも，定型的な仕事は人工知能の進歩で，大企業を中心に RPA 等が肩代わりしはじめている。そうなると，たとえば，これまで100人で行っていた仕事が10人で済むようになると，残り90人はどうなるのか。

　労働者人口が多く且つ人工知能に代替されやすい事務職の場合，まず非正規の派遣やパート・アルバイトの仕事を無くし，その後，正規の人材を別の部署に移動させたり，異なる仕事を割り当てたりするようになると考えられる。解雇は，どのような雇用形態であろうとも，合理的な理由が無いと行えないので，非正規ならば契約更新をしない等を理由にして，人材減らしを行うと予想される。

　また私たちにできる自衛手段として，これまで自身が継続してきた仕事，ここの例でいうと事務職であるが，これは，あらゆる専門家が，今後の人工知能の進化で仕事が無くなると警笛を鳴らしている。確かに事務職は，先にみた RPA 等の導入で，人員削減が進む職種である。だが機械を購入し，プログラム等の導入を管理するデータサイエンティストや専門部署の立ち上げ，専門職員の雇用等多くのコストがかかる。さらに新システム導入になると，

そのシステムを使用し，日々，仕事をするものが使いこなさなければならない。また頻繁ではないが，システムダウン等のトラブルに見舞われることもある。そういうリスクがあることを踏まえ，その対応が可能なのは，今のところ，大企業が中心であるというのも事実である。従業員規模が小さく，複雑な事務処理を多くの部署で，多くの人手をかけて日々，職務をこなすのに手一杯の企業では，すぐに導入できないし，また，かえって導入コスト（トラブルも含めた）を考えると，現状より少し仕事が楽になる程度を望むと考える。

あるいは，反対に年齢層が若かったり，人手不足感の強い，介護，保育，看護等医療分野の仕事に興味があるならば，その分野の仕事を新たに始めてみるのも悪くない。当面続く，少子高齢化はさらに加速することが予想されており，国家資格を取得すれば，日本全国どこでも仕事をすることは可能である。また，ひとり親世帯であっても，諸手続きを踏めば，保育士，看護師等の資格を取得し，その後，仕事をはじめれば，資格取得までに必要であった資金を一定額免除される。

②　教　　育

今後の IoT 社会を見据えた「情報科学」関連の教育も，充実が望まれる分野である。教育の入口である義務教育期間中の教育は，個人にとって社会生活を送る上で最低限の知識が得られる機会である。たとえば，文部科学省は新たな小学校の学習指導要領の中で，「学習の基盤となる資質・能力」について，これまでの言語に関する能力だけでなく，「情報活用」に関する能力も同等に位置づけた。この情報活用能力を育成するために，特に小学校では，「児童がプログラミングを体験しながら，コンピュータに意図した処理を行わせるのに必要な論理的思考力を身に付けるための学習活動」を計画的に実施することとした。この段階でのプログラミングは，プログラミング言語を覚えたり，プログラミングの技能を習得したりではなく，論理的思考力の育成やプログラムの働き，コンピュータ等を活用して身近な問題の解決に

第Ⅱ部　Society 5.0とジェンダー格差

主体的に取り組む態度等を育むことである。

そして2020年から開始されるプログラミング教育とは,「プログラミング的思考」を身に付けることが大きな目的である。「プログラミング的思考」とは, 子どもたちが, どのような職業についても, 普遍的に求められる力であり, 「自分が意図する一連の活動を実現するために, どのような動きの組合せが必要であり, 一つひとつの動きに対応した記号を, どのように組み合わせたらいいのか, 記号の組合せをどのように改善していけば, より意図した活動に近づくのか, といったことを論理的に考えていく力」のことである。[2]

このように, 小学校の段階で, プログラミング学習が開始されることは, 未来人材育成という点で, 大いに評価できることである。

## 4　新たな価値の創出と人間関係の重視
──Society 5.0における仕事で重視されること

本書においては, 第Ⅰ部では現代社会における労働問題を考え, 第Ⅱ部では人工知能の発展を踏まえた IoT 社会実現に向けたこれまでの経緯と, 予測される今後の労働の変容について考えてきた。これからの社会は, 人工知能, つまり人間の脳に近い構造をもつプログラムの活用によって, 私たちが生活する社会がより便利になるだろう。筆者はこのような社会的状況の中で, 日本で望まれる仕事は次の通りだと考える。

① 臨機応変, または柔軟な対応が常に求められる職務。
② 人と関わることが仕事の中心である職務。
③ 人を人として, 尊厳をもって接することが重視される職務。

これらは, 人工知能に仕事を代替される可能性が低い。人工知能は, 様々な人やモノ・情報等が複雑に絡み合い, さらに突然の想定外の出来事に対する対応は難しい。いうまでもなく, 人工知能は, 人ではなくあくまでコンピ

第9章 「便利な社会」がもたらす変容

ュータ上のプログラムである。

　国は，先に見た科学技術基本法施行後，理系人材の育成を就学期の児童か
ら研究者まで進めてきた。この人材育成はさらに近年，IT関連，人工知能
関連等，より具体化された形で理系人材を求めていることにつながる。では，
こういった流れがあると，人文社会科学系の人材はどうなのか。実は，科学
技術基本法施行時から出されている科学技術基本計画（第1期〜第5期）の
中において，人文社会科学に関する記述が見受けられる。

　最新の第5期基本計画では，人文社会科学に関する基本的考え方として，
アジアの科学技術先進国である日本は，課題解決と経済成長を同時に達成す
る経済・社会システムの構築に向けた取組を，人文社会科学と自然科学の知
を総合的に活用して，世界に発信することが重要だとしている。そのため，
第5期科学技術基本計画の基本方針の中では，「科学技術イノベーション」
政策を推進するための仕組みを人文社会科学及び自然科学のあらゆる分野の
参画の下で構築していき，「超スマート社会」における競争力向上と基盤技
術の強化のために，AI技術やセキュリティ技術の領域等において，人文社
会科学及び自然科学の研究者が積極的に連携・融合して研究開発を行い，技
術の進展がもたらす社会への影響や人間及び社会のあり方に対する洞察を深
めることが重要だと説いている。また，大学等の研究機関においても，人文
社会科学及び自然科学のあらゆる分野間の人材の交流を進め，学際的・分野
融合的な研究を促進する組織的取組を実施することが望ましい。

　また，「科学技術イノベーション」を推進する際，遺伝子診断，再生医療，
人工知能等の分野で，新たに倫理的・法制度的・社会的課題となる事例が増
加している。これらを人文社会科学及び自然科学の様々な分野が参画する研
究を進め，その成果から社会的な利害を調整し，新たな制度的枠組みについ
て検討し，必要な措置をとるようにすることも求められている。

　最新の第5期科学技術基本計画においては，これまでの科学技術の進歩を
私たちが有効に活用するには，特定の分野（自然科学）があらゆる事柄に関

229

第Ⅱ部　Society 5.0とジェンダー格差

わり先導していくのではなく，人文社会科学分野の研究成果・視点を踏まえ，研究等を進めていくことが重要と提言している。

このように，すでに科学技術基本計画の中では，文理融合，人文社会学との共存，連携が必要だとされているのだ。なぜなのか。複雑で先行き不透明な現代社会において，今後の社会のあり方について考えると，グローバルな視点，多様な価値観，そして複数分野の知識を踏まえて社会が求めるものや社会的問題に取り組む必要性がある。私たちは，社会の中で生活しているわけであり，その社会構造，規範，経済の流れ，国内外の歴史，法制度，社会意識等を踏まえた自然科学，科学技術分野での研究成果を出すことが，持続可能な社会の実現につながる。ただし，どのような連携が可能かは，科学技術振興機構（JST），研究開発戦略センター（CRDS）が中心となって方策を提案している。

では，どのようなことが求められているのか。たとえば，社会的な問題を解決するためには，問題の背景にはどのような要因があり，どのような解決方法があるのかを考える際の基礎的な力として，物事を論理的に考え課題解決の実行に向けて規範的な判断力が必要となる。このような力を養うためには，人文科学系での学びが必要であり，社会的な問題の解決法では，社会科学の知識が求められる。

このような多様な価値観を身に付けるために，大学においても，リベラルアーツ教育の充実，重要性が提示されており，「採用と大学教育の未来に関する産学協議会」でもそのことは指摘されている。そのために現在，文理融合教育を進めるために，文理融合の新たな学部設置や人材不足解消に向けた人工知能，データサイエンス学部の新設の推進も議論されている。先に言及したが，2019年度入学者の入試では，データサイエンスを学べる学部の志願者が軒並み上昇している。

まとめると，これまで20年以上，科学技術創造立国を目指し，科学技術基本計画に準じて，科学技術政策を進めてきた。近年は，ビッグデータ，人工

知能技術の進歩で，科学技術分野の知見を広く私たちの生活に還元するには，人文社会科学分野で学ぶ規範判断力，論理的思考を踏まえることで，価値のある結果が出せる。

Society 5.0では，ビッグデータを基に，人工知能が目的とする事柄に対して，ほぼ正確なデータ分析に基づき的確な対策・方針を打ち出すことができる可能性は高い。この点を踏まえ，私たちは，今後，①問題の解決に必要なもの・行動とまず準備しなければならないものの検討・提示，②問いを立てる能力，といった点を今まで以上に重視・集中して仕事しなければならなくなると考えられる。このような作業の一例として，これまでの事例では無かった現象に対して，過去の様々な事例・情報を組み合わせたりして「新たな何か」を生み出し対応していくことなどが挙げられる。そして，こういったことをする職業がデータサイエンティストだといわれている。

「新しい時代」はすぐそこまで来ているが，だからといって，ただ闇雲に何かを始めればよい訳ではない。いつの時代でも，社会・周囲の人との関係性は重視されるべきものである。だからこそ，既存の企業や社会等での活動を通して，人の幸せに貢献することが望まれる。


注
(1) 2007年10月にカナダのトロントで，ISOC（Internet Society）による BoT（Board of Trustee）の会合が行われ，インターネットの未来とインターネットにおける信頼性に関する議論が行われた。
(2) 文部科学省（2018b）の中の「小学校段階における論理的思考力や創造性，問題解決能力等の育成とプログラミング教育に関する有識者会議『議論の取りまとめ』」によれば，プログラミング教育とは，子どもたちに，コンピュータに意図した処理を行うよう指示することができるということを体験させながら，発達の段階に即して，以下のような資質・能力を育成するものであるとしている（小：小学校，中：中学校，高：高校）。
【知識・技能】
（小）身近な生活でコンピュータが活用されていることや，問題の解決には必要

第Ⅱ部　Society 5.0とジェンダー格差

な手順があることに気付くこと。

(中) 社会におけるコンピュータの役割や影響を理解するとともに，簡単なプログラムを作成できるようにすること。

(高) コンピュータの働きを科学的に理解するとともに，実際の問題解決にコンピュータを活用できるようにすること。

【思考力・判断力・表現力等】

・発達の段階に即して，「プログラミング的思考」（自分が意図する一連の活動を実現するために，どのような動きの組合せが必要であり，一つひとつの動きに対応した記号を，どのように組み合わせたらいいのか，記号の組合せをどのように改善していけば，より意図した活動に近づくのか，といったことを論理的に考えていく力）を育成すること。

【学びに向かう力・人間性等】

・発達の段階に即して，コンピュータの働きを，よりよい人生や社会づくりに生かそうとする態度を涵養すること。

# あとがき

　本書の構想を思い立ったのは，2019年1月頃であった。きっかけは，筆者の専門とする女性労働者の現状，特に期間雇用者の労働環境が整備されておらず，職務遂行能力が高くても期間雇用であるがゆえに，その職場での就業継続が難しく，契約期間（3カ月〜1年程度）の満了をもって，退職する女性たちと接する機会が多かったからである。彼女たちは，1年ごとの契約更新であり，最大雇用期間が何年間なのかを事前に知らされているため，事業主側は法律に抵触したことをしているわけではない。

　その一方で，女性活躍，女性活用の一環として女性管理職の養成・育成が積極的に進められていることもあり，女性管理職・女性役員の方にお目にかかる機会も多々あった。彼女たちが入社した頃は，男女雇用機会均等法の施行前後であり，その頃から働き続けるには相当の苦労があり，また育児を抱えた人は，周りの人の協力無くしては仕事が継続できなかった，と話していた。

　このように，女性活躍に向けた取組を国が主導となって進める一方，期間雇用のため，職を失う女性と向き合う機会が多くあり，日々，そのギャップを感じている状態だった。女性労働者を取り巻く社会的環境は，どのような状態に置かれているのかを検討するために，特定の専門分野（家族等）にターゲットを絞って見ることも重要だが，様々な分野における取組を広く見ることで，そのつながり・問題点が明確になることもあるのだと考える。

　本書は，そういった女性労働者の置かれた環境を様々な分野から見ることを目的に企画した。その際に心がけたのは，女性労働研究を専門とする筆者にとって他書にない点だが，人工知能をはじめ情報通信技術の発達が，どの

ような職種で働く人たちに影響を与えやすいのかを，性別・年齢階級別に検討した内容を盛り込むことだった。これらのことはブルデューのハビトゥスではないが，工学系の大学に勤務していたからこその知見である。

　ミネルヴァ書房の音田潔さんには，本書の構想段階から的確なアドバイス，提案をいだいた。音田さんとは『女性学入門』（杉本貴代栄編著）の共同執筆時からお世話になっており，すでに約10年の月日が経過している。音田さんのアドバイス・執筆内容の整理等が無かったら，本書の発行はかなり難航していたと思う。また文献整理・資料作成は，感性ラボの石黒智代さんにお手伝いいただいた。また，元・金城学院大学の杉本貴代栄先生には約20年間，公私共に有益なアドバイスをいただいている。

　かつて勤務していた名古屋工業大学時代にお世話になった職員の方には，執筆に向けた励ましを多くいただいた。彼女たちが仕事に真摯に向き合う姿を脳裏に焼き付かせながら，女性が働く現状を執筆した。

　そして，執筆時間が限られる中，子どもの面倒をみてもらった両親・家族の支援にも感謝する。


　2019年 8 月
　　　　　　　　　　35年間聴き続けた心の音楽に励まされて
　　　　　　　　　　執筆した暑すぎる名古屋にて
　　　　　　　　　　　　　　　乙部由子

# 参考文献

AERA 編集部（2019）『AERA』（2019年 5 月13日号，No. 21）朝日新聞出版。

我妻幸長（2018）『はじめてのディープラーニング──Python で学ぶニューラルネットワークとバックプロパゲーション』SB クリエイティブ。

浅井登（2019）『はじめての人工知能 増補改訂版──Excel で体験しながら学ぶ AI』翔泳社。

阿曽弘具（2014）『計算機学入門──デジタル世界の原理を学ぶ』共立出版。

安部慶喜・金弘潤一郎（2019）『RPA の真髄──先進企業に学ぶ成功の条件』日経BP 社。

アベグレン，J.／占部都美監訳（1958）『日本の経営』ダイヤモンド社。

天野直紀（2018）『実践 IoT──小規模システムの実装からはじめる IoT 入門』オーム社。

新井紀子（2018）『AI vs. 教科書が読めない子どもたち』東洋経済新報社。

荒木健治，ジェブカ・ラファウ，プタシンスキ・ミハウ，ディバワ・パヴェブ（2016）『心を交わす人工知能──言語・感情・倫理・ユーモア・常識』森北出版。

有村貞則（2008）「日本のダイバーシティ・マネジメント論」『異文化経営研究』5，55-70頁。

石塚由紀夫（2016）『資生堂インパクト──子育てを聖域にしない経営』日本経済新聞出版社。

市川惇信（2000）『暴走する科学技術文明──知識拡大競争は制御できるか』岩波書店。

伊藤恵理（2018）『みんなでつくる AI 時代──これからの教養としての「STEAM」』CCC メディアハウス。

伊藤貴之（2018）『意思決定を助ける情報可視化技術──ビッグデータ・機械学習・VR／AR への応用』コロナ社。

犬塚典子（2009）「科学技術振興調整費による女性研究者支援施策」『横幹』3(2)，95-101頁。

岩本晃一編著（2018）『AI と日本の雇用』日本経済新聞出版社。

岩本健良・平森大規・内藤忍・中野諭（2019）「性的マイノリティの自殺・うつによ

る社会的損失の試算と非当事者との収入格差に関するサーベイ」『労働政策研究・研修機構ディスカッションペーパー』19-05。

上田章（1997）「講演 立法過程の問題点――議員立法の活性化を中心に」『白鴎法学』（9），11-31頁。

梅津祐良・岡田康子（2003）『管理職のためのパワーハラスメント論』実業之日本社。

江崎浩（2016）『インターネット・バイ・デザイン――二一世紀のスマートな社会・産業インフラの創造へ』東京大学出版会。

尾家祐二・後藤茂樹・小西和憲・西尾章治郎（2001）『インターネット入門』（岩波講座インターネット①）岩波書店。

大内伸哉・川口大司編著（2018）『解雇規制を問い直す――金銭解決の制度設計』有斐閣。

大沢真知子（2018）『21世紀の女性と仕事』（放送大学叢書43）左右社。

大野治（2017）『俯瞰図から見える日本型"AI（人工知能）"ビジネスモデル』日刊工業新聞社。

大野治（2019）『俯瞰図から見える日本型IoTビジネスモデルの壁と突破口』日刊工業新聞社。

大和田敢太（2018）『職場のハラスメント――なぜ起こりどう対処すべきか』中公新書。

岡崎淳一（2018）『働き方改革のすべて』日本経済新聞社。

岡田康子（2013）『許すな！パワー・ハラスメント――上司のいじめ　いやがらせ』飛鳥新社。

岡田康子（2016）『自分で決める，自分で選ぶ――これからのキャリアデザイン』東峰書房。

岡田康子・稲尾和泉（2018）『パワー・ハラスメント 第2版』日経文庫。

岡田陽介（2018）『AIをビジネスに実装する方法――「ディープラーニング」が利益を創出する』日本実業出版社。

隠岐さや香（2018）『文系と理系はなぜ分かれたのか』星海社新書。

荻原裕・白井和康（2016）『IoTビジネス入門＆実践講座』ソシム。

奥田祥子（2015）『男性漂流――男たちは何におびえているのか』講談社＋α新書。

奥田祥子（2016a）『男という名の絶望――病としての夫・父・息子』幻冬舎新書。

奥田祥子（2016b）『男はつらいらしい』講談社＋α文庫。

奥田祥子（2018）『女性活躍に翻弄される人びと』光文社新書。

乙部由子（2013）『ライフコースからみる女性学・男性学――働くことから考える』ミネルヴァ書房。

乙部由子・山口佐和子・伊里タミ子編著（2015）『社会福祉とジェンダー――杉本貴

代栄先生退職記念論集』ミネルヴァ書房。

オニール, キャシー／久保尚子訳 (2018)『あなたを支配し, 社会を破壊する, AI・ビッグデータの罠』インターシフト。

小野善生 (2013)『最強の「リーダーシップ理論」集中講義』日本実業出版社。

尾見幸次 (1996)『科学技術立国論——科学技術基本法解説』読売新聞社。

尾見幸次 (2003)『科学技術で日本を創る』東洋経済新報社。

科学技術・学術審議会研究計画・評価分科会研究開発評価部会 (2012)「科学技術振興調整費プログラム評価報告書」。

科学技術振興機構 (2009)「女子中高生の理系進路選択支援事業に関する既往調査データ収集作業報告書」。

科学技術振興機構研究開発戦略センター (2018)「戦略プロポーザル 自然科学と人文・社会科学との連携を具体化するために——連携方策と先行事例」。

科学技術振興機構研究開発戦略センター (2019)「研究開発の俯瞰報告書 日本の科学技術イノベーション政策の変遷——科学技術基本法の制定から現在まで」。

風間孝・河口和也・守如子・赤枝香奈子 (2018)『教養のためのセクシュアル・スタディーズ』法律文化社。

株式会社フォワードネットワーク監修, 藤田一弥・高原歩 (2016)『実装 ディープラーニング』オーム社。

河東英子 (2018)『ジェンダー労働論——雇用の男女平等をめざす日本と世界』ドメス出版。

北仲千里, 横山美栄子 (2017)『アカデミック・ハラスメントの解決——大学の常識を問い直す』寿郎社。

君嶋護男・北浦正之 (2015)『セクハラ・パワハラ読本——職場のハラスメントを防ぐ』日本生産性本部生産性労働情報センター。

組込み技術者育成委員会編, 金田一勉 (2008)『組込みステップアップ講座 ハードウェア編』電波新聞社。

グラノヴェター, M.／渡辺深訳 (1998)『転職——ネットワークとキャリアの研究』ミネルヴァ書房。

クランボルツ, J. D.・レヴィン, A. S.／花田光世・大木紀子・宮地有紀子訳 (2005)『その幸運は偶然ではないんです！——夢の仕事をつかむ心の練習問題』ダイヤモンド社。

小泉修 (2000)『図解でわかる PC アーキテクチャのすべて』日本実業出版社。

厚生労働省 (2002)「年休休暇ハンドブック」。

厚生労働省 (2012a)「明るい職場応援団」。

厚生労働省 (2012b)「職場のいじめ・嫌がらせ問題に関する円卓会議ワーキング・グ

ループ報告」。

厚生労働省（2014）「化学物質を取り扱う事業主の皆さまへ――女性労働基準規則の一部が改正されます」。

厚生労働省（2015a）「平成26年度コース別雇用管理制度の実施・指導状況」。

厚生労働省（2015b）『事業主の皆さん　職場のセクシュアルハラスメント対策はあなたの義務です‼』（平成27年度6月版）。

厚生労働省（2016a）「平成27年度雇用均等基本調査」。

厚生労働省（2016b）「事業主が職場における性的な言動に起因する問題に関して雇用管理上講ずべき措置についての指針」。

厚生労働省（2017a）「平成28年度雇用均等基本調査」。

厚生労働省（2017b）「職場のパワーハラスメントに関する実態調査報告書」。

厚生労働省（2017c）「職場におけるハラスメント対策マニュアル　予防から事後対応までのサポートガイド――妊娠・出産等に関するハラスメント　セクシュアルハラスメントを起こさないために」。

厚生労働省（2017d）「同一労働同一賃金に関する法整備について（報告）」。

厚生労働省（2017e）「パートタイム労働法のあらまし」。

厚生労働省（2018a）「平成29年版　働く女性の実情」。

厚生労働省（2018b）「平成29年度雇用均等基本調査」。

厚生労働省（2018c）「介護ロボット購入・活用のポイント」。

厚生労働省（2018d）「平成30年労働者派遣法改正の概要〈同一労働同一賃金〉――2020年4月1日施行」。

厚生労働省（2018e）「育児・介護休業法のあらまし」。

厚生労働省（2018f）「職場のセクシュアルハラスメント，妊娠・出産等ハラスメント防止のためのハンドブック」。

厚生労働省（2018g）「働く女性の母性健康管理のために」。

厚生労働省（2018h）「職場のパワーハラスメント防止対策についての検討会報告書」。

厚生労働省（2018i）『平成30年　我が国の人口動態――平成28年までの動向』厚生労働省。

厚生労働省（2018j）「平成30年　人口動態統計の年間推計」。

厚生労働省（2019a）「働き方改革――一億総活躍社会の実現に向けて」。

厚生労働省（2019b）「パートタイム・有期雇用労働法周知リーフレット」。

厚生労働省（2019c）「フレックスタイム制のわかりやすい解説＆導入の手引き」。

厚生労働省（2019d）「雇用均等基本調査　平成30年度」。

厚生労働省（2019e）「働く女性の実情」。

厚生労働省「女性活躍推進法に基づく認定制度」。

参考文献

小佐井宏之（2018）『オープンソースで作る！ RPA システム開発入門——設計・開発から構築・運用まで』翔泳社。

越塚登（2015）「IoT 時代のノード——モノに組込まれるコンピューター」坂村健監修『コンピューターがネットと出会ったら——モノとモノがつながりあう世界へ』角川学芸出版，35-76頁。

コッター，ジョン．P./加護野忠男・谷光太郎訳（1990）『パワーと影響力——人的ネットワークとリーダーシップの研究』ダイヤモンド社。

コッター，ジョン．P./黒田由貴子監訳（1999）『リーダーシップ論——いま何をすべきか』ダイヤモンド社。

コッター，ジョン．P./梅津祐良訳（2002）『企業変革力』日経 BP 社。

コッター，ジョン．P.・ラスゲバー，ホルガー/小池百合子監修，大塚玲奈訳（2017）『ナディアが群れを離れる理由——変われない組織が変わるためのリーダーシップ』ダイヤモンド社。

採用と大学教育の未来に関する産学協議会（2019a）「分科会の中間とりまとめ」。

採用と大学教育の未来に関する産学協議会（2019b）「中間とりまとめと共同提言」。

坂村健（2011）『不完全な時代——科学と感情の間で』角川書店。

坂村健（2016）『IoT とは何か——技術革新から社会革新へ』角川新書。

坂村健監修（2015）『コンピューターがネットと出会ったら——モノとモノがつながりあう世界へ』角川学芸出版。

佐々木幹夫（2018）『オープンソースで作る！ RPA システム開発入門——設計・開発から構築・運用まで』翔泳社。

柴田英寿（2012）『「クラウド化」と「ビッグデータ活用」はなぜ進まないのか？』東洋経済新報社。

下村秀雄（2013）『成人のキャリア「発達とキャリアガイダンス」——成人キャリア・コンサルティングの理論的・実践的・政策的基盤』労働政策研究・研修機構。

シャイン，エドガー・H/二村敏子・三善勝代訳（1991）『キャリア・ダイナミクス——キャリアとは，生涯を通しての人間の生き方・表現である。』白桃書房。

シャイン，エドガー・H/金井寿宏訳（2003）『キャリア・アンカー——自分のほんとうの価値を発見しよう』白桃書房。

シャイン，エドガー・H/金井寿宏監訳，金井真弓訳（2009）『人を助けるとはどういうことか——本当の協力関係をつくる 7 つの法則』英治出版。

シャイン，エドガー・H/金井寿宏監訳，原賀真紀子訳（2014）『問いかける技術——確かな人間関係と優れた組織をつくる』英治出版。

社会保障・人口問題研究所（2017）「現代日本の結婚と出産——第15回出生動向基本調査（独身者調査ならびに夫婦調査）報告書」。

人工知能学会編（2017）『人工知能学大事典』共立出版。

杉本貴代栄編著（2018）『女性学入門 改訂版——ジェンダーで社会と人生を考える』ミネルヴァ書房。

杉山文野（2009）『ダブルハッピネス』講談社文庫。

スーパー，D. E.・ボーン，M. J.／藤本喜八・大沢武志訳（1973）『職業の心理』（企業の行動科学⑥），ダイヤモンド社。

スローター，アン＝マリー／関美和訳（2017）『仕事と家庭は両立できない？——「女性が輝く社会」のウソとホント』NTT 出版。

総務省（1985〜2019）『労働力調査』。

総務省（2017）『平成29年通信利用動向調査報告書（世帯編）』。

総務省（2018）「平成30年科学技術研究調査結果の概要」。

竹信三恵子（2019）『企業ファースト化する日本——虚妄の「働き方改革」を問う』岩波書店。

多田和市（2018）『AI 後進国ニッポンが危ない！——脱出のカギはディープラーニング人材の育成』日経 BP 社。

谷口真美（2005）『ダイバシティ・マネジメント——多様性をいかす組織』白桃書房。

谷口真美（2008）「組織におけるダイバシティ・マネジメント」『日本労働研究雑誌』574，69-84頁。

デイビッド・A・パターソン，ジョン・L・ヘネシー／成田光彰訳（2014）『コンピュータの構成と設計——ハードウエアとソフトウエアのインタフェース 第 5 版［上］』日経 BP 社。

寺田知太・上田恵陶奈・岸浩稔・森井愛子（2017）『誰が日本の労働力を支えるのか？』東洋経済新報社。

所由紀（2008）『偶キャリ——「偶然」からキャリアをつくる』リュウ・ブックス アステ新書。

冨山和彦（2017）『AI 経営で会社は甦る』文藝春秋。

内閣府（2016）「ニッポン一億総活躍プラン」。

内閣府（2017）「科学技術イノベーション総合戦略2017」。

内閣府（2018a）「『女子生徒等の理工系進路選択支援に向けた生徒等の意識に関する調査研究』調査報告書」。

内閣府（2018b）「未来投資戦略2018——『Society 5.0』『データ駆動型社会』への変革」。

内閣府（2019）「女子生徒等の理工系分野への進路選択支援に向けた保護者等の理解促進に関する調査研究調査報告書」。

内閣府 HP「Society 5.0」（https://www8.cao.go.jp/cstp/society5_0/index.html，2019

年3月25日アクセス）。

内閣府男女共同参画局編（2018）『男女共同参画白書 平成30年版』。

内閣府男女共同参画局編（2019）『男女共同参画白書 令和元年版』。

中島秀之（2015）『知能の物語』公立はこだて未来大学出版会。

中島秀之・チェン，ドミニク（2018）『人工知能革命の真実——シンギュラリティの世界』WAC BUNKO。

中島秀之・丸山宏（2018）『人工知能——その到達点と未来』小学館。

中西晶（2006）『マネジメントの心理学——会社を元気にする方法』日科技連出版社。

中原圭介（2018）『AI×人口減少——これから日本で何が起こるのか』東洋経済新報社。

21世紀職業財団（2018）『女性労働の分析2017年——助成活躍推進法に基づく取組状況』21世紀職業財団。

日経コミュニケーション編（2016）『成功するIoT』日経BP社。

日経連ダイバーシティ・ワーク・ルール研究会（2001）「日本型ダイバーシティ」。

日経連ダイバーシティ・ワーク・ルール研究会（2002）「原点回帰」。

日経xTECH／日経コンピュータ編（2018）『まるわかり！人工知能2019ビジネス戦略』日経BP社。

日本自動認識システム協会編（2014）『よくわかるRFID 改訂2版——電子タグのすべて』オーム社。

日本テレワーク協会編（2018）『テレワーク導入・運用の教科書』日本法令。

根来龍之（2017）『プラットフォームの教科書——超速成長とネットワーク効果の基本と応用』日経BP社。

馬場敬信（2016）『コンピュータアーキテクチャ 改訂4版』オーム社。

林裕子・國井秀子（2015）「理系の女性の進路選択における母親の影響の分析」『研究・イノベーション学会年次大会講演要旨』30，426-430頁。

原山美知子（2014）『インターネット工学』（シリーズ知能情報工学⑤）共立出版。

晴野まゆみ（2001）『さらば，原告A子——福岡セクシュアル・ハラスメント裁判手記』海鳥社。

板東眞理子（2016）『女性リーダー4.0——新時代のキャリア術』毎日新聞出版。

東優子・虹色ダイバーシティ・ReBit（2018）『トランスジェンダーと職場環境ハンドブック——誰もが働きやすい職場づくり』日本能率協会マネジメントセンター。

福家秀紀（2017）『IoT時代の情報通信政策』白桃書房。

ベニス，ウォレン／斎藤彰悟監訳・平野和子訳（2003）『こうしてリーダーはつくられる』ダイヤモンド社。

ベニス，ウォレン／伊東奈美子訳（2011）『本物のリーダーとは何か』海と月社。

保育園を考える親の会編（2015）『「小1のカベ」に勝つ』実務教育出版。

マカフィー，アンドリュー・ブリニョルフソン，エリック／村井章子訳（2018）『プラットフォームの経済学——機械は人と企業の未来をどう変える？』日経BPマーケティング。

松尾豊（2015）『人工知能は人間を超えるか——ディープラーニングの先にあるもの』角川EPUB選書。

松尾豊・塩野誠（2014）『東大准教授に教わる「人工知能って，そんなことまでできるんですか？」』KADOKAWA／中経出版。

松林光男監修，川上正伸・新堀克美・竹内芳久編著（2018）『イラスト図解 スマート工場のしくみ——IoT，AI，RPAで変わるモノづくり』日本実業出版社。

松林光男監修，三宅信一郎編著（2008）『実践RFID活用戦略——日米欧亜の導入先進事例27』工業調査会。

三隅二不二（1978）『リーダーシップ行動の科学』有斐閣。

三隅二不二（1986）『リーダーシップの科学』講談社。

三隅二不二編（1994）『リーダーシップの行動科学——「働く日本人」の変貌』朝倉書店。

宮城まり子（2002）『キャリアカウンセリング』（21世紀カウンセリング叢書）駿河台出版社。

宮﨑晃・西村裕一・鈴木啓太・山本継（2018）『平成30年改正対応 働き方改革実現の労務管理』中央経済社。

牟田和恵（2018）『ここからセクハラ！——アウトがわからない男，もう我慢しない女』集英社。

村井純（2014）『インターネットの基礎』角川学芸出版。

文部科学省（2003）「『日経連ダイバーシティ・ワーク・ルール研究会』報告書の概要 原点回帰——ダイバーシティ・マネジメントの方向性」。

文部科学省（2008）「平成20年度学校基本調査」。

文部科学省（2012）「科学技術振興調整費プログラム評価報告書」。

文部科学省（2013）「平成25年度学校基本調査」。

文部科学省（2015）「性同一性障害や性的指向・性自認に係る，児童生徒に対するきめ細かな対応等の実施について（教職員向け）」。

文部科学省（2018a）「平成30年度学校基本調査」。

文部科学省（2018b）「小学校プログラミング教育の手引 第二版」。

文部科学省（2018c）「科学技術白書 平成30年版」。

矢澤美香子（2016）『社会人のためのキャリア・デザイン入門』金剛出版。

柳沢正和・村木真紀・後藤純一（2015）『職場のLGBT読本——「ありのままの自分」

で働ける環境を目指して』実務教育出版。

矢野和男（2014）『データの見えざる手——ウエアラブルセンサが明かす人間・組織・社会の法則』草思社。

山﨑弘郎（2014）『トコトンやさしいセンサの本 第2版』（今日からモノ知りシリーズ）日刊工業新聞社。

山﨑弘郎（2018）『トコトンやさしいIoTの本』（今日からモノ知りシリーズ）日刊工業新聞社。

横山美和（2018）「デジタル技術とジェンダー問題」岩本晃一編著『AIと日本の雇用』日本経済新聞出版社，115-130頁。

吉川栄一郎編著（2016）『判例で理解する職場・学校のセクハラ・パワハラ——実務対策：どんな事案がどう判定されたか』文眞堂。

吉澤穂積・下拂直樹・松村義昭・吉本昌平・高橋優亮・山平哲也（2017）『IoTシステム開発スタートアップ——プロトタイプで全レイヤをつなぐ』リックテレコム。

吉田あけみ編著（2014）『ライフスタイルからみたキャリアデザイン』ミネルヴァ書房。

吉田秀利・尾鷲彰一（2018）『The Things Network——「LoRaWAN」をみんなでシェアして使う』（I・O BOOKS）工学社。

リフキン，ジェレミー／柴田裕之訳（2017）『限界費用ゼロ社会——〈モノのインターネット〉と共有型経済の台頭』NHK出版。

リフキン，ジェレミー／NHK出版編（2018）『スマート・ジャパンへの提言——日本は限界費用ゼロ社会へ備えよ』NHK出版。

労働政策研究・研修機構（2014）『男女正社員のキャリアと両立支援に関する調査結果』。

労働政策研究・研修機構（2015a）『採用・配置・昇進とポジティブ・アクションに関する調査結果』。

労働政策研究・研修機構（2015b）『職場のいじめ・嫌がらせ，パワーハラスメントの実態——個別労働紛争解決制度における2011年度のあっせん事案を対象に』。

労働政策研究・研修機構（2017a）『Business Labor Trend』2月号。

労働政策研究・研修機構（2017b）『LGBTの就労に関する企業等の取組事例』。

脇坂明（2018）『女性労働に関する基礎的研究——女性の働き方が示す日本企業の現状と将来』日本評論社。

渡辺三枝子（2001）『キャリアカウンセリング入門——人と仕事の橋渡し』ナカニシヤ出版。

RPAビジネス研究会（2018）『60分でわかる！ RPAビジネス最前線』技術評論社。

Nevil, D. D. & Super, D. E.（1986）*The Value cale : Theory, application, and research.*

# 索　引

## あ　行

安倍政権（第3次）　18,19
育児・介護休業法　→育児休業，介護休業等
　　育児又は家族介護を行う労働者の福祉に
　　関する法律
育児休業，介護休業等育児又は家族介護を行
　　う労働者の福祉に関する法律　127
育児休業給付金　142
育児休業取得率　131
育児休業制度　122,128
いじめ防止対策推進法　65
一億総活躍社会　18,19
一斉休憩　39
医療保険　138
インターネット　213
インターバル　→休息時間
産む性　75
エキスパートシステム　188
えるぼし認定　53
岡田康子　65
オズボーン，M.A.　199
オンラインでの医療　225

## か　行

解雇　42
　——予告　41
　整理——　42
　懲戒——　42
　普通——　42
介護休暇制度　131
介護休業　133
　——取得者　133

——制度　130
介護の環境整備　23
介護離職　137
　——ゼロ　24
外部研究資金獲得状況　176
科学技術イノベーション　161,169
科学技術基本計画　160
　第3期——　172,178
科学技術基本法　160,176,229
科学技術政策大綱　161
科学技術創造立国　161
カミングアウト　157
看護休暇制度　129
管理監督者　30
管理職　11
機械学習　189,192
企業利益　9
希望出生率1.8　24
基本給　4
義務教育諸学校等の女子教育職員及び医療施
　　設，社会福祉施設等の看護婦，保母等の
　　育児休業に関する法律　127
キャリア　86
　——の変化　94
　——パス　98
　——ロス　134
　——論　100
　外面的な——　90
　狭義の——　87
　広義の——　87
　想定外の——　98
　内面的な——　94
キャリア・アンカー　95,97

245

——論　90

休憩時間　39

休日出勤　4

休息時間　28

給与水準　9

教育，学習支援業　11

教師あり学習　189

教師なし学習　190

行政 ADR　→行政による事業主への助言・
　　指導等や裁判外紛争解決手続

行政による事業主への助言・指導等や裁判外
　　紛争解決手続　38

業務の適正な範囲　67

勤務間インターバル　28

勤労の義務　2

勤労婦人　48

——福祉法　128

偶然の計画　99

偶然の出来事　99

グローバル化　151

グローバル社会　153,169

経済連携協定　23

経歴　86

外科的性転換　153

研究支援　175

——員　175

健康管理　30

健康寿命　24

公衆無線 LAN　223

高等学校卒業者　11

高度プロフェッショナル制度　30

コース別雇用管理制度　49

国民皆保険制度　139

腰掛け　2

子育て世代包括支援センター　24

子育ての環境整備　22

コミュニケーション　104

雇用慣行　99

雇用者数　5

婚姻件数　72

婚外子　71

コンピタンス　112

## さ　行

最高情報責任者　199

裁量労働制　30

サラリーマン　3

残業時間の上限　27

産業別雇用者数　7

時間外労働　4

事業主が職場における性的な言動に起因する
　　問題に関して雇用管理上配慮すべき措置
　　についての指針　58

刺激誘因（インセンティブ）の制度　98

自己概念　95

自己実現　18

資生堂ショック　150

次世代育成支援対策推進法　150

事務従事者　7

就業継続率　122

終身雇用権　92

宿泊業，飲食サービス業　11

主婦労働者　48

小 1 の壁　23

少子高齢化　26

少子高齢化社会　19,224

情報科学　227

情報社会　223

職業　86

——人生　100

——生活　51,90

——別就職者数（大学）　16

職場での優位性　67

女性活躍推進　11

——法　→女性の職業生活における活躍の
　　推進に関する法律

246

索　引

女性研究者　168, 171
女性の職業生活における活躍の推進に関する
　　法律　51
女性労働基準規則　76
人工知能　185, 211
　　——ブーム　187
「人口動態調査」　71
人事異動　149
深層学習　188, 190
すべての子どもが希望する教育を受けられる
　　環境の整備　23
生活世界　213
正規・非正規　3
生産工程従事者　7
「成長と分配の好循環」のメカニズム　21
性的な言動　58
性同一性障害者の性別の取り扱い特例に関す
　　る法律　154
性別適合手術　153
性別役割分担意識　121
セクシュアル・ハラスメント　50, 57
　　環境型——　60, 63
　　対価型——　59
セクハラ　→セクシュアル・ハラスメント
　　——裁判　57
　　——指針　→事業主が職場における性的な
　　言動に起因する問題に関して雇用管理上
　　配慮すべき措置についての指針
専業主婦　123
戦後最大の名目 GDP600兆円　25
専門的・技術的の職業従事者　7
相談窓口（セクシュアル・ハラスメント）
　　63

た　行

大学進学率　24
対人的感性　110
ダイバーシティ　146

高梨昌　45
ダブルケア　137
短時間労働者　47
　　——及び有期雇用労働者の雇用管理の改善
　　等に関する法律　48
　　——の雇用管理の改善等に関する法律
　　47
地域共生社会　25
地域未来塾　23
知識基盤社会　161
長期間休業　134
超高齢社会　51, 179
治療と仕事の両立支援　24
ディープラーニング　188, 190, 192
定型的な仕事　203
定年退職　7
デジタル労働力　206, 211
テニュア　→終身雇用権
同性愛　153
登録型派遣　45
特徴的な個人の資質や考え方等に基づくリー
　　ダーシップ論　111
特定職種育休法　→義務教育諸学校等の女子
　　教育職員及び医療施設，社会福祉施設等
　　の看護婦，保母等の育児休業に関する法
　　律
共働き世帯　123

な　行

ニッポン一億総活躍プラン　20
人間関係　67
妊娠・出産・育児休業等に関するハラスメン
　　ト　72
　　——の類型　72
年金保険　139
年次有給休暇　40
野村総合研究所　199

## は 行

派遣自由化　46
パターン認識　189
働き方改革　22
　　——法　→働き方改革を推進するための関係法律の整備に関する法律
　　——を推進するための関係法律の整備に関する法律　26,40
発達段階　89
パートタイム・有期雇用労働法　→短時間労働者及び有期雇用労働者の雇用管理の改善等に関する法律
パートタイム労働法　→短時間労働者の雇用管理の改善等に関する法律
パートナーシップ証明　154
　　——書　155
パパママ育休プラス　128
バブル経済　160
原科孝雄　153
パワー・ハラスメント　65
　　——の類型　67
パワーマネジメント　104
パワハラ　→パワー・ハラスメント
フォーマルな関係性　104
不登校　23
不妊治療相談センター　24
プライバシー等の侵害　68
プランドハップンスタンス理論　98
フレックスタイム制　30,44
プログラミング的思考　228
ポジティブ・アクション　50,151
母性健康管理　78
　　——指導事項連絡カード　78,80
母性保護　75,82
母体の保護　75

## ま 行

マネジメント業務　104
マネジメント層　170
マミートラック　150
見合い結婚　119
メインテナンス　109
目標達成　104,117

## や 行

役割演技　116
役割遂行　116
役割論（リーダー）　101
野心　112
要介護状態　130,131

## ら・わ 行

ライフ・キャリア　87
ライフイベント　170,175
ライフキャリアレインボー理論　88
ライフスパン　88
ライフロール　88
リーダー　100
　　——シップ　101,108
倫理性　112
恋愛結婚　119
労使協定　39
労働基準法　39,43
労働施策の総合的な推進並びに労働者の雇用の安定及び職業生活の充実等に関する法律　65
労働者派遣事業の適正な運営の確保及び派遣労働者の就業条件の整備等に関する法律　45
労働者派遣事業の適正な運営の確保及び派遣労働者の保護等に関する法律　45
労働者派遣法　→労働者派遣事業の適正な運営の確保及び派遣労働者の保護等に関す

索　引

る法律
労働施策総合推進法　→労働施策の総合的な
　　推進並びに労働者の雇用の安定及び職業
　　生活の充実等に関する法律
労働保険　141
ロボットによる業務自動化　192
ロールモデル　170
ワーク・ライフ・バランス　26

## 欧　文

AI　→人工知能

CIO　→最高情報責任者
EPA　→経済連携協定
Internet of Things　→ IoT
IoT　217
LGBT　151, 152
PM リーダーシップ論　109
RPA　→ロボットによる業務自動化
Society 4.0　→情報社会
Society 5.0　220

**著者紹介**

乙部由子（おとべ・ゆうこ）

1970年生まれ。

1999年　金城学院大学大学院文学研究科社会学専攻博士後期課程単位取得満期退学。

　　　　博士（社会学），専門社会調査士。

　　　　元・名古屋工業大学ダイバーシティ推進センター特任准教授。

現　在　特定非営利活動法人ウイメンズ・ボイス理事。

主　著　『中高年女性のライフサイクルとパートタイム』ミネルヴァ書房，2006年。

　　　　『ジェンダー・家族・女性 第2版』三恵社，2009年。

　　　　『女性のキャリア継続』勁草書房，2010年。

　　　　『不妊治療とキャリア継続』勁草書房，2015年。

　　　　『社会福祉とジェンダー』（共編著）ミネルヴァ書房，2015年。

　　　　『教養としてのジェンダーと平和』（共著）法律文化社，2016年。

　　　　『女性学入門　改訂版』（共著）ミネルヴァ書房，2018年。

MINERVA TEXT LIBRARY ㊿

「労働」から学ぶジェンダー論
Society 5.0でのライフスタイルを考える

2019年10月20日　初版第1刷発行　　　　　〈検印省略〉
2022年3月30日　初版第5刷発行

定価はカバーに
表示しています

著　者　乙　部　由　子

発行者　杉　田　啓　三

印刷者　田　中　雅　博

発行所　株式会社　ミネルヴァ書房

607-8494 京都市山科区日ノ岡堤谷町1
電話代表（075）581-5191
振替口座 01020-0-8076

©乙部由子, 2019　　　　　創栄図書印刷・藤沢製本

ISBN978-4-623-08702-0

Printed in Japan

## 女性学入門 改訂版

杉本貴代栄 編著
A5判／248頁／本体2800円

## よくわかる女性と福祉

森田明美 編著
B5判／226頁／本体2600円

## フェミニズムと社会福祉政策

杉本貴代栄 編著
A5判／308頁／本体3500円

## シングルマザーの暮らしと福祉政策

杉本貴代栄・森田明美 編著
A5判／360頁／本体3500円

## ジェンダーと福祉国家

メリー・デイリー／キャサリン・レイク 著
杉本貴代栄 監訳
A5判／256頁／本体3500円

―――――― ミネルヴァ書房 ――――――
https://www.minervashobo.co.jp/